THOMAS SOWELL

A BIOGRAFIA

CB039950

THOMAS SOWELL
A BIOGRAFIA

JASON L. RILEY

Tradução:
Carlos Szlak

COPYRIGHT © 2021 BY JASON L. RILEY
TRANSLATION RIGHTS ARRANGED WITH CAROL MANN AGENCY THROUGH
GEORGE ANDREW MILLETT, SÃO PAULO, BRAZIL

COPYRIGHT © FARO EDITORIAL, 2022

Todos os direitos reservados.
Nenhuma parte deste livro pode ser reproduzida sob quaisquer meios existentes sem autorização por escrito do editor.

Avis Rara é um selo da Faro Editorial.

Diretor editorial **PEDRO ALMEIDA**
Coordenação editorial **CARLA SACRATO**
Preparação **JOÃO PEDROSO**
Revisão **BARBARA PARENTE E THAÍS ENTRIEL**
Capa e diagramação **REBECCA BARBOZA**
Imagem de capa **CHUCK KENNEDY | KRT | NEWSCOM**

Dados Internacionais de Catalogação na Publicação (CIP)
Jéssica de Oliveira Molinari CRB-8/9852

Riley, Jason L.
  Thomas Sowell : a biografia / Jason L. Riley ; traduzido por Carlos Szlak. – São Paulo : Faro Editorial, 2022.
  256 p.

    ISBN 978-65-5957-188-8
    Título original: Maverick: A Biography of Thomas Sowell

    1. Economistas – Biografia 2. Sowell, Thomas, 1930- Biografia I. Título II. Szlak, Carlos

22-1798   CDD-330.092

Índices para catálogo sistemático:
1. Economistas – Biografia

1ª edição brasileira: 2022
Direitos de edição em língua portuguesa, para o Brasil, adquiridos por FARO EDITORIAL

Avenida Andrômeda, 885 — Sala 310
Alphaville — Barueri — SP — Brasil
CEP: 06473-000
www.faroeditorial.com.br

*Para Emily Celia, Simon
Dexter e Leah Paige*

SUMÁRIO

INTRODUÇÃO	9
EDUCAÇÃO EM CHICAGO	21
UM HOMEM SÓ	49
ENSINO SUPERIOR, EXPECTATIVAS INFERIORES	63
AS RECONSIDERAÇÕES DE SOWELL	95
O CONHECIMENTO DE SOWELL	119
AS VISÕES DE SOWELL	145
DIREITOS CIVIS E INJUSTIÇAS	161
A CULTURA IMPORTA	179
O HOMEM SOWELL	207
AGRADECIMENTOS	230
NOTAS	232

COMO VOCÊ GOSTARIA DE SER LEMBRADO?

INTRODUÇÃO

"Como você gostaria de ser lembrado?", o entrevistador perguntou.

O ano era 2003, e Thomas Sowell, com setenta e três anos na época, estava em meio a um surto de produção literária. Durante a década anterior, ele publicara onze livros a respeito de temas que variavam desde educação e cultura até justiça social e alfabetização econômica. Mal sabia o entrevistador, e talvez até mesmo Sowell, que os quinze anos seguintes trariam outras nove obras originais, edições ampliadas ou revisadas de cinco outras, assim como as oitava, nona e décima coletâneas das suas colunas de jornais e outros textos.

Questionado no início da entrevista a respeito de quais títulos ele mais se orgulhava, Sowell não hesitou: "Como realização intelectual, eu diria *A Conflict of Visions* [*Conflito de visões*] e *Say's Law*", ele respondeu. Ambas as obras acerca da história das ideias e da teoria econômica. No entanto, ao ser questionado a respeito do impacto de longo prazo da sua produção literária, Sowell objetou: "Não sei se alguém pode avaliar a própria obra. Certamente, eu não teria a objetividade." É difícil prever uma influência duradoura, ele acrescentou, citando Friedrich Hayek, economista austríaco do século XX, que é mais conhecido hoje como defensor convicto do livre mercado. "Pessoas que nunca ouviram falar dele, que nunca leram uma palavra que ele escreveu, são, no entanto, bastante influenciadas por suas ideias sobre liberdade econômica. Existem centros de estudos [*think tanks*] na Austrália, na Jamaica e na América do Sul inspirados na obra de Hayek que agora estão atingindo diretamente o público, que não tem ideia de quem seja a fonte." Para Sowell, a notoriedade pessoal era menos importante do que ter ideias já testadas que prevalecem nas decisões políticas, independentemente de quem recebesse o crédito. "Tenho certeza de que pelo menos noventa e cinco por cento das pessoas neste país nunca ouviram falar de mim, e é assim que deve ser."

Então, como Sowell gostaria de ser lembrado? "Meu Deus. Não sei se quero ser lembrado. Gostaria que as ideias que apresentei fossem lembradas", ele respondeu, por fim.[1]

Este livro aborda as ideias de Sowell. É uma apresentação seletiva da obra acumulada ao longo de mais de meio século por um dos principais teóricos sociais dos Estados Unidos. O *corpus* de Sowell é abrangente e volumoso, e você não vai encontrar nada próximo de uma avaliação completa nas páginas que se seguem. Em vez disso, o objetivo deste livro é contextualizar o que Sowell e outros autores julgam ser suas observações mais importantes e, em seguida, rastrear as tradições intelectuais das quais derivam esses *insights* e identificar a ortodoxia que eles frequentemente desafiam. Tampouco me propus a psicanalisar o autor e considerar sua vida pessoal de forma mais detalhada do que o necessário para esclarecer seus estudos acadêmicos e responder aos diversos detratores. Para quem deseja um mergulho mais profundo em seu *background*, Sowell publicou um livro de memórias, *A Personal Odyssey*, em 2000, e também um livro de correspondências que abrangem mais de quatro décadas, *A Man of Letters*, em 2007. Ele também apresentou descrições da sua educação e da sua família em várias colunas de jornais e em outros livros semiautobiográficos, incluindo *Black Education: Myths and Tragedies*, de 1972, e *Late-Talking Children*, de 1997.

É verdade que avaliar o trabalho de alguém negligenciando inteiramente seu caráter pessoal é quase impossível e, neste caso, seria um grande desserviço ao leitor. Sowell nasceu no interior da Carolina do Norte, em 1930, em uma casa sem eletricidade e sem água quente encanada. O pai morreu antes do seu nascimento e a mãe, uma empregada doméstica, morreu ao dar à luz o seu irmão mais novo alguns anos depois. O órfão Sowell foi acolhido por uma tia-avó, que o criou como filho e escondeu dele o fato de que era adotado e tinha uma irmã e quatro irmãos. A família se mudou primeiro para Charlotte, a maior cidade da Carolina do Norte, e depois, quando Sowell tinha oito anos, para o bairro do Harlem, em Nova York, onde, a partir de então, foi criado.

Aluno brilhante com uma vida familiar tumultuada, Sowell foi admitido em uma das escolas de ensino médio mais concorridas de Nova York, mas a abandonou aos dezesseis anos. Saiu de casa um ano depois, após um juiz considerá-lo um "menor rebelde", e se mudou para um abrigo de rapazes sem-teto no Bronx, onde mantinha uma faca sob o travesseiro à noite para proteção. Ele aceitou todos os empregos disponíveis — mensageiro, operário — para um egresso de uma escola do ensino médio para negros com poucas qualificações profissionais. A certa altura, Sowell estava tão desamparado que o capataz de uma oficina onde ele trabalhava emprestou-lhe dinheiro para comprar comida. Durante toda uma década, Sowell se educou na "escola da vida", como ele disse. Só conseguiu se formar na faculdade quando já tinha quase trinta anos e havia servido no Corpo de Fuzileiros Navais, onde frequentara a escola de fotografia e ensinara tiro de pistola.

Sowell explica em suas memórias que esses acontecimentos ocorridos no início da vida tiveram um impacto profundo em seu desenvolvimento como acadêmico e em seu pensamento subsequente acerca de políticas públicas. "Em retrospecto, até mesmo meus infortúnios foram, de alguma maneira, afortunados, pois me ensinaram coisas que seriam difíceis de entender de outra forma, e apresentaram a realidade de um ângulo não dado a aqueles, sobretudo entre intelectuais, cujas carreiras seguiram um caminho mais reto em rotinas pré-estabelecidas", ele escreve. "Eles só podem teorizar a respeito das experiências que vivi".[2] Esse tipo de experiência era mais importante para Sowell do que a teoria abstrata. Suas primeiras lutas para construir uma vida por si mesmo significaram "contato diário com pessoas que não eram nem bem-educadas nem especialmente refinadas, mas que tinham uma sabedoria prática muito além da que eu possuía", ele recorda. "Isso me deu um respeito duradouro pelo bom senso das pessoas comuns, um fator habitualmente ignorado pelos intelectuais entre os quais eu construiria carreira posteriormente. Esse foi um ponto cego em grande parte das análises sociais deles, o qual não tive que encarar."[3]

Neste livro, a partir dessas lembranças — assim como das entrevistas que realizei com amigos e colegas de Sowell e das minhas próprias conversas com ele — apresento o que espero que seja uma avaliação equilibrada. No entanto, esta é principalmente uma biografia intelectual, o que significa que meu foco está na produção acadêmica do autor, e não em sua história de vida. E sempre que possível, deixo Sowell apresentar os argumentos com a sua própria voz, já que dificilmente se poderia melhorá-los.

A primeira vez que ouvi seu nome foi na faculdade no início da década de 1990. Durante uma discussão acerca de políticas públicas, alguém comentou que eu falava como Thomas Sowell, ao que respondi: "Quem é ele?". Meu interlocutor sugeriu que eu lesse *Civil Rights: Rhetoric or Reality?*, de Sowell, livro publicado em 1984 para assinalar o trigésimo aniversário da histórica decisão da Suprema Corte dos Estados Unidos relativa ao caso *Brown versus Board of Education* e o vigésimo aniversário da Lei dos Direitos Civis [*Civil Rights Act*] de 1964. Peguei um exemplar na biblioteca e o li de uma só vez naquela noite. Minha reação foi semelhante à do romancista Richard Wright depois de ler H.L. Mencken pela primeira vez. "Fiquei espantado com o estilo, as frases claras, harmoniosas, impetuosas", Wright escreveu. "Por que ele escrevia assim? E como se escreve assim? (…) Continuei lendo e o que me surpreendeu não foi o que ele disse, mas como é que alguém teve coragem de dizer aquilo".[4]

A escrita de Sowell é lúcida, incisiva e segura. Ele combina aprendizado amplo e bom senso — e faz parecer fácil. Sowell evita a hipocrisia e o sentimentalismo, mesmo quando trata de assuntos emotivos, como raça. Ao contrário de muitos outros intelectuais, Sowell passou grande parte da carreira escrevendo para o grande público, e não para especialistas. Teoricamente, deixou de lecionar na década de 1970, após períodos fixos de docência na Universidade Cornell, no Amherst College e na Universidade da Califórnia em Los Angeles [UCLA], entre outras instituições. Desde 1980, Sowell é bolsista residente da Hoover Institution, centro de estudos de políticas públicas sediado na Universidade de Stanford. Mesmo assim, por meio de sua coluna distribuída nacionalmente em diversos jornais, que ele parou de escrever apenas em 2016 quando tinha 86 anos, e, por intermédio de dezenas de livros importantes escritos em prosa acessível, Sowell se tornou para muitos dos seus leitores o melhor professor que já tiveram.

"Quando penso em seus textos, penso em uma palavra: clareza", afirmou o veterano jornalista Fred Barnes, que entrevistou Sowell para um documentário de tevê em 2005. "Nos Estados Unidos, não há ninguém que escreve com maior clareza em colunas de jornais, em livros, em ensaios mais longos." Ainda de acordo com o jornalista, Sowell teve basicamente uma carreira paralela durante décadas como jornalista em tempo integral, e uma das melhores. "Ele escreveu de forma exaustiva a respeito de coisas como preconceito racial, seja por parte de pessoas ou imposto por governos em todo o mundo", Barnes disse. "Os relatos em alguns desses livros são extraordinários. Devido ao meu ofício, sempre fico impressionado com alguém que faz relatos incríveis. Ele pode chamar de pesquisa, mas é brilhante e extensiva."[5]

Em meados da década de 1990, encontrei Sowell pessoalmente pela primeira vez quando eu trabalhava no *Wall Street Journal*. Nas turnês de lançamento dos seus livros, Sowell passava por Nova York e se reunia com o conselho editorial do jornal. Alguns anos depois, viajei até a Califórnia para entrevistá-lo na Universidade de Stanford para traçar seu perfil para o *Journal*, e iniciamos uma relação que tem perdurado. Hoje em dia, os mais jovens tendem a descobrir Sowell *on-line*. Quando fez noventa anos, em 30 de junho de 2020, ele tinha quase quinhentos e cinquenta mil seguidores no Twitter, o que é um feito notável para qualquer um, mas sobretudo para quem não usa redes sociais. A conta @ThomasSowell foi criada em 2009 e ainda é administrada por um admirador anônimo da obra de Sowell. Esse admirador me pediu para não usar seu nome, porque a sua simpatia pelas ideias de Sowell pode deixar incomodados os seus colegas de trabalho politicamente liberais. No entanto, ele me permitiu dizer que é um *millennial* da região meio-oeste que nunca conheceu o autor. Começou a ler Sowell na faculdade e teve a ideia de criar a conta após ouvir uma entrevista de Sowell no conhecido programa radiofônico de Dennis Prager.

"Criei a conta porque queria divulgar as ideias dele para um público maior", ele me disse. "Sowell tinha uma presença quase nula nas redes sociais, exceto alguém que tuitava suas colunas semanais de jornais. Então, comecei compartilhando o *link* das colunas e postando algumas citações delas. E foi uma construção meio lenta até mais ou menos 2016." Foi quando o admirador começou a postar citações com mais frequência, uma ou duas por dia, incluindo algumas das colunas e dos livros anteriores de Sowell. E esse é o único conteúdo já postado na conta: citações diretas dos livros e das colunas de Sowell sem comentários adicionais. Seguiram-se milhares de *likes* e retuítes. "Foi quando realmente começou a ganhar impulso", ele revelou. "Nos últimos anos, a conta vem conquistando cerca de 100 mil seguidores por ano."

Além da sua presença no Twitter, grande parte das aparições de Sowell na tevê ao longo de décadas pode ser vista no YouTube. Peter Robinson, um colega da Hoover e apresentador do programa de atualidades *on-line Uncommon Knowledge*, me disse que suas entrevistas frequentes com Sowell são especialmente populares entre pessoas na casa dos vinte a trinta anos. "Tom é o convidado mais apreciado, o mais popular e o mais requisitado", Robinson afirmou. "Quanto mais jovem a audiência, mais ela gosta de Tom Sowell."[6]

O interesse de uma geração mais jovem em Sowell não é simplesmente uma indicação de que suas opiniões a respeito de economia, migração ou cultura ainda repercutem. Tão importante quanto isso, transparece um desejo contínuo por seu estilo de análise política. O tipo de pensamento que circula hoje sob a insígnia de "militância" foi identificado há mais de trinta anos por Sowell como apenas a mais recente iteração relativa à defesa da "justiça social" que filósofos políticos como William Godwin articularam no século XVIII. A adesão de Sowell ao empirismo — a utilização de evidências baseadas em dados para testar teorias e investigar fenômenos sociais — é outra característica distintiva de seu estudo acadêmico que nunca está desatualizada. Os modismos intelectuais que com frequência inspiram acadêmicos e imprensa têm pouca relevância para Sowell, que está muito mais interessado em tomar conhecimento dos fatos e então determinar se correspondem, ou não, às crenças populares. Enquanto outros estudiosos perguntam quais fatores causam a pobreza, Sowell quer saber quais circunstâncias levam à criação da riqueza. Enquanto outros discutem a respeito de como explicar diferentes resultados econômicos entre grupos raciais e étnicos distintos, Sowell se pergunta por que alguém deveria esperar resultados semelhantes. Além disso, ele frequentemente buscou respostas para perguntas que muitos dos seus colegas acadêmicos eram muito ariscos para fazer.

No início da década de 1970, quando Sowell realizava pesquisas acerca de raça e inteligência, ele foi abordado em uma conferência da Fundação Ford por Kenneth Clark, o proeminente psicólogo negro cujas próprias pesquisas, décadas antes, ajudaram ativistas pelos direitos civis a desafiar com sucesso as leis de segregação nas escolas públicas. Após tomar conhecimento do projeto de Sowell, Clark o exortou a interrompê-lo durante uma conversa em particular, receoso de que aquilo que Sowell pudesse descobrir dignificasse as teorias de estudiosos como Arthur Jensen, que sustentava que a genética explicava as diferenças raciais em termos de capacidade mental. No entanto, Sowell era cético em relação às teorias de Jensen e queria pô-las à prova. Ao contrário de Clark, ele não tinha medo do que poderia encontrar. Tampouco Sowell acreditava que havia algo a ganhar protegendo as pessoas da realidade das suas situações. "Eu não partilhava dos receios de Kenneth Clark, mas, mesmo no caso improvável de que a pesquisa acabasse confirmando a teoria de Jensen acerca de uma base racial para diferenças no QI médio, deveria eu suprimir os resultados?", Sowell questionou. E acrescentou: "Aonde quer que os negros estivessem indo e aonde quer que quiséssemos ir, tínhamos que chegar lá de onde estávamos; o que significava que tínhamos que saber onde estávamos, não onde gostaríamos de estar ou onde gostaríamos que os outros pensassem que estávamos."[7]

Essas discussões não são coisa do passado. Recentes apelos para eliminar notas do processo de admissão ao ensino superior nos Estados Unidos, porque negros e hispânicos, na média, têm pontuação inferior em relação aos brancos e asiáticos são, em última análise, tentativas de encobrir como esses grupos defasados, seja qual for a razão, estão atualmente em comparação aos outros grupos. E as iniciativas para ocultar essas discrepâncias, deixando de medi-las, não são menos equivocadas hoje do que quando Sowell as evocou, meio século atrás. Sowell rejeitou o conselho de Clark e continuou com seu projeto de pesquisa. Ele e seus colegas acabariam por reunir cerca de setenta mil registros de QI de doze grupos étnicos, remontando a cinquenta anos. "O padrão que surgiu foi que os grupos étnicos em situação semelhante à dos negros, meio século atrás, tinham QIs muito semelhantes (e às vezes mais baixos) e, conforme seu nível socioeconômico se elevava ao longo das décadas, o mesmo acontecia com seus QIs", Sowell explicou posteriormente. "De certa forma, minhas conclusões vão contra tanto a Jensen quanto aos seus críticos. Ambos tentam encontrar uma explicação para uma experiência negra única, ao passo que me parece que há pouco que precise ser explicado."[8] Na opinião de Sowell, o episódio exemplificou um problema mais amplo acerca de nossas discussões sobre raça. "Um esforço enorme é gasto para manter a imagem dos negros", ele me disse. "Você quer melhorar a realidade, e não a imagem. E às vezes o foco na imagem atrapalha."[9]

Sowell pode ser mais conhecido por seus textos a respeito de controvérsias raciais, mas raça não é um tópico que ele inicialmente tenha se proposto a investigar. "Nunca pensei que só porque sou negro isso me tornasse uma autoridade em questões raciais", ele afirmou. "Considerei que existiam pessoas que se especializavam nisso e que elas devem saber do que estão falando. Então, comecei a ler o que elas diziam, e grande parte daquilo era bobagem. Pensei: 'Meu Deus, está na hora de nós, amadores, entrarmos nisso'."[10]

Sowell é economista de formação e, para ele, esse aprendizado começou mais tarde do que para a maioria dos alunos. Como nunca se formou no ensino médio, o primeiro passo após deixar as forças armadas foi realizar um teste que certifica se o candidato possui habilidades acadêmicas de nível médio nos Estados Unidos. A G.I. Bill (lei norte-americana de 1944 que proporcionou uma série de benefícios para os veteranos da Segunda Guerra Mundial) permitiu que Sowell se matriculasse no curso noturno da Universidade Howard, instituição de ensino superior historicamente para negros situada em Washington D.C. Após concluir o primeiro ano, ele se transferiu para Harvard. A escolha de economia como foco no curso superior foi uma decisão fácil porque suas melhores notas sempre foram em matemática. Porém, depois de fazer um curso de história do pensamento econômico e outro sobre as origens do socialismo, Sowell se deu conta de que seu verdadeiro fascínio estava associado à história das ideias em termos mais gerais. Seu trabalho de conclusão de curso foi a respeito da filosofia de Karl Marx e, em 1958, aos 28 anos, ele finalmente recebeu o diploma de graduação em economia. Um ano depois, Sowell concluiu o mestrado na Universidade Columbia e, então, na Universidade de Chicago, acabaria por obter o diploma de doutorado em 1968. Sua tese, escrita sob a orientação dos economistas Milton Friedman e George Stigler, futuros ganhadores do Prêmio Nobel de Economia, foi sobre a história das ideias.

Não surpreende que os textos de Sowell a respeito de raça tenham obtido maior destaque da imprensa. Contestar a argumentação subjacente ao veredicto da Suprema Corte relativa ao caso *Brown versus Board of Education*, ou questionar se os grupos minoritários se beneficiam mais com a intervenção governamental do que com a competição de livre mercado, certamente atrai mais atenção do que escrever sobre a história da teoria econômica ou o papel dos intelectuais na sociedade. Contudo, grande parte da produção de Sowell não é sobre raça, e *Basic Economics: A Common Sense Guide to the Economy* [*Economia básica: um guia de economia voltado ao senso comum*] é a sua obra mais vendida. Sowell escreveu que os "livros que fizeram a principal diferença em minha carreira — *Say's Law*, cujo manuscrito foi decisivo para minha efetivação no emprego na UCLA, e *Knowledge and Decisions*, que propiciou uma proposta de nomeação como pesquisador sênior na Hoover Institution — foram livros acerca de temas não raciais". Além disso, seus livros a respeito de questões raciais "não foram escritos como uma válvula de escape intelectual", mas mais a partir de um senso pessoal de dever, "porque existiam coisas que eu considerava que precisavam ser ditas e sabia que outras pessoas estavam relutantes em dizê-las".[11]

Aqui, suas ideias sobre raça e cultura serão avaliadas no arcabouço mais amplo dos seus textos a respeito de economia, história e teoria social. É um arcabouço filosófico que tem se sustentado surpreendentemente bem ao longo da sua longa carreira e possibilitou uma abordagem bastante íntegra referente a assunto após assunto, como os próximos capítulos demonstrarão. Livros como *Knowledge and Decisions*, de 1980, *A Conflict of Visions* [*Conflito de visões*], de 1987, *The Vision of the Anointed*, de 1995, e *The Quest for Cosmic Justice*, de 1999, não são especificamente acerca de raça, mas oferecem vislumbres úteis em termos das motivações de Sowell em seus textos sobre raça, assim como sobre política, direito, educação e outros temas. Por exemplo, Sowell se opôs à política pública na contratação de professores e na admissão de estudantes no ensino superior, com base no fato de que não só não ajudaram os beneficiários originais pretendidos — negros desfavorecidos —, mas, na prática, levaram a um progresso mais lento dos negros do que teria sido visto na ausência de tais políticas. Contudo, em sua opinião, essa visão negativa das preferências raciais está enraizada em uma análise muito mais ampla a respeito dos *trade-offs** entre liberdade individual e intervenção estatal:

> *Grande parte da perda de liberdade com o crescimento do governo hipertrofiado foi ocultada porque as perdas diretas foram sofridas por tomadores de decisão intermediários — principalmente, empresários —; e só depois que o processo continuou por um longo tempo que se torna flagrantemente óbvio para o público que a perda de liberdade de um empregador em escolher quem contratar é a perda de liberdade do trabalhador em conseguir um emprego por seus méritos, que a perda de liberdade de uma universidade na seleção do corpo docente ou dos alunos é a perda de liberdade dos seus filhos na busca de admissão ou na busca das melhores mentes a serem ensinadas.[12]*

O hábito de Sowell de desafiar as ortodoxias liberais que são caras à maioria dos seus colegas intelectuais e à grande imprensa levou a muitas críticas ao longo das décadas. Este livro investiga a história e a natureza dessa crítica, por que tem sido tão virulenta, e por que grande parte dela vem de liberais negros, em particular, que muitas vezes reagem como se qualquer desacordo com a visão consensual

---

* Expressão que define uma situação em que há conflito de escolha. Trocar algo por algo, sacrificar algo por algo, dilema ou perde e ganha. (N.T.)

da esquerda não fosse apenas equivocado, mas também malévolo. Os adversários de Sowell costumam recorrer a distorções grosseiras acerca dos seus argumentos ou à vergonhosa difamação. As suas motivações tendem a ser questionadas com mais frequência do que a força da sua lógica e raciocínio. E então existem as mentiras deslavadas. Sowell foi acusado de negar a existência da discriminação racial, de apoiar teorias de inferioridade racial genética e de exortar outros grupos desfavorecidos a seguir os seus passos ou a melhorar a própria situação por seus próprios esforços — tudo comprovadamente falso. Ele me disse que algumas dessas divergências foram mal-entendidos, que seus críticos muitas vezes procuram ideologias ocultas em vez de acreditar em sua palavra. Isso é um erro. Sowell afirma que não pretendeu se tornar um iconoclasta. O que o motivou desde o início foi o simples desejo de compreender o seu ambiente e a ampla variedade de comportamento humano em exibição. "Desde jovem, tenho me preocupado em tentar entender os problemas sociais que abundam em qualquer sociedade", escreveu em suas memórias. "No entanto, depois de ter alcançado algum senso de compreensão acerca de questões específicas — um processo que às vezes levava anos —, eu queria compartilhar essa compreensão com outras pessoas."[13]

Felizmente para todos nós, Thomas Sowell tem muito a compartilhar.

CAPÍTULO 1

EDUCAÇÃO EM CHICAGO

"Ele é socialista, mas é inteligente demais para continuar socialista por muito tempo."

Na primavera de 2004, a Universidade de Princeton promoveu uma conferência em homenagem a Peter Bauer, acadêmico húngaro da London School of Economics que tinha morrido dois anos antes, aos 86 anos. Entre os economistas que estudavam a pobreza no Terceiro Mundo, Bauer fora uma espécie de renegado. Ele era cético em relação à visão de que os países pobres eram pobres porque eram superpovoados ou haviam sido explorados pelos antigos colonizadores. Bauer sustentava que o amplo controle estatal da atividade econômica era contraproducente. E era um crítico ferrenho do Banco Mundial, do Fundo Monetário Internacional e de outras organizações de auxílio global bem-intencionadas encarregadas de ajudar as nações em desenvolvimento a melhorar os padrões de vida.

O pensamento convencional após a Segunda Guerra Mundial era que alguma combinação de planejamento central governamental e assistência financeira dos países desenvolvidos era fundamental para quebrar o "círculo vicioso de pobreza" existente em algumas regiões da Ásia, África e América Latina. Paul Baran, economista do desenvolvimento, afirmou, por exemplo, que o capitalismo de livre mercado pode ter facilitado a prosperidade em outros lugares em épocas anteriores, mas que nunca funcionaria no Terceiro Mundo. Do ponto de vista de Baran, naquele momento, o próprio capitalismo era o problema. Foi, ele afirmou, "no mundo subdesenvolvido que o fato central e predominante da nossa época se manifestou a olho nu: o sistema capitalista, outrora poderoso motor de desenvolvimento econômico, transformou-se em um obstáculo não menos formidável para o avanço humano".[14] O "estabelecimento de uma economia socialista planejada", ele prosseguiu, "é uma condição essencial, de fato indispensável, para a obtenção do progresso econômico e social nos países subdesenvolvidos".[15]

Baran era um acadêmico conceituado e, na ocasião, tais opiniões eram bem aceitas nas correntes acadêmicas, não apenas entre outros economistas norte-americanos, mas também entre seus pares internacionalmente. Hiroshi Kitamura, importante economista do desenvolvimento da Universidade de Tóquio, escreveu em 1964 que "somente o desenvolvimento econômico planejado pode almejar uma taxa de crescimento que seja politicamente aceitável e capaz de obter entusiasmo e apoio popular".[16] Como o sueco Gunnar Myrdal, ganhador do Prêmio Nobel de Economia, supôs, os "consultores específicos para países subdesenvolvidos que dedicaram tempo e trabalho para se familiarizarem com o problema (...) todos recomendam o planejamento central como a primeira condição do progresso".[17]

No entanto, depois de dedicar tempo e trabalho para estudar as economias dos países em desenvolvimento, Bauer chegou a uma visão bem diferente. Após realizar um estudo seminal acerca do comércio na África Ocidental e acerca da indústria da borracha no Sudeste Asiático, ele concluiu que a sabedoria convencional "estava em conflito óbvio com a simples realidade". Para começar, havia o registro histórico a levar em consideração. "Ao longo da história, inúmeros indivíduos, famílias, grupos, sociedades e países — tanto no Ocidente quanto no Terceiro Mundo — passaram da pobreza para a prosperidade sem contribuições externas", ele explicou. "Todos os países desenvolvidos começaram como subdesenvolvidos. Se a noção de círculo vicioso fosse válida, a humanidade ainda estaria na Idade da Pedra, na melhor das hipóteses."[18]

Bauer também rejeitou a ideia de que o Ocidente em geral, e o capitalismo de livre mercado em particular, eram em última análise os culpados pelos infortúnios do Terceiro Mundo. "Longe de o Ocidente ter causado a pobreza do Terceiro Mundo, o contato com o Ocidente foi o principal agente do progresso material ali", ele escreveu. Basta olhar para as partes da África, Ásia, América Latina e Oriente Médio que fizeram o maior progresso: "As sociedades e as regiões materialmente mais avançadas do Terceiro Mundo são aquelas com as quais o Ocidente estabeleceu os contatos mais numerosos, diversificados e extensivos".[19] Para Bauer, a reivindicação de Kitamura por um planejamento mais centralizado no mundo em desenvolvimento foi "especialmente paradoxal, já que o seu país" — o Japão — "progrediu rapidamente sem essa política". As experiências de Hong Kong, Malásia, Cingapura, Taiwan e Coreia do Sul também contradizem a afirmação de Kitamura. Se os controles de preços, o protecionismo e os pacotes de ajuda externa das nações industrializadas eliminassem a pobreza, como insistiam os economistas do desenvolvimento em todo o mundo, onde estavam as evidências? "Não há base empírica ou lógica para a afirmação de que o planejamento abrangente é necessário para o progresso material", Bauer escreveu. "Ele não desempenhou nenhum papel no desenvolvimento dos países agora altamente desenvolvidos ou no progresso substancial de grande parte dos [países menos desenvolvidos] que avançaram rapidamente desde o final do século XIX."[20]

Durante as décadas de 1970 e 1980, Bauer expandiu seus pontos de vista em palestras, ensaios e livros, incluindo *Dissent on Development*; *Equality, the Third World, and Economic Delusion*; e *Reality and Rhetoric*. Com o tempo, o pensamento convencional na economia do desenvolvimento começou a se curvar aos pontos de vista de Bauer. As mesmas organizações de auxílio global que tinham sido tão hostis ao livre mercado começaram a reconhecer que havia algo nas críticas de Bauer às estratégias de desenvolvimento baseadas na ajuda. "Atualmente, muitas das opiniões de Lorde Bauer acerca de ajuda e desenvolvimento são parte de uma nova sabedoria convencional", registrou a revista *The Economist* em 2002, pouco antes de sua morte. "Mesmo o Banco Mundial admite que criar as condições certas para os mercados florescerem é a chave para o desenvolvimento econômico e que, até recentemente, grande parte do dinheiro fornecido foi mal-usado."[21]

Entre os presentes no evento de Princeton para homenagear Bauer, incluíam-se os ganhadores do Prêmio Nobel Amartya Sen e James Buchanan, entre outros acadêmicos proeminentes, colegas, amigos e ex-alunos. Um ponto alto foi a sessão final da conferência, que apresentou uma conversa a respeito do legado de Bauer entre os economistas Milton Friedman e Thomas Sowell, ambos associados à Hoover Institution, centro de estudos sediado na Universidade de Stanford. Friedman e Sowell não puderam realizar a viagem até Princeton, na costa leste, mas concordaram em gravar com antecedência uma discussão na Hoover para uso na conferência.

"O que mais me impressiona em Peter Bauer é como ele se ateve aos seus princípios década após década; quando estava fora do *mainstream*, sozinho", Sowell começou. "E então, no final da sua vida, o *mainstream* se mudou para onde ele estava." Friedman respondeu que o próprio legado de Sowell era semelhante ao de Bauer — "Você passou basicamente pelo mesmo processo" —, mas Sowell objetou, brincando que ainda tinha muito trabalho pela frente. Na verdade, tanto Friedman quanto Sowell passaram muito tempo ao longo de suas longas carreiras profissionais se esforçando para desmascarar crenças populares e promover ideias previamente marginalizadas. Além de mudar a maneira como pensamos acerca de política monetária, Friedman tinha ajudado a criar conceitos como a privatização da previdência social e os *vouchers* escolares. Os textos de Sowell questionaram os méritos das políticas de ação afirmativa e a eficácia de tentar promover economicamente um grupo étnico ou racial aumentando a sua influência política.

Conforme a discussão de Friedman e Sowell progredia, ficou claro que os dois estudiosos não só concordavam com a maneira pela qual Bauer se distinguira no campo da economia do desenvolvimento, mas também admiravam a sua abordagem empiricamente orientada para a análise das políticas públicas em geral. Em outras palavras, gostavam de como Bauer pensava a respeito do mundo e compartilhavam o profundo ceticismo dele em relação aos outros intelectuais que eram rápidos em não dar importância às experiências e ações das "massas", ou aos papéis que as instituições e processos existentes desempenham na maneira pela qual as pessoas comuns tomam decisões. Friedman notou que Bauer "enfatizou o fato de que as 'pessoas atrasadas' — os habitantes comuns da Índia, Malásia e África — reagiam aos mesmos incentivos e reagiam quase tão racionalmente quanto os cidadãos dos países mais avançados".

Como Friedman e Sowell em suas próprias obras, Bauer salientou a importância de testar uma hipótese ante o que poderia ser observado. Por mais plausível que uma teoria possa parecer, o que mais importava era a exatidão de suas previsões no mundo real. As teorias abstratas eram de pouca utilidade se não resistissem a um escrutínio baseado em fatos. O que deve ocorrer sob um determinado conjunto de circunstâncias é menos importante do que aquilo que no final das contas acontece. "É simplesmente incrível", Sowell afirmou, referindo-

-se a estudiosos, como Gunnar Myrdal, que sustentavam que os países em desenvolvimento ficavam desamparados sem ajuda externa em grande escala e planejamento governamental. "Tenho a sensação de que Myrdal realmente não investigou essas teorias suas e as comparou com qualquer coisa que realmente aconteceu." Sowell acrescentou: "Claro que eu mesmo comecei na esquerda e acreditei muito nessas coisas. A única coisa que me salvou foi que sempre acreditei que os fatos importavam. E quando você acredita que os fatos importam, então é claro que é um jogo bastante diferente".[22]

Bauer nasceu na Hungria, estudou economia na Universidade de Cambridge, na Inglaterra, e lecionou durante muitos anos na London School of Economics. Seu trabalho aplicou a economia clássica a questões de desenvolvimento do Terceiro Mundo, na tradição britânica de Adam Smith, John Stuart Mill e Alfred Marshall. Contudo, a pesquisa e a metodologia de Bauer também enfatizaram temas frequentemente associados nos Estados Unidos à chamada Escola de Chicago de economia, que é uma das razões pelas quais as suas análises repercutiram tão fortemente em Friedman e Sowell. Friedman foi aluno da Universidade de Chicago, lecionou lá e fez mais do que qualquer outra pessoa para popularizar a Escola de Chicago na segunda metade do século XX. Considerou Sowell um dos seus melhores alunos. "A palavra 'gênio' é tão usada que está se tornando sem sentido", Friedman disse, "mas, mesmo assim, creio que Tom Sowell está perto de ser um".[23]

Há muito tempo, a Universidade de Chicago possui um dos melhores cursos de economia do mundo. No momento em que este livro foi escrito, o corpo docente, os pesquisadores e os ex-alunos colecionavam trinta Prêmios Nobel de Economia, um feito que nenhuma outra instituição chega perto de igualar. Ao longo das décadas, o termo "Escola de Chicago" tornou-se uma forma abreviada para uma maneira de pensar única acerca da ciência social. Porém, a referência, quando usada corretamente, não é a um "conjunto de princípios ou proposições que todos os chicagoenses subscrevem", como explica um ensaio oficial sobre a história do departamento. Em vez disso, é "uma abordagem para a pesquisa econômica".[24] Nem todos os economistas chicagoenses se identificaram com essa abordagem, é claro, mas, com o tempo, o subconjunto de membros do corpo docente que se identificava com ela acabou, em última análise, definindo o departamento. E compreender essa aplicação singular da análise econômica à história, sociologia, política e outros campos de estudo, levará sem dúvida a uma melhor apreciação da obra de Thomas Sowell e do arcabouço intelectual em que ele trabalhou.

No outono de 1959, quando Sowell chegou à Universidade de Chicago para começar seus estudos de doutorado, Milton Friedman já era membro do corpo docente havia mais de uma década. Porém, Sowell não tinha ido para lá para estudar com Friedman, e a Universidade de Chicago não fora sua primeira opção. O plano original era fazer o doutorado na Universidade Columbia, onde tinha acabado de concluir o mestrado, e estudar com George Stigler, outro futuro ganhador do Prêmio Nobel de Economia. Na graduação em Harvard, em um curso de história do pensamento econômico ministrado por Arthur Smithies, Sowell lera um artigo acadêmico de Stigler acerca das teorias do economista clássico David Ricardo. Sowell ficou tão encantado com o assunto, e tão impressionado com o domínio que Stigler demonstrava a respeito, que dirigiu o seu próprio foco para a história das ideias e decidiu fazer a pós-graduação na Universidade Columbia sob a orientação de Stigler. Em 1958, depois que Stigler deixou a Columbia para ingressar no corpo docente da Universidade de Chicago, Sowell o seguiu.

Sowell não fora um grande admirador da atmosfera intelectual em Harvard ou Columbia, e estava ansioso por uma mudança de cenário. Em Harvard, "suposições presunçosas costumavam ser tratadas como substitutos da evidência ou da lógica", ele lembrava.[25] Havia uma tendência de "presumir que certas coisas eram assim porque nós, colegas brilhantes e virtuosos, concordávamos que era assim". Sowell tinha pouca paciência para tal elitismo. Seus colegas de classe pareciam acreditar que "podiam superar as razões", Sowell afirmou, "e isso, para mim, era a diferença entre o orgulho e a arrogância, e entre o racional e o irracional".[26] Ele também nunca se adaptou à atmosfera social em Cambridge. "Eu me ressenti com as tentativas de alguns inconsequentes de Harvard de me assimilar, com base na suposição de que a honra suprema que poderiam conceder era permitir que eu me tornasse como eles", Sowell disse, acrescentando: "Aceitei prontamente todos os aspectos do que Harvard tinha a oferecer que pareciam valer a pena, e rejeitei prontamente tudo que me pareceu um absurdo. O fato de que eu lia avidamente W.E.B. Du Bois não me impedia de ler Shakespeare ou ouvir Beethoven. Na verdade, constatei que Du Bois gostava de Shakespeare e Beethoven — e estudara em Harvard."[27]

Seria difícil exagerar a gravidade da curva de aprendizado que Sowell enfrentou ao ingressar na faculdade. Além de não ter sido um estudante em tempo integral em quase uma década, Sowell também não estava familiarizado com o básico da academia em um grau que era surpreendente, mas talvez não incomum para alguém que foi o primeiro de sua família a chegar à sétima série. Antes de se transferir para Harvard, ele havia cursado aulas noturnas na Universidade Howard. "Como exemplo da minha ingenuidade acadêmica nessa altura, quando ouvi professores serem chamados de 'doutores', achei que eram médicos e fiquei admirado com a versatilidade deles em dominar medicina e história ou medicina e matemática", ele escreveu posteriormente. "Veio como uma revelação o fato de que existia educação além da faculdade, e levou algum tempo até ficar claro para mim se um mestrado vinha depois de um doutorado, ou vice-versa. Com certeza, eu não tinha planos de obter nenhum dos dois."[28]

Até certo ponto, os problemas de Sowell com os colegas de graduação também podem ter se originado das diferenças de idade entre eles. Ele tinha vinte e cinco anos quando ingressou em Harvard, vivia por conta própria desde que saiu de casa aos dezessete, e já havia concluído um período de serviço militar como fuzileiro naval. Portanto, não só era mais velho do que os calouros universitários típicos, mas também tinha significativa experiência de vida no mundo real. Seu ano na Columbia, uma instituição que ele descreveu como "uma espécie de versão intelectualmente diluída de Harvard", representou apenas uma pequena melhoria. Em contraste, a Universidade de Chicago era "ela mesma", ele lembrou, "e não uma imitação de alguma coisa". O departamento de economia da Universidade de Chicago era extremamente exigente e o escrutínio era brutal, afirmou Ross Emmett, autoridade em história da Escola de Chicago de economia. "Durante aquele período, Harvard acolheu de vinte e cinco a vinte e sete alunos e graduou vinte e cinco, enquanto Chicago acolheu setenta alunos e graduou vinte e cinco."[29] O departamento também tinha a reputação de ser conservador, e as opiniões políticas de Sowell na época eram, em suas palavras, "ainda fortemente esquerdistas e bastante influenciadas por Marx". No entanto, não teve dúvidas quanto a trocar Columbia por Chicago: "Fiquei muito impressionado pelo fato de compartilharmos valores intelectuais semelhantes." A pós-graduação em economia "é uma área técnica e não um campo de batalha ideológico", ele ponderou. "À medida que comecei a entender as posições de Chicago sobre política econômica, elas pareceram cada vez menos com qualquer conservadorismo que eu conhecia."[30]

O interesse por Karl Marx começou no final da adolescência de Sowell, depois que ele comprou uma enciclopédia usada que incluía um verbete a respeito do filósofo alemão. Não é difícil imaginar por que um negro nascido durante a Grande Depressão no sul racista dos Estados Unidos e depois criado em guetos urbanos achou persuasivos os preceitos do marxismo. Os capitalistas cruéis, a burguesia gananciosa, as massas oprimidas, a revolução vindoura que finalmente libertará do desespero o proletariado em luta: essa perspectiva teve certo apelo para Sowell. "Essas ideias pareciam explicar muita coisa e explicavam de uma maneira que a minha experiência sombria me deixou muito receptivo", ele escreveu posteriormente.

Naquela época, o jovem Tommy ganhava a vida como mensageiro da Western Union. "Quando saí de casa, não tinha concluído o ensino médio e tive vários desses empregos não qualificados", ele me disse. "Foi um período difícil. Eu sempre tinha frequentado a escola e tudo mais, e aquilo era começar bem por baixo." [31] O emprego se situava no sul de Manhattan e, depois do trabalho, Sowell geralmente pegava o metrô de volta para o Harlem, onde morava grande parte da população negra de Nova York. De vez em quando, porém, Sowell voltava para casa no segundo andar de um dos ônibus de dois andares da cidade e se admirava com a mudança da paisagem urbana enquanto se dirigia para o norte. O ônibus percorria a 5ª Avenida, onde ficavam as lojas de departamento de luxo que atendiam aos ricos. Na rua 57, virava à esquerda, passava ao lado do Carnegie Hall, contornava o Columbus Circle, prosseguia pela Broadway e continuava para o norte pegando a Riverside Drive e atravessando bairros residenciais abastados. "E então, em algum lugar perto da rua 120, cruzava um viaduto e pegava a rua 135, onde ficavam os cortiços", ele disse. "E era ali que eu descia do ônibus. O contraste entre aquele lugar e o que eu tinha visto durante grande parte do percurso realmente me desconcertava. E Marx parecia explicar aquilo."[32] Em seu livro de 1985 acerca do marxismo, Sowell escreveu que o filósofo "pegou a impressionante complexidade do mundo real e fez as peças se encaixarem, de uma maneira intelectualmente estimulante".[33] Para um jovem em suas circunstâncias, que não tinha visão de mundo alternativa com a qual compará-la, o marxismo foi uma revelação.

Sowell se identificou como marxista dos vinte aos trinta anos. Em Harvard, seu trabalho de conclusão de curso foi sobre economia marxista, e sua dissertação de mestrado na Columbia foi sobre a teoria de ciclo de negócios marxista. Até mesmo sua primeira publicação acadêmica, na edição de março de 1960 da *American Economic Review*, foi a respeito dos textos de Karl Marx. Porém, como muitos outros atraídos pela filosofia marxista na juventude, Sowell a abandonaria à medida que ficava mais velho e experiente. Ajudou o fato de que ele nunca foi um pensador doutrinário e sempre manteve a mente aberta. "Li tudo a respeito do espectro político" naquela época, ele disse. "Entendi que existiam motivos pelos quais as pessoas têm pontos de vista diferentes, como vejo até hoje, que não é apenas uma questão de estar do lado dos anjos e contra as forças do mal."[34] Mesmo "no auge do meu marxismo", ele continuou, "li William F. Buckley e Edmund Burke, porque, na escola, em particular na aula de ciências da nona série, captei a ideia de evidência, a importância da evidência e a necessidade de testar a evidência. Isso sempre esteve presente".[35]

Talvez tenha sido isso que tornou Sowell tão bem ajustado a Chicago anos depois, onde a importância de pensar empiricamente não era apenas enfatizada, mas também uma condição indispensável. O Social Science Research Building, da Universidade de Chicago, que sediava o departamento de economia, tinha uma versão editada da máxima de Lorde Kelvin gravada na entrada: "Quando não se pode medir, o conhecimento é escasso e insatisfatório." Teorizar é necessário, mas insuficiente. Dados e evidências são necessários para verificar o que pensamos que sabemos. Sowell pensava como um economista de Chicago antes mesmo de pôr os pés no *campus*.

A Escola de Chicago de economia que gerou Thomas Sowell está mais intimamente associada a Milton Friedman e George Stigler, dois dos economistas mais influentes da segunda metade do século XX. Friedman ganhou destaque na década de 1960 como crítico feroz da economia keynesiana na época em que as opiniões do estudioso britânico John Maynard Keynes dominavam a profissão em ambos os lados do Atlântico. Em um livro de 1936, *General Theory of Employment, Interest, and Money* [*Teoria geral do emprego, do juro e da moeda*], Keynes formulou a hipótese de que a Grande Depressão podia ser atribuída à demanda inadequada de trabalho, bens e serviços, e que mais gastos públicos podiam estimular a economia, proporcionando a volta à saúde. Os keynesianos admitiam que os gastos públicos acarretavam o risco de inflação, mas insistiam que isso era tolerável — até mesmo uma coisa boa —, porque resultaria em uma menor taxa de desemprego. Na opinião deles, inflação maior significava menos pessoas desempregadas.

Friedman rejeitou a ideia de que políticas governamentais inflacionárias eram a melhor maneira de responder a crises econômicas. Como monetarista, acreditava que o desempenho da economia tinha menos a ver com despesas públicas e mais a ver com a maneira pela qual a oferta monetária era manipulada pelos bancos centrais. Em 1963, Friedman e uma coautora, Anna Schwarz, publicaram *A Monetary History of the United States, 1867–1960*, que sustentava que a Grande Depressão estava enraizada principalmente nas políticas mal concebidas do Federal Reserve, o banco central norte-americano. Friedman também contestou a noção de que havia de fato algum *trade--off* a longo prazo entre desemprego e inflação. Os keynesianos diziam que, se a inflação fosse alta, o desemprego seria baixo, e vice-versa. Friedman discordava, e quando, na década de 1970, o desemprego e a inflação subiram simultaneamente — fenômeno conhecido como "estagflação", que o keynesianismo não conseguiu explicar —, sua análise foi validada. "Na academia, a vitória vem quando seus colegas dão mais risadas em relação aos seus críticos do que a você", o economista Todd Buchholz escreveu referindo-se à rixa Keynes-Friedman. "No final da década de 1970, os monetaristas deixaram de ser o alvo das piadas e passaram a ser os primeiros da classe."[36] Em 1976, Friedman recebeu o Prêmio Nobel de Economia "por suas realizações no campo da análise do consumo, da história e teoria monetária e pela demonstração da complexidade da política de estabilização". Foi o primeiro de muitos prêmios Nobel para a Escola de Chicago.

Além de suas conquistas acadêmicas, Friedman fez um grande esforço para simplificar a economia para o consumo público depois que se aposentou do magistério em 1977. Apresentou uma série de tevê, escreveu uma coluna para uma revista e deu muitas palestras, e essa paixão por popularizar a economia, a "ciência triste", contagiou Sowell. "Milton Friedman foi um dos pouquíssimos intelectuais com talento e bom senso", ele escreveu no *Wall Street Journal* após a morte de Friedman, em 2006. "Ele conseguia se expressar nos níveis analíticos mais elevados para os seus colegas economistas em publicações acadêmicas e ainda escrever livros populares como *Capitalism and Freedom* [*Capitalismo e liberdade*] e *Free to Choose* [*Livre para escolher*], que podiam ser entendidos por pessoas que não sabiam nada acerca de economia. Na verdade, *Free to Choose*, a sua série de tevê, era facilmente compreensível mesmo para pessoas que não leem livros."[37]

Sowell compartilhou o interesse de Friedman em explicar a disciplina para um público mais amplo e, como o seu mentor, continuou a fazer uma segunda carreira por meio dos livros e colunas jornalísticas muito depois de ter deixado o magistério. Christopher DeMuth, ex-presidente do American Enterprise Institute e leitor atento da obra de Sowell, disse-me que, em sua opinião, Sowell era um divulgador mais eficaz da economia e do liberalismo clássico do que Friedman. "Durante muito tempo, Tom escreveu duas colunas de jornal por semana", DeMuth afirmou. "Ele tinha um estilo de escrita bonito e natural. Pegava algo a respeito do qual centenas de pessoas escreveram no mês anterior e escrevia algo que era completamente novo e iconoclasta, com uma ponta de raiva e exasperação. Considero que eram artigos brilhantes." De acordo com DeMuth, em grande parte dos seus escritos não acadêmicos, Friedman aplicou a ideologia libertária a uma questão política ou outra, mas Sowell tinha maior alcance e, portanto, conseguia atingir mais pessoas: "Tom também podia falar sobre questões que não tinham nada a ver com política, [questões] que eram a respeito da sociedade, a respeito da maneira pela qual as pessoas pensam, falam e argumentam acerca dos assuntos. Ele era um intelectual mais variado do que Milton, e considero que é uma parte importante do seu legado."[38]

George Stigler influenciou a economia sobretudo por meio das pesquisas e de seus escritos acadêmicos, e não mediante a comunicação direta com o público. Porém, como Friedman, defendia uma maior alfabetização econômica. "Quer sejamos conservadores ou radicais, protecionistas ou a favor do livre comércio, cosmopolitas ou nacionalistas, religiosos ou pagãos", ele escreveu, "é útil saber as causas e as consequências dos fenômenos econômicos".[39] O foco inicial de Stigler foi a história intelectual, o tópico da sua tese de doutorado e aquela que chamou a atenção de Sowell. Ele era uma das maiores autoridades acerca de como a teoria econômica se desenvolveu desde a época de Adam Smith, e seu interesse pelos economistas clássicos nunca diminuiu. Posteriormente, Stigler realizou investigações inovadoras no campo da organização industrial, tratando de como as empresas competem entre si, e demonstrou como as regulamentações governamentais podiam levar a ineficiências que acabavam prejudicando os próprios consumidores que pretendiam ajudar. Suas obras sobre as causas e efeitos da regulamentação o ajudariam a ganhar o Prêmio Nobel de Economia em 1982.

Stigler também fez contribuições significativas para o estudo da teoria dos preços, ou por que as coisas custam o que custam. A teoria dos preços se enquadra no domínio da microeconomia, o ramo que procura explicar o comportamento dos consumidores, das empresas e dos mercados em uma base individual. E foi por intermédio do ensino e da aplicação da teoria microeconômica que George Stigler e Milton Friedman distinguiram a Escola de Chicago. Na época, outras instituições importantes, incluindo Harvard e o Massachusetts Institute of Technology [Instituto de Tecnologia de Massachusetts], também ensinavam teoria dos preços, é claro, mas não como ponto central do currículo de economia como era em Chicago. Tampouco outras instituições de ensino seguiam o modelo de Chicago ao enfatizar o uso da microeconomia para investigar os problemas cotidianos do mundo real. Em vez disso, a maioria das escolas de pós-graduação enfatizava a economia matemática com o objetivo de desenvolver teorias elegantes, sem testar o seu valor. J. Daniel Hammond, economista da Universidade Wake Forest, que estudou a abordagem de Chicago para o ensino da teoria dos preços, descreveu-a como "mais concreta e menos abstrata, mais pragmática e menos especulativa, uma ferramenta para resolver problemas em vez de um conjunto de problemas a serem resolvidos, e derivada em maior grau de evidências do que de abstrações".[40] Friedman ministrou o curso de teoria dos preços de 1946 a 1963, e Gary Becker, um dos seus alunos, afirmou que a ênfase de Friedman "nas aplicações da teoria ao mundo real dá o tom para o departamento". Um domínio forte da teoria básica dos preços era importante, disse Becker, que, mais tarde utilizou a microeconomia para analisar questões sociais, incluindo casamento, crime e vício em drogas. Contudo, "a teoria não era um fim em si mesma ou uma maneira de exibir pirotecnia", Becker afirmou. "Mais do que isso, a teoria só valia a pena na medida em que ajudava a explicar aspectos diferentes do mundo real."[41]

O próprio Friedman observou que a principal distinção entre Chicago sob sua direção e as outras escolas era "tratar a economia como um assunto sério em vez de tratá-la como um ramo da matemática, e tratá-la como um assunto científico e não como um assunto estético". Para Friedman, "a diferença fundamental entre Chicago naquela época e, por exemplo, Harvard, era que, em Chicago, a economia era um assunto sério para ser usado na discussão de problemas reais, e poderíamos obter algum conhecimento e algumas respostas a partir dela".[42] Foi uma questão que ele elaborou em um discurso de 1974:

Nas discussões a respeito de política econômica, "Chicago" corresponde à crença na eficácia do livre mercado como meio de organização dos recursos, ao ceticismo quanto à intervenção governamental nos assuntos econômicos, e à ênfase na quantidade de moeda como fator-chave na geração de inflação. Nas discussões a respeito de ciência econômica, "Chicago" corresponde à abordagem que leva a sério o uso da teoria econômica como ferramenta para análise de uma gama surpreendentemente ampla de problemas concretos, e não como estrutura matemática abstrata de grande beleza, mas pouco poder; à abordagem que insiste no teste empírico das generalizações teóricas e que rejeita fatos semelhantes sem teorias e teorias sem fatos.[43]

Embora fosse Friedman que lecionasse teoria dos preços em Chicago, Stigler colaborou muito com ele no conteúdo do curso, até mesmo chegando ao ponto de ajudar a elaborar perguntas dos exames. Os dois tinham se cruzado pela primeira vez como estudantes em Chicago na década de 1930 e, uma década depois, ambos trabalharam como professores na Universidade de Minnesota. Em 1942, Stigler publicou um livro-texto sobre teoria dos preços e o revisou quatro anos depois, exatamente quando Friedman estava para começar a ministrar seu curso a respeito do assunto em Chicago. Stigler só se juntaria a Friedman em Chicago em 1958, mas eles mantiveram contato próximo nesse ínterim. "A amizade entre Friedman e Stigler se aprofundou durante o ano que passaram juntos em Minnesota, e Stigler teve influência substancial no desenvolvimento da teoria dos preços pelo departamento de economia de Chicago, mesmo não fazendo parte do corpo docente da Universidade de Chicago", Hammond disse. Por meio da sua correspondência com Friedman e do seu livro-texto, do qual Friedman se inspirou, Stigler foi um professor "nas sombras para os alunos de Friedman".[44] A *The Fortune Encyclopedia of Economics* descreve Stigler como "o economista empírico por excelência"; o que distingue o seu livro-texto, *The Theory of Price*, a enciclopédia observa, é o fato de que "diversos princípios de economia são mostrados com dados reais em vez de exemplos hipotéticos", uma característica distintiva da Escola de Chicago do pós-guerra: "Provavelmente mais do que qualquer outro economista, Stigler merece crédito por fazer os economistas analisarem os dados e as evidências."[45]

Friedman e Stigler não eram os únicos acadêmicos de renome futuro a quem Sowell foi exposto em seus dias de estudante, mesmo que ele nem sempre tenha reconhecido isso naquela época. Entre seus professores, também se incluíam Gary Becker e Friedrich Hayek, que ganhariam prêmios Nobel e impactariam profundamente o próprio estudo acadêmico de Sowell. Becker fez pesquisas pioneiras acerca da economia referente ao preconceito racial, e Sowell me disse que "qualquer coisa que lidasse com discriminação da minha parte estava dentro do arcabouço do que Becker havia dito".[46] O livro de Sowell *Knowledge and Decisions*, considerado por ele e outros economistas como uma de suas melhores obras, inspirou-se em um artigo acadêmico de Hayek, de 1945, a respeito do funcionamento das sociedades. Ainda assim, é um argumento válido dizer que ninguém teve impacto maior na trajetória profissional de Sowell do que Stigler e Friedman. Eles foram os seus professores e mentores. Ambos participaram da sua banca de defesa de dissertação e até o ajudaram com as necessidades materiais. Quando surgiu um problema com o auxílio estudantil de Sowell, e ele considerou deixar a pós-graduação para encontrar um emprego, foi Stigler quem, sem o conhecimento de Sowell, conseguiu uma bolsa de estudo generosa para acadêmicos promissores da Fundação Earhart. Tempos depois, Sowell afirmou: "[A bolsa] me permitiu concluir os estudos que me levaram a receber o doutorado na Universidade de Chicago e a ter uma carreira profissional como economista".[47] E foi Friedman quem, anos depois, apresentou Sowell para a Hoover Institution da Universidade de Stanford, onde ele se tornou pesquisador sênior em 1980 após deixar o magistério. Tanto Friedman quanto Stigler viram algo em Sowell desde o início que os levou a promover o desenvolvimento dele como acadêmico.

Richard Ware, diretor de longa data da Fundação Earhart, lembra-se de ter recebido o pedido de bolsa para Sowell. A fundação tinha Stigler e Friedman em tão alta conta que a indicação de Sowell foi referendada sem hesitação. "Quando Sowell foi indicado, a carta era muito curta. Não lembro se um dos dois assinou ou se os dois assinaram", Ware afirmou. "Stigler e Friedman indicaram Sowell para a bolsa de estudos, dizendo que ele é socialista, mas é inteligente demais para continuar socialista por muito tempo. Essa foi a maneira que eles colocaram para o conselho de administração." Dado que nove ganhadores do Prêmio Nobel de Economia foram bolsistas da Earhart, a fundação evidentemente tinha faro para talentos. "Se Friedman e Stigler dizem para dar a ele uma bolsa, nós damos a ele uma bolsa", Ware afirmou. "É assim que conduzimos o programa, totalmente nessa base. Acho que Tom deveria receber um Prêmio Nobel. Não tenho certeza se ele vai conseguir."[48]

Sowell viria a considerar Stigler e Friedman como modelos intelectuais, não por causa de quaisquer conclusões específicas a que eles chegaram acerca deste ou daquele assunto, mas por conta de como analisavam os problemas, apresentavam os seus resultados e, sempre que necessário, opunham-se à sabedoria recebida. Stigler, que se destacou tanto por seu raciocínio rigoroso quanto por sua escrita clara, exortou os seus alunos a pôr à prova e confirmar até mesmo crenças amplamente aceitas, sob a suposição de que a sabedoria convencional costumava estar errada. Ele escreveu em suas memórias que "a aceitação popular de uma ideia representava pouco apoio para a sua validade".[49] Foi uma atitude que lhe rendeu respeito e elogios entusiasmados de colegas e alunos. "Stigler nunca trata de um assunto que ele não esclarece", escreveu Ronald Coase, economista da Universidade de Chicago, que posteriormente ganharia seu próprio Prêmio Nobel. "Mesmo aqueles que têm reservas acerca das suas conclusões vão considerar que um estudo do argumento de Stigler ampliou a compreensão do problema em discussão."[50] Outro economista, Jacob Mincer, disse sobre os textos de Stigler: "Quase qualquer amostra de sua prosa exibe um estilo literário elegante e de bom gosto, e uma habilidade, rara entre os profissionais da 'ciência triste', de combinar sagacidade com sabedoria."[51]

Sowell se impressionou com a maneira pela qual Stigler incentivava os alunos a chegarem às próprias conclusões enquanto os ensinava a como chegar lá. Ele "não aderia a modas, não levantava a bandeira por causas, não criava nenhum culto à personalidade", Sowell escreveu. "Fazia o trabalho de um acadêmico e de um professor — ambos admiravelmente — e achava isso suficiente. Se você queria aprender e, acima de tudo, queria aprender a pensar — como evitar palavras vagas, pensamentos confusos ou sentimentos piegas que obscurecem a realidade —, então Stigler era o maior."[52] Numa carta de condolências para um dos filhos de Stigler após a morte do pai, em 1991, Sowell disse que seu ex-orientador "teve uma influência profunda na minha vida e na minha carreira", observando: "Ele me deu muito do seu tempo, tanto por cartas como quando eu estava em residência."[53] Em um ensaio acerca de sua experiência como aluno de Stigler, Sowell acrescentou: "O que Stigler realmente ensinou, quer no curso de organização industrial ou de história do pensamento econômico, foi integridade intelectual, rigor analítico, respeito pelas evidências — e ceticismo em relação às modas e aos entusiasmos que vêm e vão."[54] Esses são os padrões que o futuro professor Sowell aspiraria enquanto lecionava economia em diversas escolas nas décadas de 1960 e 1970, e também em seu estudo acadêmico nas décadas seguintes.

Em Friedman, Sowell observou muitas das mesmas qualidades admiráveis, incluindo a expectativa de que os alunos corresponderiam às altas exigências acadêmicas ou sofreriam as consequências. O curso de pós-graduação de teoria dos preços de Friedman era obrigatório e notoriamente difícil. Em 1959, o ano em que Sowell chegou a Chicago, Friedman aprovou apenas oito dos dezessete alunos que fizeram seu exame escrito. De acordo com Lanny Ebenstein, biógrafo de Friedman, o curso era utilizado para "filtrar os alunos de pós-graduação que não estavam à altura dos padrões do departamento". Na época, o departamento de economia da Universidade de Chicago, segundo Ebenstein, "seguia uma política relativamente liberal com respeito à admissão, com a ideia de que muitos alunos desistiriam no primeiro ano ou algo assim".[55] Sowell se saiu bem, ao que se constatou, e Friedman o parabenizou por receber uma nota B em uma classe em que ninguém tinha recebido uma nota A.[56] A experiência foi extenuante, mas, em retrospectiva, Sowell apreciou a maneira como Friedman o tinha desafiado e aos seus colegas de classe. Ele descreveu o ex-professor não só como um "grande economista", com um "desempenho refinado na sala de aula", mas também como um "ser humano maravilhoso, sobretudo fora da sala de aula". Friedman "o forçava a encarar o seu próprio pensamento desleixado", Sowell afirmou. "Como professor, não há nada mais importante."[57]

Outros alunos brilhantes compartilhavam a opinião de Sowell a respeito de Friedman. Robert Lucas, que estudou com Friedman no início da década de 1960 e acabou recebendo o Prêmio Nobel de Economia em 1995, também se lembrava dele afetuosamente como um professor obstinado, decidido a aguçar as habilidades de pensamento crítico dos seus alunos. "A qualidade das discussões nas aulas de Friedman foi única em minha experiência", Lucas afirmou. Essas discussões costumavam ser estruturadas como debates entre o professor e os alunos, e o que Lucas disse que mais temia durante as aulas era "a exposição da minha confusão perto da rapidez e clareza de Friedman. Ele envolvia um determinado aluno em uma conversa e, uma vez envolvido, nenhuma escapatória era possível. Saídas do tipo

'Bom, vou ter que pensar a respeito' eram inúteis. 'Pense a respeito disso agora'", Friedman dizia.[58]

Como professor universitário, Sowell adotaria uma abordagem um tanto semelhante em relação aos próprios alunos. Ele ensinava principalmente por meio da discussão, e não mediante palestras ou a partir de um livro-texto. Não estava interessado em só verificar as habilidades de recitação dos alunos ou a capacidade de memorizar fatos. "Meu ensino era direcionado para fazer o aluno pensar", ele explicou. "As tarefas de leitura costumavam conter análises conflitantes de um determinado problema econômico. Alguns alunos respondiam, mas outros achavam bastante desconcertante."[59] Às vezes, os colegas professores de Sowell também achavam isso desconcertante, e ele tinha desentendimentos frequentes com os colegas da Universidade Howard, da Universidade Cornell, da Universidade da Califórnia em Los Angeles [UCLA] e de outros lugares por causa de sua posição dura e de sua recusa em fazer concessões. Gerald O'Driscoll, especialista em política monetária do Cato Institute, que foi aluno de Sowell na UCLA no início da década de 1970, lembra-se dele como um tipo severo, mas justo, que não tinha paciência com pessoas tolas. Depois que O'Driscoll apresentou o trabalho final para um seminário de pós-graduação sobre história do pensamento econômico, Sowell o chamou à sua sala e disse: "Bom, o seu foi de longe o melhor trabalho da classe, mas o padrão não está lá grandes coisas."[60]

Mesmo os alunos do *campus* que não tinham tido aulas com Sowell sabiam a respeito dele por meio do boca a boca. John Cogan, economista de Stanford e colega de Sowell na Hoover Institution, nunca foi um dos seus alunos, mas se matriculou na UCLA quando Sowell fazia parte do corpo docente. "Tom tinha uma boa reputação", Cogan lembrou. "Alguns dos meus colegas alunos da pós-graduação eram [monitores] dele e me disseram que Tom era bastante exigente." Cogan disse que ele e outros consideravam a atitude de Sowell ainda mais notável dada a atmosfera geral dos universitários na época.

"Era a UCLA. Era o Vietnã. Eram os padrões complacentes", ele afirmou. "Existiam grandes manifestações no *campus*. As aulas estavam sendo canceladas. Os alunos estavam recebendo créditos por fazer protestos contra a guerra e coisas do gênero. A minha lembrança de Tom envolve padrões muito elevados. Nenhuma conversa fiada na sala de aula. Vocês estão aqui para aprender, e eu estou aqui para ensinar."[61]

Além da postura admirável de Stigler e Friedman em sala de aula, Sowell também observou como eles se conduziam como intelectuais públicos. Stigler, apesar de todo o seu brilhantismo demonstrado no próprio campo de estudo, não considerou que isso o tornava uma autoridade em assuntos fora da sua especialidade. Ele tinha certa humildade em relação às suas limitações como "especialista". Em outras palavras, ele sabia o que não sabia, e essa autoconsciência chamou a atenção do seu ex-aluno. Às vezes, Sowell mencionava o comentário de Stigler sobre acadêmicos célebres que "emitem ultimatos severos ao público quase todos os meses e, às vezes, sem nenhuma outra base".[62] Daí não implica que uma autoridade em uma área deva automaticamente ser levada a sério em outras. E intelectuais que fingem o contrário, de acordo com Stigler, correm o risco de prestar um grande desserviço à sociedade. "Uma coleção completa de declarações públicas assinadas por laureados cujo trabalho nem sequer lhes deu conhecimento profissional a respeito do problema abordado pela declaração seria uma coleção enorme e um tanto deprimente", Stigler disse certa vez em referência a alguns dos seus colegas ganhadores do Prêmio Nobel.[63]

Sowell compartilhava desse ceticismo de se submeter cegamente à intelectualidade em questões políticas. Ele continuaria a escrever extensivamente a respeito da natureza e do papel dos intelectuais e acerca das formas prejudiciais pelas quais eles podem influenciar as políticas públicas, embora "sem pagar nenhum preço por estarem errados". De acordo com Sowell, os resultados foram, no mínimo, tão deprimentes quanto Stigler previu. Entre exemplos específicos, incluíam-se os apelos do filósofo Bertrand Russell em favor do desarmamento britânico na década de 1930; o alarmismo do biólogo Paul Ehrlich a respeito da "superpopulação" na década de 1960; e a defesa do reformador social Jacob Riis dos programas de remoção de favelas desalojando negros de baixa renda, o que levou à construção de projetos de habitação popular que tempos depois se tornaram catástrofes sociais tão absurdas que tiveram que ser demolidos com explosivos.

Para Sowell, mais amplamente problemática era a maneira pela qual alguns intelectuais abordavam questões como a desigualdade social, em que retratam grupos mais prósperos como a causa de outros grupos serem menos prósperos. "Os intelectuais romantizaram culturas que deixaram as pessoas atoladas em pobreza, ignorância, violência, doenças e caos, ao mesmo tempo em que criticavam duramente culturas que lideravam o mundo em prosperidade, educação, avanços da medicina e ordem pública", ele escreveu em *Intellectuals and Society* [*Os intelectuais e a sociedade*]. "Os intelectuais dão às pessoas que têm a desvantagem da pobreza a desvantagem adicional de um sentimento de vitimização. Eles encorajaram os pobres a acreditar que sua pobreza é causada pelos ricos — uma mensagem que pode ser um aborrecimento passageiro para os ricos, mas um prejuízo duradouro para os pobres, que podem enxergar menos necessidade de fazer mudanças fundamentais que poderiam melhorar suas próprias vidas, em vez de concentrarem seus esforços em arrastar os outros a piorar a sua situação".[64] Porém, quer Sowell escrevesse sobre história intelectual, desigualdades de renda ou algum outro assunto, ele utilizou um arcabouço de análise que definiu a Escola de Chicago de acordo com Milton Friedman e George Stigler.

Nas décadas após sua saída de Universidade de Chicago, os críticos de Sowell usaram a sua afiliação com Stigler e Friedman contra ele. Em uma tentativa de classificar Sowell como incapaz de pensar por si mesmo, esses críticos o rejeitaram, considerando-o como "o Milton Friedman negro" ou "um apóstolo" dos "economistas conservadores brancos" com quem ele estudou.[65] A realidade é que a admiração de Sowell por seus antigos professores não o tornou clone intelectual deles, e não havia nenhuma expectativa por parte deles de que isso aconteceria. Como professor, Friedman "não procurou converter os alunos aos seus pontos de vista políticos", Sowell escreveu. "Não escondi o fato de que era marxista quando fui aluno do curso do professor Friedman, mas ele não fez nenhum esforço para mudar minhas opiniões. Certa vez, ele disse que alguém que se convertia facilmente não valia a pena converter."[66] Stigler, como outro ex-aluno observou, era bastante parecido: "Se considerarmos três dos seus alunos conhecidos, Mark Blaug, Sam Peltzman e Thomas Sowell, o denominador comum deles é um claro sentido de autodireção e autoconfiança. Todos foram capazes de enfrentar Stigler, dando tudo de si."[67]

O economista Arnold Harberger, que obteve doutorado na Universidade de Chicago em 1950 e lecionou ali de 1953 a 1983, afirmou que, embora a Escola de Chicago sem dúvida enfatizasse o papel das forças de mercado na explicação do comportamento econômico, Friedman e os outros professores não tinham o hábito de trazer suas políticas pessoais para a sala de aula:

> *Durante muitos anos, Milton Friedman lecionou em Chicago, mas ele não ensinou Free to Choose; ensinou A Monetary History of the United States. E o restante de nós, em nossas aulas, não ensinávamos ideologia (...) mas sim a economia como ciência; então, a nossa visão — sem dúvida, a minha própria visão, que acredito ser compartilhada por quase todos ou todos os meus colegas em Chicago — é que as forças do mercado são apenas isso: forças; são como os ventos e as marés; coisas que, se você quiser tentar ignorá-las, você as ignora por sua conta e risco, e se*

entende que elas estão ali, trilhando o seu caminho, se encontrar uma maneira de ordenar a sua vida que seja compatível com essas forças, que de fato aproveita essas forças para o benefício da sua sociedade, é assim que deve ser.[68]

Se Sowell era o seu fantoche, Friedman também não sabia, já que escreveu que uma das "qualidades" de Sowell era a sua "teimosia — ao mesmo tempo exasperante quando ele discordava e fundamental para suas realizações acadêmicas. Ele tem vontade própria, insiste em decidir por si mesmo e em obter as evidências necessárias para formar um juízo válido". Friedman acrescentou que essa qualidade, "que chamamos de persistência em nós mesmos, teimosia em alguém de quem gostamos, obstinação em outros ainda — explica a extraordinária gama de evidências que ele reuniu em toda a série de livros e artigos que escreveu a respeito da questão das minorias".[69] A acusação de que Sowell não chegou a conclusões por conta própria também pareceu absurda para Stigler. O professor e o aluno duelaram em sala de aula e discutiram com veemência a respeito da tese de doutorado de Sowell — acerca das teorias do economista clássico Jean-Baptiste Say — a ponto de Stigler propor se afastar como orientador da tese, já que, como disse a Sowell, "raramente estamos de acordo".[70]

Como vou demonstrar nos capítulos a seguir, a atitude independente de Sowell não só antecede o seu período em Chicago, mas também define e abrange toda sua carreira: o seu estudo acadêmico sobre história econômica, os seus textos a respeito de teoria social e o ativismo pelos direitos civis. Em 1954, quando a Suprema Corte decidiu que as escolas públicas racialmente segregadas eram inconstitucionais, Sowell ainda fazia o curso noturno da Universidade Howard. Durante uma discussão em sala de aula no dia da decisão histórica, ele e todos os outros presentes concordaram que o tribunal tomara a decisão correta. No entanto, Sowell foi o único a manifestar ceticismo de que a integração racial por si só "iria levar a alguma solução mágica dos problemas de raça e pobreza", que era a opinião consensual entre os seus colegas de classe.[71] Como explicou posteriormente: "Vi os obstáculos para o progresso dos negros como algo que envolvia mais do que a discriminação pelos brancos."[72]

Dadas essas críticas contra Sowell como porta-voz dos intelectuais conservadores brancos, talvez seja irônico que os acadêmicos que mais se tornaram benquistos por ele tenham sido seus mentores negros em Howard, e não os mentores brancos de Chicago. Ele descreveu Marie Gadsden, professora de inglês, e Sterling Brown, poeta talentoso que ministrou um curso de redação, como seus "dois ídolos" em Howard, "e ambos assim continuaram pelo resto da minha vida". Gadsden, ele disse, "foi a minha confidente mais importante, e suas palavras sábias me ajudaram em muitos momentos difíceis da minha vida pessoal, assim como da minha carreira profissional. Ela incentivou o meu trabalho, celebrou o meu progresso e, quando necessário, criticou minhas deficiências. Tudo isso me ajudou".[73] Gadsden e Brown escreveram cartas de recomendação consistentes para Sowell quando ele se transferiu para Harvard. E Brown, que "entendia as armadilhas da mentalidade de vítima", disse a Sowell, na véspera da partida dele para Cambridge: "Não volte aqui dizendo para mim que não teve sucesso porque os brancos eram maus." Anos depois, Sowell se lembraria de que "foi o melhor conselho que eu poderia ter recebido".[74]

De acordo com Sowell, ele não abandonou o socialismo porque os seus professores da Universidade de Chicago o iludiram. De certa forma, o que, em última análise, deu início ao seu desvio para a direita política foi um emprego de verão no Departamento de Trabalho dos Estados Unidos, em Washington, no verão de 1960:

> *O emprego pagava mais do que eu jamais ganhei, permitindo-me desfrutar de algumas comodidades da vida. Inadvertidamente, também desempenhou um papel como ponto de inflexão em minha orientação ideológica. Depois de um ano na Universidade de Chicago, incluindo um curso de Milton Friedman, continuei*

tão marxista quanto antes de chegar. No entanto, a experiência de ver o governo em ação por dentro e em nível profissional me fez repensar toda a noção de governo como uma força potencialmente benevolente na economia e na sociedade. A partir daí, conforme aprendia cada vez mais com a experiência e a pesquisa, minha adesão às visões e doutrinas da esquerda começou a se desgastar rapidamente com o correr do tempo.[75]

No Departamento de Trabalho, Sowell foi encarregado de analisar a indústria do açúcar em Porto Rico, onde o governo norte--americano executava um programa que estabelecia salários mínimos para os trabalhadores. Ele notou que, ao longo de um determinado período, quando o salário mínimo aumentava, a oferta de emprego diminuía. Na época, ele era defensor das leis de salário mínimo e acreditava que elas ajudavam os pobres a ter uma vida decente. Porém, diante dos fatos, Sowell começou a se perguntar se tais iniciativas não estavam eliminando os empregos das pessoas. Também percebeu que os seus colegas de trabalho, a equipe permanente do departamento, não se importavam muito com o assunto. "Isso me forçou a compreender que as agências governamentais têm os próprios interesses para cuidar, independentemente daqueles para quem o programa foi criado", Sowell escreveu. "A administração das leis de salário mínimo era uma parte importante do orçamento do Departamento de Trabalho e empregava uma parte significativa de todas as pessoas que trabalhavam ali. Se os salários mínimos beneficiavam ou não os trabalhadores pode ter sido a minha questão prioritária, mas evidentemente não era a deles." Foi essa constatação, e não uma palestra na Universidade de Chicago, que o fez "querer repensar a questão mais ampla do papel do governo em geral", ele lembrou. "Ao longo dos anos, quanto mais programas governamentais eu investigava, mais difícil era de acreditar que eles eram um benefício líquido para a sociedade."[76]

Sowell chegou à sua crença no livre mercado por meio da reflexão e da observação. O mesmo aconteceu com Friedman e Stigler, que falaram a respeito de terem inclinações políticas liberais em seus dias de estudante. Os leitores de Sowell costumam manifestar surpresa quando descobrem que ele começou como um marxista, mas Sowell me disse que suspeitava que pelo menos metade dos seus colegas na conservadora Hoover Institution também eram de esquerda na faixa dos vinte anos.[77] E isso é certamente verdade em relação a vários pensadores dissidentes negros notáveis, como Clarence Thomas, Shelby Steele, Walter Williams, Glenn Loury e Robert Woodson, que enfrentaram ataques regulares de liberais negros e outros críticos, frequentemente muito mais interessados em questionar seus motivos do que em responder aos seus argumentos. No entanto, o que distingue Sowell mesmo entre outros estudiosos negros, e o que será examinado nos capítulos a seguir, é como o seu estudo acadêmico apresenta conceitos liberais clássicos muito além do âmbito da raça.

CAPÍTULO 2

UM HOMEM SÓ

"Não está na moda dizer isso, e com certeza não é agradável, mas a verdade não depende dessas considerações."

Ao longo das décadas, Thomas Sowell apresentou esboços de sua vida pessoal em inúmeras colunas de jornal e em diversos livros, incluindo *Black Education: Myths and Tragedies*, de 1972, e *Late-Talking Children*, de 1997. Mas foi só em 2000, aos 70 anos, que finalmente publicou *A Personal Odissey*, seu livro de memórias. O livro nos guia por sua infância, sua passagem pelas forças armadas durante a Guerra da Coreia e seus dias como estudante universitário. Ele escreve sobre o seu primeiro casamento, o nascimento de seus dois filhos, um divórcio subsequente e o encontro com Mary, sua segunda mulher. Sowell descreve suas repetidas tentativas de se estabelecer como professor de economia em diversas instituições e explica por que acabou optando por um cargo de não docência na Hoover Institution da Universidade de Stanford, onde seguiu carreira em pesquisa e escrita, embora seu primeiro amor tenha sido o ensino em sala de aula. A magnífica habilidade narrativa de Sowell está presente em *A Personal Odissey*, e as descrições são interessantes e reveladoras. Contudo, não é uma autobiografia completa, e o leitor é mantido a certa distância. Aqueles que estavam buscando mais introspecção por parte de Sowell tiveram que esperar até a publicação do seu livro de correspondências, *A Man of Letters*, em 2007.

Constatou-se que Sowell era um escritor prolífico de cartas, sobretudo em sua juventude, e até manteve cópias de suas próprias missivas. Com início em 1960, *A Man of Letters* abrange mais de quarenta anos dessas mensagens com a família, amigos, colegas e algumas figuras públicas. E nelas podemos ver que os atributos que com o tempo viriam a identificar a escrita de Sowell — a franqueza, o humor, a altivez, a prática do contraditório — já eram evidentes desde muito cedo. *A Man of Letters* é particularmente útil para avaliar as ideias de Sowell porque as cartas são menos cautelosas do que suas memórias. Temos vislumbres reveladores da personalidade e do pensamento de um jovem no processo de desenvolver críticas ao liberalismo, soluções governamentais e outras questões que ele não abordaria plenamente em alguns casos até muito mais tarde em sua vida.

Em 1960, depois que o chefe do departamento de economia da Universidade Howard o abordou acerca de um emprego de professor, Sowell escreveu a um amigo que o homem "pareceu sinceramente incapaz de conciliar a minha ida para [a mais conservadora Universidade de] Chicago com a minha vinda da progressiva Harvard. Acho que realmente não ocorreu a ele que tenho ideias próprias e não me considero 'produto' de nenhuma das instituições".[78] O que é surpreendente a respeito do encontro é que ele demonstra há quanto tempo as pessoas questionam as intenções de Sowell e contestam a sua capacidade de pensar por si mesmo. Ao longo da sua carreira, Sowell seria acusado por detratores de ecoar conscientemente os pontos de vista dos outros ou adotar certas posições apenas para obter favores ou "servir aos interesses dos brancos no poder".[79] No entanto, as suas cartas fornecem evidências convincentes de uma autonomia que antecede em muito sua vida como intelectual público. E isso é sobretudo verdadeiro no que diz respeito às suas opiniões sobre questões raciais.

Inicialmente, Sowell se sentiu otimista acerca da direção do movimento pelos direitos civis. Ele nasceu em uma família muito pobre, na zona rural de Gastonia, na Carolina do Norte, durante a Grande Depressão e foi criado em um gueto de Nova York na década de 1940. Como muitos outros negros da época e originários daquelas áreas, sua família não era instruída. Os homens trabalhavam principalmente como operários ou no setor de serviços, e as mulheres geralmente eram empregadas domésticas. As leis racistas reduziram as oportunidades para os negros norte-americanos e, portanto, limitaram a sua ascensão social. Sowell frequentou escolas segregadas e viveu em cidades segregadas. Foi mandado embora de restaurantes e moradias por causa da cor da sua pele. Ao longo da vida, Sowell sentiu pessoalmente a dor e a humilhação do racismo. Não precisava dos sermões de ninguém acerca dos males da segregação racial.

Sowell morou em Washington no início da década de 1950 e trabalhou como empregado do governo. Fotógrafo amador de longa data, ele às vezes perambulava sem rumo pela cidade com uma câmera e tirava fotos nas horas vagas. "Achava uma chateação não poder entrar em um restaurante e pedir algo para comer quando estava com fome", ele escreveu. "Em diversas lanchonetes no centro da cidade, os brancos podiam se sentar e comer, mas os negros só podiam comer de pé junto ao balcão. Passava fome em vez de me submeter a isso." Ele enviou uma carta a um jornal local, o *Washington Star*, exortando a cidade a terminar com a segregação em suas escolas públicas. "Foi a primeira coisa que escrevi que sei que foi publicada."[80]

Em 1960, quando Sowell fazia pós-graduação na Universidade de Chicago, um amigo que lecionava em uma faculdade para negros no Alabama enviou-lhe alguns recortes de jornais a respeito dos protestos no sul. Sowell respondeu, dizendo que "estava muito orgulhoso a respeito tanto da maneira como nosso povo ganhou vida quanto em relação ao bom senso com que as coisas foram tratadas". Ele acrescentou que foi "bastante interessante o fato de que dezoito dos vinte e um trabalhadores negros de um restaurante em Atlanta se recusaram a ajudar o proprietário a limpar os *réchauds*. Quem teria acreditado que isso fosse possível há dez anos?"[81]

No entanto, em 1962, ele já estava começando a ter dúvidas acerca dessa abordagem para lidar com a desigualdade racial. "Quanto mais sigo as lutas de integração do sul, mais tendo a ser cético quanto ao verdadeiro resultado de tudo isso", ele escreveu em uma carta a um ex-colega de quarto em Harvard. "É estranho ficar à margem e criticar as pessoas que estão sofrendo por seus ideais, mas ainda assim a pergunta deve ser feita: 'No que é que isso vai resultar?' Parece haver tantas outras coisas com maior prioridade do que a igualdade de acomodação pública que a preocupação cega com essa única coisa parece quase patológica." Segundo Sowell, "o fervor gerado na luta pela 'integração' em todas as coisas a todo custo parece mais uma liberação emocional do que um movimento sensato em direção a algo que promete um benefício que vale a pena".[82]

Para Sowell, já estava claro que a busca por direitos iguais envolvia *trade-offs*. Tempo e recursos direcionados para uma coisa deixam menos tempo e menos recursos direcionados para outra coisa. Posteriormente, escreveu: "Dadas todas as necessidades urgentes de mais educação e de melhor qualidade, por exemplo, e, de todas as coisas que podem ser obtidas com os frutos das habilidades de trabalho e experiência empresarial, quanto tempo e esforço poderiam ser poupados em relação às campanhas intermináveis de entrar em cada barraca de hambúrguer operada por um caipira?". Contudo, além de considerar que os ativistas estavam fazendo um trabalho ruim na escolha de suas batalhas, Sowell ficava cada vez mais incomodado com a maneira pela qual os líderes negros pareciam estar muito preocupados com a aprovação dos brancos. Na época, em Washington, "havia uma faculdade de quinta categoria — nem tenho certeza se era credenciada — que não admitia negros", ele escreveu. "Achei que os grupos locais pelos direitos civis fizeram a coisa certa ao denunciar essa política racial, mas fiquei chocado com o fato de que realmente investiram mais esforços para tentar mudar a política. Não só parecia um investimento que deveria ser colocado em outro lugar, mas também me incomodava que parecíamos estar constantemente buscando aceitação e reconhecimento por parte dos brancos — *qualquer* branco, em qualquer lugar."[83]

A liderança pelos direitos civis continuaria seguindo este caminho durante as décadas seguintes. Anos depois, já no século XXI, os líderes negros ainda parecem muito mais interessados em pedir indenizações pela escravidão e derrubar as estátuas de confederados do que em oferecer às famílias negras uma opção às escolas públicas de baixa qualidade. Como objetivo principal, os ativistas continuavam a aspirar o reconhecimento por parte dos brancos, agora sobretudo por meio do movimento Black Lives Matter. Sowell testemunhou essas tendências em suas primeiras versões, há mais de meio século. E parece que ele tinha razão em suspeitar que fariam pouco, por si próprias, para reduzir as disparidades raciais.

A principal legislação de direitos civis ainda não tinha sido aprovada, mas Sowell já havia chegado à conclusão de que, embora a dessegregação fosse certamente um objetivo meritório, era pelo menos tão importante — ou mais ainda — assegurar que os negros passassem pelo necessário desenvolvimento pessoal para progredir na sociedade norte-americana assim que as leis de segregação racial fossem eliminadas. E para seu desalento, os líderes pelos direitos civis estavam cada vez mais preocupados com o primeiro fato, enquanto negligenciavam o segundo. Em 1963, ao escrever para um casal que, na época, vivia no exterior e que tinha se envolvido em protestos no sul dos Estados Unidos, Sowell disse: "Uma das minhas experiências irônicas foi ouvir de um ex-professor meu que agora está lecionando em uma faculdade para negros no Mississippi que os alunos estavam completamente relutantes e apáticos. Embora isso possa parecer uma violação do código das montanhas ou algo assim, sou cada vez mais levado a acreditar que grande parte de nosso empenho pela reforma social é um colossal engano."[84] A questão não era se a segregação racial imposta pelo governo deveria acabar, mas se isso seria suficiente, por si só, para enfrentar as desigualdades a longo prazo. Sowell deixou esse ponto ainda mais explícito em uma carta de 1964 para um estudante negro de pós-graduação:

Para mim, a psicologia do negro é o maior obstáculo ao progresso racial. Não está na moda dizer isso, e com certeza não é agradável, mas a verdade não depende dessas considerações. Com todo o devido respeito à coragem e dedicação dos diversos grupos pelos direitos civis, considero que quando todas as leis forem aprovadas e todas as comportas forem abertas, o resultado será um tremendo anticlímax, a menos que haja uma mudança drástica de atitude entre os negros. Os atuais pleitos por tratamento especial são um sintoma da atitude que precisa ser mudada e tal tratamento seria um grande obstáculo para a necessária mudança.[85]

Nas décadas posteriores, o estudo acadêmico de Sowell demonstraria empiricamente que as preferências raciais pela classe baixa negra não eram apenas ineficazes, mas também contraproducentes, já que estigmatizavam as conquistas de pessoas negras e não eram substitutos para o desenvolvimento de habilidades, atitudes e hábitos propícios à ascensão social. Mas aqui vemos indícios do que estava por vir. Sowell também estava bem à frente de muitos outros em seu pensamento acerca da eficácia limitada das leis contra a discriminação no enfrentamento da desigualdade social. No início de 1964, antes da aprovação naquele ano da histórica legislação dos direitos civis, ele escreveu a um amigo: "Creio que alguns indivíduos e grupos compreenderam muito mal o problema. Talvez se o projeto de lei geral dos direitos civis for aprovado pelo Congresso sem diluição, o anticlímax amargo que certamente se seguirá possa instigar alguma reflexão verdadeira em grupos onde *slogans* e rótulos prevalecem no momento."[86]

Além da sua preocupação de que os líderes negros estivessem priorizando em demasia a integração racial, Sowell também se preocupava com o fato de que as demandas prévias de igualdade de tratamento estavam naquele momento se transformando em demandas de tratamento especial. Em 1963, o diretor executivo da Urban League, organização pelos direitos civis, escreveu um artigo na *New York Times Magazine* demandando a contratação preferencial de negros. Sowell criticou a ideia em uma carta ao editor:

Como negro, julgo que Whitney M. Young, da Urban League (...) está tragicamente errado em seu plano de tratamento especial para os negros — errado não só tática e moralmente, mas também errado em termos do seu provável efeito para os próprios negros. Como alguém pode esperar a sério desenvolver a iniciativa, o respeito pelo trabalho e a responsabilidade entre as pessoas que são "procuradas" para bons empregos, que recebem "preferência consciente" e outras evasões semânticas que significam privilégios especiais? A diferença entre todos os outros auxílios especiais a grupos específicos que o Sr. Young cita — a G.I. Bill etc. — e o programa que ele está defendendo para os negros é muito simples: todos foram iniciativas para permitir que um determinado grupo atingisse certo padrão, e não iniciativas para reduzir o padrão para eles. Embora o Sr. Young rejeite a ideia de cotas de empregos generalizadas, ele aceita o raciocínio básico por trás do sistema de cotas de empregos, o fato de que a sub-representação numérica de negros em certos empregos é evidência de discriminação. (...) Pessoas que vêm tentando há anos dizer aos outros que os negros não são diferentes de ninguém não devem perder de vista o fato de que os negros são como todas as outras pessoas em querer algo em troca de nada. A pior coisa que poderia acontecer seria manter a esperança de obter isso.[87]

Sowell não estava imaginando coisas nem exagerando o seu caso. Na década de 1960, o que viria a ser uma mudança importante no pensamento estava em curso entre as elites negras. Nas primeiras décadas do século XX, milhões de negros, incluindo a própria família de Sowell, migraram do sul dos Estados Unidos e se estabeleceram nas cidades do norte, onde o foco era tanto o desenvolvimento pessoal quanto a garantia pela igualdade de direitos. Na verdade, o aperfeiçoamento pessoal dos negros era considerado como o melhor caminho para a igualdade de direitos. Como a jornalista Isabel Wilkerson escreveu em seu livro sobre a migração negra, *The Warmth of Other Suns*, os jornais da época para o público negro, como o *Chicago Defender*, e as principais organizações pelos direitos civis, incluindo a Urban League, "publicavam listas periódicas de regras de conduta", que aconselhavam os recém-chegados a como se comportar adequadamente: "Não use linguagem vil em locais públicos." "Não apareça na rua com chapéus velhos, aventais sujos e roupas esfarrapadas." "Não vagabundeie. Arrume um emprego imediatamente." "Não deixe seus filhos fora da escola." Em um editorial de 1917, o *Chicago Defender* publicou: "É nosso dever (...) levar pela mão os menos experientes, principalmente quando um passo em falso enfraquece nossa chance de ascensão."[88]

Na década de 1960, esse tipo de conversa começou a ser considerado ultrapassado e, nas décadas posteriores, seria ridicularizada como "política da respeitabilidade". No entanto, uma geração anterior de negros, que incluía Sowell, sustentava que a autoestima e o respeito próprio eram essenciais para o progresso econômico, e os resultados falavam por si. Os dados censitários revelam que, nas décadas de 1940 e 1950, as taxas de pobreza dos negros despencaram, a renda dos negros aumentou a um ritmo mais rápido do que a renda dos brancos, e a diferença racial nos anos de escolaridade encolheu de quatro para menos de dois.[89]

<hr />

Sowell apoiou a Lei dos Direitos Civis de 1964 e a Lei dos Direitos de Voto [Voting Rights Act] de 1965, mas foi bastante presciente acerca de seu impacto limitado no progresso social e econômico dos negros. Muitos dos que citam esses textos legislativos como catalisadores para o progresso negro subsequente ignoraram as tendências já existentes antes da aprovação dos projetos de lei. Em retrospecto, chamar essas vitórias pelos direitos civis de anticlimáticas quase soa como uma meia verdade. A pobreza entre os negros estava caindo mais rápido antes da década de 1960 do que cairia nas décadas subsequentes. Nas décadas de 1970 e 1980, os vinte por cento dos negros mais pobres viram sua renda declinar em mais do que o dobro da taxa dos brancos comparáveis.[90] As taxas de criminalidade e de desemprego entre os negros também pioraram depois da década de 1960. E as taxas de admissão de negros em profissões de classe média diminuíram após a implantação das políticas de ação afirmativa que deveriam gerar o efeito exatamente oposto. Como Sowell temera, a pressão entre os negros por um tratamento *igual* logo deu lugar a demandas por cotas, direitos reservados e outras formas de tratamento *especial*.

Os próprios textos de Sowell não investigariam esses fenômenos a fundo por pelo menos mais uma década, e algumas das suas avaliações mais devastadoras da liderança negra — em *The Economics and Politics of Race*, *Civil Rights: Rhetoric or Reality?* e outros livros — não seriam publicadas até a década de 1980. Porém, as cartas mostram como ele vinha pensando e escrevendo criticamente acerca das abordagens convencionais para ajudar os negros a progredir, mesmo que apenas em sua correspondência particular e nas cartas ocasionais para os jornais. Em 1970, o cientista político liberal Andrew Hacker publicou uma longa defesa do movimento Black Power no *New York Times*, e Sowell respondeu em uma carta ao editor: "De vez em quando me pergunto se aqueles de nós que são negros não deveriam pensar na possibilidade de declarar algum tipo de anistia moral para brancos com sentimento de culpa, só para que eles não continuem dizendo e fazendo coisas idiotas que criam problemas adicionais."[91]

Além disso, tudo indica que as conclusões de Sowell nasceram de suas próprias observações e processos de pensamento. Elas não resultaram de alguma tentativa de agradar a uma ideologia ou partido político específico, o que costumava ser a acusação, sobretudo durante a era Reagan. Depois que Ronald Reagan venceu a eleição presidencial de 1980 e começaram a sair artigos na imprensa dizendo que Sowell estava sendo cogitado para o cargo de secretário do Department of Housing and Urban Development [HUD – Departamento de Habitação e Desenvolvimento Urbano], os líderes pelos direitos civis ficaram furiosos. "Encararíamos com grande preocupação a nomeação de Tom Sowell para o HUD ou, aliás, para qualquer outro cargo do gabinete", afirmou o diretor jurídico da NAACP [National Association for the Advancement of Colored People — Associação Nacional para o Progresso das Pessoas de Cor] (sic). "Sowell desempenharia o mesmo tipo de papel que historicamente os negros servis *[house niggers]* (sic) desempenhavam para os donos das fazendas. Ele poderia impor uma disciplina direta. Independentemente de quão desumanamente administrada, seria considerada mais aceitável porque as mãos do disciplinador são pretas."

Se tal acusação fosse feita hoje, quase certamente seria captada por programas de rádio conservadores, por canais de tevê como a Fox News e pela mídia social de direita. Mas nada disso existia no início da década de 1980, e Sowell praticamente teve que se defender sozinho. Ele não tinha interesse em ser secretário do HUD e, por fim, decidiu não aceitar nenhum cargo no gabinete. Contudo, havia uma questão maior em jogo, e Sowell decidiu rebater a difamação da NAACP à altura. Ele apontou a hipocrisia em supor que só os negros da esquerda política podem aceitar dinheiro de benfeitores brancos e manter a integridade. Sowell também observou que o viés progressista da imprensa a cegou para a crescente desconexão entre as prioridades dos grupos pelos direitos civis e as prioridades das pessoas que eles alegavam representar. "Penso que os líderes da NAACP é que são os clássicos negros servis", ele disse ao *Washington Post.* "O apoio deles vem dos democratas brancos na imprensa e na filantropia, e constantemente assumem posições opostas à comunidade negra a respeito de crime, cotas e dessegregação compulsória via transporte escolar. O que considero trágico é que a imprensa encampou o posicionamento deles."[92]

Sowell considerou brevemente aceitar outros cargos no gabinete. O Departamento de Educação tinha certo apelo, porque ele achava que uma melhor escolaridade seria fundamental para o progresso das minorias de baixa renda. Por fim, porém, decidiu que não tinha o temperamento para a política e retirou o nome de consideração. Sowell concordou em ser membro do Economic Policy Advisory Committee [Comitê Consultivo de Política Econômica] de Reagan, que se reunia algumas vezes por ano, mas renunciou após a primeira reunião. Essas confabulações não só eram longas demais para o seu gosto, mas ele também estava morando na costa oeste na época, e havia subestimado o estresse resultante das viagens transcontinentais.[93] Sowell nunca se arrependeu da decisão de desistir. Em uma carta, escreveu: "Estou mais inclinado à opinião (e ao exemplo) de Milton Friedman; qual seja, que alguns indivíduos podem contribuir mais ficando fora do governo".[94]

Não obstante as insinuações em contrário da imprensa, a realidade é que Sowell foi filiado ao Partido Democrata até 1972 e nunca foi filiado ao Partido Republicano. "Apesar das tentativas da mídia de me tornar quase integrante do governo Reagan, permaneci independente dele ao longo dos seus oito anos e o critiquei severamente na imprensa sempre que discordava", ele escreveu em suas memórias. "Quando minhas opiniões de longa data acerca de uma questão específica coincidiam com as do governo Reagan, é claro que eu dizia, mas não houve nenhuma tentativa de estar em consonância com elas."[95] As cartas de Sowell não nos dão motivos para duvidar dessa afirmação. Ele expressava ceticismo acerca das iniciativas governamentais de ajuda à classe baixa negra muito antes de Ronald Reagan ser governador da Califórnia, quanto mais presidente. No entanto, a crítica de Sowell como uma traição é infundada por outro motivo importante. As suas ambições foram moldadas principalmente por uma geração anterior de intelectuais *negros* — como E. Franklin Frazier, St. Clair Drake, John Hope Franklin, Kenneth Clark e Sterling Brown, entre outros — que nunca receberam o que mereciam ou receberam relativamente tarde em suas carreiras. Não porque Sowell sempre concordasse com os seus estudos ou as suas conclusões sobre políticas públicas, mas porque admirava muito aquilo que esses pioneiros tinham realizado profissionalmente, dadas as circunstâncias que os negros foram forçados a suportar nas primeiras décadas do século XX. As experiências de tais estudiosos, junto com as dele, ajudaram a permear a visão de Sowell de que os negros podiam e deviam ser considerados pelos mesmos padrões que os outros grupos. "Sowell alcançou a maturidade intelectual sob a influência dessa geração de acadêmicos negros", escreveu o acadêmico também negro e liberal Jerry Watts em um longo perfil de Sowell para a revista *Dissent*, em 1982. "Poucos autores negros atuais celebram as realizações deles ou se referem à suas obras com mais frequência do que Sowell. O que deve tê-lo impressionado é a iniciativa individual e o sucesso final diante dos obstáculos muito maiores que os negros enfrentam agora."[96] O próprio Watts escreveu sobre intelectuais negros e foi bastante crítico em relação ao estudo acadêmico de Sowell a respeito de raça, mas seu ensaio também condenou o empenho de outros pensadores negros de esquerda de tentar desprezar Sowell, considerando-o como um insensível traidor da raça, em vez de enfrentar seus argumentos com contra-argumentos:

Thomas Sowell não é um negro servil. O fato de ele e outros negros que procuram analisar criticamente as questões intraétnicas estarem sujeitos a essa acusação reflete nossa incapacidade de tolerar a diversidade. Além disso, de forma indireta, a acusação é racista, pois presume que os negros que pensam "de maneira diferente" não afirmam a própria autonomia, mas apenas agem como intermediários em favor de algum interesse branco. No caso de Sowell, o seu conservadorismo antecede o relacionamento com Reagan e é, na verdade, mais sofisticado do que o de Reagan (...)

Tanto quanto sei, ele está bastante preocupado com os problemas daqueles norte-americanos negros que não estão, por qualquer definição, "se dando bem". Com certeza, ele dedica tempo suficiente escrevendo acerca de soluções de livre mercado para os problemas enfrentados pelos negros pobres. Podemos discordar das suas prescrições, mas não podemos duvidar de que ele está preocupado.[97]

A insistência de Sowell acerca da primazia do desenvolvimento pessoal dos negros pode até ser considerada como fora de moda na década de 1960, quando a Urban League, a NAACP e outros grupos reavaliavam as suas próprias prioridades e métodos, mas não pode ser considerada como inédita. No mínimo, as análises de Sowell seguem a tradição de seus antecessores negros, e não a dos seus contemporâneos brancos. Os líderes negros mais importantes de uma época anterior, incluindo o abolicionista Frederick Douglass e o educador Booker T. Washington, compartilhavam do profundo ceticismo de Sowell quanto à benevolência do governo e à redução dos padrões para promover o progresso dos negros. "Todos fizeram a pergunta (...) 'O que devemos fazer com os negros?'", Douglass afirmou em 1865. "Tive apenas uma resposta desde o início. Não faça nada conosco! O que foi feito conosco já nos prejudicou. Não faça nada! Se as maçãs não ficarem na árvore por conta própria, se forem comidas por larvas no âmago, se amadurecerem precocemente e tenderem a cair, que caiam! (...) E se o negro não consegue ficar de pé sozinho, que caia também. Tudo o que peço é que dê a ele uma chance de ficar de pé sozinho!"[98] Washington, que, como Douglass, nasceu escravo, disse, em seu conhecido discurso na Exposição de Atlanta: "É importante e justo que todos os privilégios da lei sejam nossos, mas é muito mais importante que estejamos preparados para o exercício desses privilégios."[99]

O sociólogo negro W.E.B. Du Bois tinha suas divergências com Washington acerca dos direitos civis ou o aperfeiçoamento pessoal como principal objetivo dos negros nas primeiras décadas do século XX, mas ambos concordavam que o racismo branco estava longe de ser o único obstáculo, ou mesmo o maior, que os negros enfrentariam durante a vigência da segregação racial ou em seu rescaldo. Em seu livro de 1895, *The Souls of Black Folk*, Du Bois lamentou, referindo-se sobretudo aos jovens negros, para os quais a escravidão era, no máximo, uma "vaga lembrança", que o mundo "exigia pouco deles, e que eles respondiam com pouco". Muitos tinham "[afundado] na indiferença apática, na preguiça ou na bravata temerária".[100] Posteriormente, ele escreveu que, mesmo que os brancos abandonassem repentinamente seus preconceitos raciais, o impacto imediato sobre as condições econômicas da maioria dos negros seria mínimo. Soando muito como um futuro Thomas Sowell, Du Bois afirmou que "alguns poucos seriam favorecidos", mas "a massa permaneceria como está", até que a geração mais jovem começasse a "se esforçar mais" e que toda a raça "perdesse a desculpa onipresente para o fracasso: o preconceito".[101] Douglass, Washington e Du Bois não viveriam para ver a aprovação da legislação na década de 1960, que finalmente concedeu direitos iguais aos negros, mas estavam otimistas de que tal dia chegaria. Como Sowell, eles acreditavam que, quando isso acontecesse, seria de suma importância que os negros estivessem providos dos hábitos, das atitudes e habilidades necessários para aproveitar ao máximo o que os Estados Unidos tinham a oferecer.

CAPÍTULO 3

ENSINO SUPERIOR, EXPECTATIVAS INFERIORES

"O duplo padrão de notas e diplomas é um segredo de polichinelo em muitos campi, sendo apenas uma questão de tempo antes que também se torne um segredo de polichinelo entre os empregadores."

A década de 1960 foi a primeira da carreira acadêmica de Sowell, e ele passou a maior parte dela lecionando, concluindo a tese de doutorado e escrevendo sobre teoria econômica. Contudo, a década de 1960 também foi de enorme agitação social nos Estados Unidos, marcada por protestos em massa contra o racismo, o sexismo e a guerra do Vietnã, assim como por costumes em rápida evolução. Grande parte dessa agitação se desenrolou nos *campi* universitários, onde Sowell, então na casa dos trinta anos, tentava se estabelecer na vida de professor. A sua preferência era o ensino em sala de aula, em oposição à pesquisa, mas seus métodos e sensibilidade estavam em rota de colisão com o espírito da época. No final da década de 1960, ele já estava mudando de ideia acerca de uma carreira na academia. "Sempre senti certa atração por uma faculdade pequena, mas o grande ponto de interrogação sempre foi se a relação mais próxima entre aluno e professor que é possível ali é utilizada para fins intelectuais" ou para "estender artificialmente a adolescência dos alunos", ele escreveu a um amigo em 1968. "A ideia de enfatizar o ensino me atrai, mas muitas vezes 'o ensino' significa relações públicas com o aluno e é julgado por quão felizes você os mantém, e não pelo quanto eles aprendem."[102]

Essas ressalvas se desenvolveram durante o período em que Sowell florescia como pesquisador. Seu primeiro artigo acadêmico — sobre a previsão de Karl Marx a respeito da "miséria crescente" dos trabalhadores sob o capitalismo — foi publicado em 1960 na *American Economic Review*, amplamente considerada a principal publicação da área. Seu primeiro livro — um livro-texto introdutório para estudantes de graduação intitulado *Economics: Analysis and Issues* — seria lançado em 1971. Nesse intervalo de tempo, Sowell escreveu acerca de Thorstein Veblen, Thomas Malthus, David Ricardo e outros economistas influentes para publicações acadêmicas, tais como *Oxford Economic Papers*, *Economica* e *Canadian Journal of Economics and Political Science*. Na época, havia maior interesse na história do pensamento econômico, a especialidade de Sowell, na Inglaterra e no Canadá do que nos Estados Unidos, de modo que grande parte dos seus escritos profissionais durante esse período saiu em publicações estrangeiras. "Embora não tenha me dado conta na época, isso foi uma bênção a longo prazo", ele escreveu muitos anos depois. "Os economistas que dirigiam essas publicações em outros países não tinham como saber qual era a minha cor e, assim, fui poupado das dúvidas que se tornaram cada vez mais comuns ao longo dos anos entre os acadêmicos negros, relativamente ao fato se as suas conquistas eram mesmo suas ou se elas se deviam a concessões a um grupo minoritário ou aos duplos padrões aplicados pelos brancos."[103]

Embora Sowell seja mais conhecido hoje por suas opiniões sobre cultura e etnia, ele não começou nessa direção e escreveria extensivamente acerca de inúmeras questões não raciais ao longo das décadas. Viria a publicar livros a respeito de diversos tópicos, como crianças com atraso na fala, escolha de uma faculdade e o *boom* imobiliário que levou à crise das hipotecas *subprime* de 2008. Sem contar as dez coletâneas encadernadas de seus textos e as edições atualizadas de obras anteriores, produziu 36 livros entre 1971 e 2018. O primeiro só foi publicado quando ele já tinha quarenta anos, a maioria já está impresso, e quase dois terços deles focalizam tópicos diferentes de raça. O seu título mais vendido é *Basic Economics: A Common Sense Guide to the Economy*, que foi traduzido para seis idiomas, e Sowell tem o maior orgulho de seus livros sobre teoria social e história das ideias.

Quando Sowell finalmente começou a se manifestar publicamente a respeito das controvérsias raciais, foi por frustração com a orientação geral da discussão pública, e não porque almejasse notoriedade. Nem foi obrigado a fazer isso porque não conseguia ganhar a vida trabalhando em outros assuntos; era exatamente o que tinha feito na década de 1960. Em vez disso, considerou seus comentários sobre essas questões como um serviço de interesse público, ou mesmo um dever. "Uma das características melancólicas de ter mais de quarenta anos é que muitas coisas que parecem novas, sem precedentes e emocionantes para os jovens começam a parecer reprises envelhecidas de um filme antigo em um horário da madrugada na tevê", ele escreveu em *Black Education: Myths and Tragedies*, um livro que contempla sua carreira docente. "Como alguém que se especializou em história do pensamento econômico e social, posso ser mais propenso a essa reação do que alguns outros. É deplorável ouvir ideias alardeadas como *Novas!* quando o raciocínio subjacente envolvido era comum na década de 1840 ou de 1790 — e desacreditado na década de 1920." E ele desconfiava principalmente de ativistas que promoviam pautas que não necessariamente eram compatíveis com as necessidades ou os desejos das pessoas que eles alegavam representar, escrevendo, por exemplo: "A comunidade negra tem sido atormentada há muito tempo por oradores fascinantes que sabem converter as esperanças e os medos dos outros em dólares e centavos para si mesmos." Aqui, Sowell falava não só como acadêmico, mas também por experiência pessoal. "A retórica, o farisaísmo e o estilo de vida militantes atuais são penosamente antigos para mim", ele continuou. "Já vi as mesmas entonações, a mesma cadência, as mesmas técnicas de manipulação do público, as mesmas visões de redenção mística, a mesma fé que certos trajes, gestos, frases e liberação emocional grupal levariam de alguma forma à Terra Prometida. E já vi os mesmos messias apressados dirigindo seus Cadillacs e publicando suas fotos nos jornais".[104]

Desde jovem, Sowell tinha curiosidade a respeito das causas da desigualdade. Foi o que o motivou a estudar economia e história. Inicialmente, essa busca foi para benefício próprio e pessoal, uma tentativa de compreender o mundo ao seu redor. A partir daí, começou a compartilhar o que havia aprendido. O objetivo não era repreender ou menosprezar os outros, mas deixar as pessoas mais bem informadas; em particular, aquelas em posição de tomar decisões importantes para si mesmas ou para a sociedade. Como Sowell certa vez disse: "Grande parte dos meus escritos sobre questões de políticas públicas em geral, e sobre questões raciais em particular, foi direcionada ao público ou para formuladores de políticas, e procurou mostrar onde uma política seria melhor do que outra."[105]

Até certo ponto, o que distinguiu Sowell não foi tanto o que ele acreditava, mas sim o que teve a coragem de expressar publicamente. Mesmo outros acadêmicos que simpatizavam com o ponto de vista de Sowell a respeito do chamado "problema do negro" relutavam em dizê-lo por medo de serem pessoalmente caluniados e prejudicarem as suas carreiras. Depois que Daniel Patrick Moynihan, então secretário adjunto do Departamento do Trabalho do presidente Lyndon B.

Johnson, observou, em um estudo governamental de 1965 a respeito da família negra, que o número crescente de crianças negras nascidas de mães solteiras estava fadado a prejudicar o futuro progresso social e econômico dos negros, líderes pelos direitos civis, políticos, analistas e outros críticos denunciaram Moynihan como um racista que estava "culpando a vítima".[106] E quando dois cientistas sociais conceituados, Christopher Jencks e David Riesman, publicaram uma crítica franca e abrangente acerca das faculdades para negros em uma edição da 1967 da *Harvard Educational Review*, eles receberam tratamento semelhante.[107]

No entanto, a popularidade não era uma preocupação primordial de Sowell, que sabia que era durão em relação a críticas e não se intimidava facilmente. Considerava uma obrigação pessoal apresentar uma perspectiva alternativa sobre tópicos raciais. Sowell acreditava que os pressupostos básicos por trás de grande parte das políticas voltadas para minorias precisavam ser mais bem examinados e achava que poucos intelectuais públicos estavam interessados em falar abertamente. "Já fui alvo de críticas por todos os tipos de outras coisas muito antes de me meter nas questões raciais", ele explicou. "Lembro que um dos meus colegas de quarto na faculdade comentou que algo que fiz em Harvard realmente irritou as pessoas. Eu disse: 'Você não pode agradar a todas as pessoas, o tempo todo'. E ele respondeu: 'Você não está agradando a nenhuma das pessoas, em nenhum momento'."[108] Sowell também sentiu que estava agindo na tradição dos antecessores intelectuais negros que seguiam os fatos mesmo que levassem a conclusões impopulares. "E. Franklin também foi [criticado]", ele afirmou, referindo-se a um eminente sociólogo negro que lecionara na Universidade Howard na década de 1950. Em seu livro de 1957, *Black Bourgeoisie*, Frazier tinha pintado um quadro devastador das elites negras. "Frazier era um empirista. Era da Escola de Chicago de sociologia", Sowell disse. "Frazier não pegava leve. Fiquei sabendo de um lugar na Universidade Howard onde haveria uma reunião do comitê, e quando Frazier entrou na sala, as pessoas se levantaram e saíram."[109]

Black Bourgeoisie foi publicado pela primeira vez na França, em 1955, e no prefácio da edição norte-americana, lançada dois anos depois, Frazier respondeu à reação negativa de alguns negros norte-americanos. "Não contestaram a verdade da imagem apresentada, mas ficaram chocados com o fato de um negro ousar expor o comportamento e os pensamentos íntimos deles", ele escreveu. "Após o choque inicial da autorrevelação, houve uma raiva intensa por parte de muitos líderes da comunidade negra. Em grande medida, essa raiva se baseava no sentimento de que eu traíra os negros ao revelar suas vidas ao mundo branco. Fui atacado por alguns negros como sendo alguém amargo (...) e por outros como tendo sido pago para difamar negros."[110]

É claro que as mesmas críticas seriam dirigidas a Sowell ao longo de sua carreira como intelectual público. Ele estava bem ciente de que tais ataques não eram novidade e, como Frazier, acreditava que valia a pena suportá-los, pois qualquer acadêmico com integridade não tinha outra escolha. Os intelectuais negros preocupados em "proteger a imagem dos negros aos olhos dos brancos" estavam cometendo um erro, era assim que Sowell percebia as coisas. Melhor se concentrar em "saber quais eram os fatos, como base para o que devia ser feito para melhorar as coisas".[111]

Muitas vezes ao longo de sua carreira, Sowell se dispôs a assumir riscos pessoais e profissionais para se manter fiel aos seus princípios. Assumiu a responsabilidade de desafiar as ortodoxias, rejeitar a circunspecção e dizer sem rodeios o que os outros não diriam. "Não foi um prazer escrever esse livro, mas sim uma necessidade", ele registrou na introdução de *Civil Rights: Rhetoric or Reality?*, seu livro de 1984 acerca do movimento pelos direitos civis. E no prefácio de *Black Rednecks and White Liberals*, livro de 2005 sobre o desenvolvimento histórico da cultura do gueto, ele escreveu: "Muitos dos fatos mencionados aqui podem ser surpreendentes ou até mesmo assustadores para alguns leitores, mas não são realmente desconhecidos para os acadêmicos; simplesmente não foram amplamente discutidos na imprensa ou mesmo na academia." Seu trabalho era buscar a verdade; adoçá-la, ele pensava, não era a maneira de ajudar os negros a progredir. "Infelizmente, há muito poucas pessoas que assumem posições semelhantes às minhas", ele disse ao entrevistador Brian Lamb da rede de tevê C-SPAN, em 1990. "E para esse ponto de vista ser ouvido, terei de ser aquele que fala muito."[112]

Sowell salientou que começou a escrever acerca de controvérsias raciais principalmente "porque há algo que precisa ser dito — e porque outras pessoas sabem muito bem que o melhor seria não abordar esses tópicos".[113] Ele seguiu em frente, embora seus colegas sugerissem que "seria melhor eu parar de escrever a respeito de raça e voltar às coisas em que fiz o meu melhor trabalho profissional: livros sobre economia, como *Knowledge and Decisions*, ou obras sobre ideias como *A Conflict of Visions* e *The Quest for Cosmic Justice*".[114] A decisão de ignorar esse conselho e continuar questionando as explicações convencionais para desigualdade racial é um dos seus legados mais importantes, e seus textos extensivos sobre raça e cultura serão discutidos mais detalhadamente nos capítulos seguintes. O que é importante notar aqui é até que ponto as controvérsias raciais das décadas de 1960 e 1970, na academia em particular, serviram para frustrar as ambições docentes de Sowell, mas também influenciaram aspectos-chave do seu estudo acadêmico pelo resto da carreira.

Políticas públicas nas admissões em faculdades começaram na década de 1960, e o foco inicialmente era localizar candidatos de minorias para melhores empregos e oportunidades educacionais. Porém, no final de década, esse foco mudou, sobretudo nas escolas de elite, onde alunos de minorias menos qualificados passaram a ser admitidos *única e exclusivamente* por cotas raciais. No início da década de 1970, "as políticas públicas passaram a significar muito mais do que anunciar oportunidades ativamente, procurar aqueles que talvez não as conhecessem, e preparar aqueles que talvez ainda não estivessem qualificados", o sociólogo Nathan Glazer escreveu. "Passou a significar o estabelecimento de requisitos estatísticos com base na raça, cor e origem nacional para empregadores e instituições educacionais."[115] Um dos resultados foi a maior ambivalência a respeito dos méritos de desempenho dos negros, não apenas entre os brancos, mas também entre os beneficiários pretendidos. Derrick Bell, professor de direito negro, denunciou o "paternalismo benevolente" referente a um padrão de "dois pesos, duas medidas" para negros em um artigo de revista jurídica de 1970. Isso resulta, ele escreveu, em "sentimentos de inferioridade no coração e na mente dos alunos de uma forma improvável de ser desfeita". Além disso, Bell acrescentou, "priva os estudantes negros que se saíram bem de receberem o crédito real e ficarem tão confiantes quanto seus desempenhos merecem".[116] As admissões baseadas em raça também levaram a uma demanda por departamentos de estudos negros e, por conveniência, muitas escolas aquiesceram com entusiasmo. "Foi muito mais fácil para as universidades criarem departamentos de estudos afro-americanos do que colocar negros em disciplinas acadêmicas tradicionais", escreveu Jerry Watts, acadêmico negro que estudou em Harvard na década de 1970. "Essa não foi a única tragédia. Em diversos casos, os departamentos de estudos negros facilitaram a contratação de professores negros que não teriam se qualificado para o trabalho se sua obra acadêmica fosse o critério principal." De acordo com Watts, Sowell foi uma das poucas pessoas na época que estava "disposta a discutir esse aspecto do fenômeno dos estudos negros. Os brancos temiam ser chamados de racistas e que os professores negros se beneficiassem".[117]

Em seu livro de memórias, *My Grandfather's Son*, o juiz da Suprema Corte Clarence Thomas relatou sua frustração ao procurar um emprego em seu último ano na Escola de Direito de Yale, onde se formou em 1974. "Um advogado caríssimo atrás do outro me tratou com desdém, deixando claro que não tinham interesse em mim, apesar do meu *pedigree* da Ivy League", ele escreveu. "Muitos fizeram perguntas incisivas, sugerindo de forma nada sutil que duvidavam que eu fosse tão inteligente quanto as minhas notas indicavam." Por fim, Thomas parou de procurar emprego em escritórios das grandes cidades e conseguiu um emprego no gabinete do procurador-geral do estado de Missouri. "Agora eu sabia o quanto valia um diploma de direito de Yale quando tinha a mancha da vantagem racial", ele escreveu.[118] Em um ensaio de 1970, Sowell tinha previsto a provação de Thomas. "A forma como notas e diplomas são analisados de forma diferenciada é um segredo de polichinelo em muitos *campi*, logo, é apenas uma questão de tempo antes que também se torne um segredo de polichinelo entre os empregadores", ele previu. "O mercado pode ser implacável em desvalorizar diplomas que não significam o que dizem. Deve ser evidente para qualquer um não cegado pela própria nobreza que isso também desvaloriza o aluno aos seus próprios olhos."[119]

Naturalmente, alguns negros minimizaram o efeito posterior das preferências raciais. Randall Kennedy, professor negro da Escola de Direito de Harvard, disse publicamente que lhe foi oferecido um cargo de professor ali, apesar de não satisfazer os padrões habituais da escola. Ele suspeita que Harvard "tomou medidas extras para me recrutar, porque queria adicionar um pouco de cor" ao corpo docente em meados da década de 1980. De acordo com Kennedy, a política pública também desempenhou um papel em sua admissão em sociedades acadêmicas de prestígio, como a American Academy of Arts and Sciences. Contudo, ele escreveu que não "se sentiu menosprezado por isso": "Nem estou atormentado pela angústia, culpa ou insegurança", embora alguns "coloquem um asterisco mental ao lado do meu nome ao saber que a minha raça (quase certamente) contou como um ponto positivo no processo da minha seleção."[120] Como outros defensores do sistema de cotas, Kennedy sustenta que essas práticas ajudam a corrigir injustiças passadas cometidas contra os negros, que, para ele, é mais importante do que qualquer nuvem de suspeita que criem em torno do desempenho dos negros.

No entanto, John McWhorter, professor negro de humanidades na Universidade Columbia, rebateu que não devíamos ser tão rápidos em descartar o custo psicológico das facilidades decorrentes de raça. "O estudante branco que recebe uma carta informando sua admissão na Universidade Duke pode sair e celebrar uma conquista notável, ainda que a questão de sorte quase sempre desempenhe algum papel na admissão de um branco ou asiático em uma escola", ele escreveu. "A filha do gerente de nível médio negro que recebe a mesma carta poderia ter o mesmo sentimento de conquista se suas notas e a pontuação do SAT impedissem a admissão de algum estudante branco ou asiático? A verdade é que não; ela pode comemorar ter sido boa o suficiente *entre os estudantes afro-americanos* para ser admitida."[121]

Uma das reflexões mais ponderadas acerca de preferências raciais e estigma se encontra no livro *Reflections of an Affirmative Action Baby*, de Stephen Carter, professor de direito de Yale. Na década de 1970, Carter cursou a Universidade de Stanford como aluno de graduação e, em seguida, candidatou-se à Escola de Direito de Harvard. Inicialmente, foi rejeitado, mas depois recebeu telefonemas de funcionários da escola que queriam se desculpar pela confusão:

> *Eles foram bastante francos em sua explicação a respeito do "erro". Um funcionário me disse que a escola me rejeitou inicialmente porque "presumimos, com base em seu histórico, que você era branco". (As palavras sempre ficaram gravadas em minha mente; um lembrete tentador do que se espera de mim.) De repente reticente, ele passou a dizer que a escola tinha obtido "informações adicionais, que deveriam ter sido contadas a seu favor"; isto é, Harvard descobrira a cor da minha pele. (...)*
>
> *Naturalmente, fiquei ofendido (...) Stephen Carter, o homem branco, não era bom o suficiente para a Escola de Direito de Harvard; Stephen Carter, o homem negro, não só era bom o suficiente, mas também recebia ligações telefônicas angustiadas insistindo para que comparecesse. E Stephen Carter, de cor desconhecida, devia ser branco: de que outra forma ele poderia ter alcançado o que alcançou na faculdade?[122]*

Sowell credita à pura sorte o fato de poupá-lo de todos esses questionamentos pessoais. Suas conquistas aconteceram antes das políticas que baixaram os padrões para os negros. O *timing* foi "fortuito", ele afirmou. "Minha carreira acadêmica começou dois anos antes da Lei dos Direitos Civis de 1964 e fui efetivado um ano antes de o programa de 'metas e cronogramas' do governo federal se tornar obrigatório conforme as políticas de ação afirmativa." Esse *timing* "me poupou dos percalços que afligiam muitos outros intelectuais negros, que eram assombrados pela ideia de que deviam suas carreiras a políticas públicas ou ao fato de que os textos sobre raça tinham entrado na moda".[123]

No entanto, o *timing* trabalhou contra Sowell em outros aspectos. Ele queria ser professor universitário mais do que qualquer outra coisa, mas a atmosfera nos *campi* estava mudando na década de 1960, e de uma forma que ele não conseguia ou não queria tolerar. Um dos observadores mais perspicazes dessa evolução foi Allan Bloom, o filósofo político e classicista que lecionou em Cornell no final da década de 1960, quando Sowell também fazia parte do corpo docente de lá. Em 1969, Bloom publicou um ensaio mordaz lamentando o que descreveu como a crescente "democratização" da universidade, que ele atribuiu principalmente ao movimento de protesto estudantil: "Cada aluno deve ter permissão para criar o próprio currículo e descobrir seu talento especial ou realizar o seu eu único", ele escreveu, e a universidade "não pode mais fornecer orientação sobre o que é importante e definir padrões". Nessa nova maneira de pensar a universidade, "toda a educação deve ser guiada pelo padrão de relevância", como determinado pelos alunos mais desembaraçados e ideológicos do *campus*. "Os alunos que estão cuidando de grande parte do falatório e popularizando a noção de relevância — isto é, os alunos de esquerda — entendem que a educação deve ser direcionada para os problemas da guerra, da pobreza e, em particular, do racismo como eles agora se apresentam."[124]

Quase duas décadas depois, em seu *best-seller* de 1987, *The Closing of the American Mind*, Bloom expandiu a crítica a respeito de como a academia perdera seu rumo e se tornou prisioneira de um tipo de pensamento que o ensino superior anteriormente tinha procurado combater. Escreveu que, na década de 1960, as universidades "cederam sob a pressão dos movimentos de massa e fizeram isso em grande medida porque consideraram que esses movimentos detinham uma verdade moral superior a qualquer uma que a universidade poderia propiciar. O engajamento foi entendido como mais profundo do que a ciência, a paixão do que a razão, a história do que a natureza, os jovens do que os velhos".[125] Nos Estados Unidos, a "Nova Esquerda" expressava um "ódio irrefletido a respeito da 'sociedade burguesa'", e muito poucos professores e administradores do *campus* estavam dispostos e eram capazes de rebater como uma explicação coerente a respeito do papel adequado de uma universidade. Como resultado, os alunos "perceberam que os professores não acreditavam realmente que a liberdade de pensamento era necessariamente algo bom e útil, que eles suspeitavam que tudo aquilo era ideologia protegendo as injustiças do nosso 'sistema', e que poderiam ser pressionados a serem benevolentes quanto a tentativas violentas de mudar a ideologia".[126] Bloom passou a descrever a mentalidade do período de forma que merece ser citada longamente. Sowell enveredara por uma carreira docente em um mundo acadêmico que era cada vez mais irreconhecível daquele que ele próprio conhecera quando estudante. Ele tinha toda a intenção de manter os alunos nos mesmos padrões aos quais ele havia sido mantido, mas Bloom explicou por que isso havia se tornado tão controverso:

Sobre os anos 1960, agora está na moda dizer que, embora houvesse de fato excessos, muitas coisas boas acabaram por vir. Porém, no que diz respeito às universidades, não sei de nada positivo vindo daquele período; foi um desastre absoluto. Ouvi dizer que as coisas boas foram "maior abertura", "menos rigidez", "liberdade em relação à autoridade" etc. — mas essas coisas não têm conteúdo e não expressam nenhuma visão do que se espera de uma educação universitária. Durante os anos 1960, participei de diversos comitês em Cornell e votei contínua e inutilmente contra a retirada de uma matéria após a outra. O antigo currículo básico — segundo o qual todo aluno na faculdade tinha que fazer um pequeno número de cursos nas principais divisões do conhecimento — foi abandonado. Um professor de literatura comparada (...) explicou que essas matérias ensinavam pouco, realmente não introduziam os alunos nas várias áreas de estudo e os entediavam. Admiti que era verdade. Então, ele manifestou surpresa pela minha relutância de desistir delas. Era porque eram, eu disse, uma reminiscência tênue da unidade do conhecimento e proporcionavam um pequeno indício obstinado de que há algumas coisas que devemos saber se queremos ser instruídos. Não se substitui algo por nada. Naturalmente, isso era exatamente o que a reforma educacional dos anos 1960 estava fazendo.[127]

O primeiro cargo acadêmico de Sowell foi no Douglass College, faculdade para mulheres da Universidade Rutgers, em Nova Jersey, onde foi contratado em 1962 para lecionar economia. Ele gostou da sensação do *campus* pequeno e teve interações positivas com as alunas — "Decidi que era assim que queria passar a vida" —, mas o sentimento foi efêmero.[128] Devido aos constantes desentendimentos com os colegas a respeito de seu estilo de ensino, ele apresentou sua demissão depois de apenas um ano; um padrão que se repetiria em outras instituições. Depois de aceitar um cargo na Universidade Howard, em 1963, ele ficou desalentado, entre outras coisas, com os padrões frouxos e a aparente indiferença dos administradores para com as fraudes "flagrantes, organizadas e generalizadas" nos exames.[129] "A maioria dos alunos na Howard é quase inacreditavelmente preguiçosa, desonesta, rude e irresponsável", ele escreveu a um amigo na época. Porém, ainda mais preocupante era a tolerância da escola com esse comportamento. "Com demasiada frequência, a escola cede aos piores hábitos deles, oferece prorrogações de prazos, provas substitutivas, notas provisórias... etc., a ponto de essas coisas serem consideradas quase como direitos constitucionais."[130]

A experiência na Howard o atingiu com especial força. Sowell tinha cursado a escola como aluno de graduação antes de se transferir para Harvard e se deu conta dos desafios únicos enfrentados pelas faculdades para negros. Na pós-graduação em Columbia, ele e outro aluno negro passaram horas discutindo todos os tipos de maneiras para melhorar as faculdades para negros, e ele tinha toda a intenção de ingressar no corpo docente daquela universidade um dia. Ele fez consultas a respeito de lecionar em diversas escolas para negros, incluindo o Tuskegee Institute, no Alabama, e a Universidade Estadual de Morgan, em Maryland, antes de se decidir pela Howard. E aceitou o emprego lá, embora instituições melhores tivessem manifestado interesse em contratá-lo. Milton Friedman, seu mentor, relembrou a decisão:

Ele conversou com vários de nós acerca de qual [oferta] aceitar, expressando uma forte preferência por aceitar uma das ofertas menos atraentes — na Universidade Howard, em Washington —, numa base puramente emocional de que isso lhe permitiria dar a maior contribuição para a melhoria dos membros da sua raça. Tentei dissuadi-lo, assim como outros dos meus colegas. Insisti com Tom que ele faria muito mais pelos negros ao demonstrar que poderia competir com sucesso no mundo acadêmico basicamente branco em geral do que lecionando em uma instituição predominantemente negra, que era menos renomada em estudo acadêmico e pesquisa do que outras instituições para as quais ele tinha ofertas. Apesar de todos os conselhos, Tom insistiu em ir para a Howard.[131]

Não foi a primeira vez que Sowell optou por experimentar algo por si mesmo, em vez de confiar na palavra de alguém, e não seria a última. No entanto, também demonstrou a sua crença profunda de que a educação desempenha um papel essencial no progresso dos negros. A educação o tirou da pobreza e o colocou na classe média, e não havia dúvidas de que poderia fazer o mesmo pelos outros, independentemente de tudo que os negros norte-americanos tivessem feito contra ele. Atualmente, menos de dez por cento dos estudantes universitários negros estudam em faculdades para negros.[132] Porém, no início da década de 1960, essas instituições desempenharam um papel central no ensino superior negro — em particular, no sul, onde a maioria dos negros vivia. Em 1965, aproximadamente três quartos de todos os estudantes universitários negros do sul estudavam em faculdades para negros e, em 1970, ainda era bem mais da metade.[133] Sowell queria ir para onde os estudantes negros estavam, onde o problema era mais acentuado e onde achava que era mais necessário. "Eu sabia que (...) por trás de muitos daqueles jovens havia um pai dirigindo um táxi à noite depois de trabalhar o dia todo, ou uma mãe de joelhos esfregando o assoalho de uma mulher branca, a fim de mandar seus filhos para a faculdade e aspirar a um futuro para eles."[134]

Sowell queria ajudar a melhorar a situação nas faculdades para negros, mas não avaliou totalmente as forças que teria de enfrentar. Entre essas, incluíam-se não só a superação da educação precária do ensino fundamental e médio recebida pelos negros, mas também a relação com o "democrata piegas, frequentemente um professor branco", que exigia muito pouco dos alunos negros quando chegavam à faculdade. "Destes e de outros, ouvimos muitos argumentos e advertências do tipo 'dê um tempo aos pobres rapazes' e 'não podemos esperar muito'", Sowell escreveu a um amigo que lecionava em outra faculdade. Ele desafiava seus alunos e rejeitava a ideia de que, para ajudar os negros a progredir, era necessário mantê-los em padrões mais baixos. "Na verdade, esses garotos são infinitamente mais avançados no departamento de habilidades do que no departamento de atitudes", ele disse ao seu amigo. "Sempre que você consegue que eles façam a leitura (...), eles geralmente se mostram bastante capazes. Mas por que deveriam se esforçar se a universidade torna muito mais fácil inventar desculpas, trapacear, choramingar ou criar intrigas?"[135]

Farto do ambiente "anti-intelectual" e "corrupto" da escola, Sowell saiu depois de apenas um ano.

Mais sábio quanto aos costumes da academia, Sowell buscou e recebeu garantias de que não haveria interferência em sua atividade docente antes de aceitar o próximo cargo acadêmico. A Universidade Cornell o contratou em 1965, e ele lecionou lá até 1969, ao mesmo tempo em que fazia o doutorado. Foi a experiência em Cornell, talvez mais do que qualquer outra na academia antes ou depois, que consolidou a sua visão de que o ensino superior seguia uma trajetória perigosa. No final da década de 1960, os distúrbios estudantis nos *campi* tinham se tornado comuns, e Sowell ficou desapontado com a resposta inepta e covarde dos administradores universitários relutantes em defender suas posições. Ele se recusou a cancelar as aulas para obsequiar às manifestações estudantis. Também não permitiu que as discussões em sala de aula enveredassem para acontecimentos correntes alheios ao curso. "A academia mudou", ele me disse. "Não dei notas seguindo uma distribuição normal e não dei notas para passar a quem não sabia nada mais, funcionalmente, do que quando veio para a aula. E isso geralmente me destacava onde quer que eu estivesse."*

E essas práticas não foram a única coisa pelas quais ele se destacou. Sowell também estava se tornando um acadêmico de primeira qualidade. Enquanto dava aula no Douglass, onde foi o primeiro professor negro contratado pela escola, diversas publicações acadêmicas de prestígio aceitaram seus artigos. Alguns dos seus colegas de lá, Sowell observou posteriormente, "nunca seriam publicados em

---

* Uma exceção, que Sowell observou, foi a UCLA, onde lecionou na década de 1970 e que tinha a reputação de bastião dos economistas da "Escola de Chicago". "Na UCLA, o departamento reprovou um quarto da turma", Sowell revelou. "Ficamos atrás apenas do departamento de química." Entrevista ao autor, em 29 de dezembro de 2015.

nenhuma edição da mesma importância em toda a carreira deles".[136] Depois que Sowell aceitou a oferta de Cornell, descobriu que era o único professor negro no *campus*. No entanto, se "havia alguma suspeita de que eu era um 'símbolo' negro nomeado, tais suspeitas foram provavelmente minimizadas pelo fato de eu ter publicado mais do que qualquer um dos outros professores assistentes de economia, e talvez mais do que todos eles juntos".[137] Durante a carreira de professor, Sowell recebeu ofertas de outras escolas da Ivy League, assim como de universidades estaduais e faculdades de artes liberais de primeira linha. Não existem muitos acadêmicos que podem dizer que rejeitaram ofertas de Stanford, Dartmouth e da Universidade de Wisconsin, e Sowell está entre eles. Se quisesse, é quase certo que poderia ter passado toda a carreira em qualquer uma das faculdades e universidades mais prestigiosas dos Estados Unidos, seguro por saber que foi contratado com base em capacidade, e não na cor da sua pele. "Acontece que apareci logo depois que o pior da discriminação já não estava mais presente para me prejudicar e pouco antes que as cotas raciais fizessem as conquistas dos negros parecerem suspeitas."[138]

No entanto, na época que Sowell finalmente recebeu o diploma de doutorado, em dezembro de 1968, ele já estava reconsiderando a possibilidade de permanecer na academia. No início de 1969, disse a um amigo que o diploma havia "se tornado praticamente sem valor, com o cenário acadêmico sendo o que é. Há muitas ofertas de emprego, mas quase todas me colocariam bem no meio dos confrontos, em um período em que a racionalidade escapou pela janela". No final da década de 1960, esperava-se que os professores negros não fossem apenas mentores dos alunos negros, mas também algo semelhante a "gurus" raciais que participavam ativamente da política do *campus*. No entanto, foi mais do que a militância estudantil e os administradores covardes que frustraram Sowell. As humanidades e as ciências sociais também estavam sob ataque. Os currículos estavam sendo reformulados para acomodar modas ideológicas. Raça, gênero e classe estavam se tornando preocupações nas concessões de bolsas de estudos e nas decisões de efetivação no emprego do corpo docente. E a noção de que a educação devia ser "relevante" para os alunos — sobretudo para alunos de minorias de diferentes origens — era ascendente.

Shelby Steele, acadêmico da Hoover Institution, que se especializou no estudo de relações raciais, afirmou que a década de 1960 "foi possivelmente a década mais fundamentalmente transformadora da história norte-americana".[139] Foi a década em que o movimento pelos direitos civis, o movimento pelos direitos das mulheres e o movimento contra a guerra ganharam legitimidade, em grande parte graças à disposição da academia em servir como plataforma e veículo. "Em 1968, era possível questionar quase tudo", de acordo com Steele. "Podia-se questionar a religião; a 'relevância' da educação universitária; o valor da monogamia no casamento; as leis draconianas contra o uso de drogas; o currículo universitário baseado exclusivamente na civilização ocidental; o recrutamento militar; o capitalismo; os tabus contra o casamento inter-racial e a homossexualidade; a visão da gravidez como mandamento absoluto para ter filhos", e uma miríade de outras convenções. "A década de 1960 fez da dissociação da América tradicional a própria essência de uma nova obsessão americana: a 'autenticidade'."[140]

A questão aqui não é se essas mudanças foram boas, ruins ou algo entre um e outro. O fato é que foram dramáticas e aconteceram simultaneamente durante um período relativamente curto. As convenções norte-americanas foram sitiadas, e o ensino superior em geral ficou à deriva, tanto em termos do que se esperava naquele momento dos professores e alunos quanto em termos de como as escolas estavam diversificando os *campi*. Anos antes, Sowell percebera sinais disso pela primeira vez no Douglass College. Quando chegou lá no outono de 1962, ele e outros dois professores designados para ministrar o curso introdutório de economia se reuniram para discutir o material de leitura. Dois dos livros do curso — *Economics* [*Economia*], de Paul Samuelson, e *The Wordly Philosophers*, de Robert Heilbroner — foram escolhidos na primavera anterior, antes da contratação de Sowell, e ele foi questionado a respeito do que achava deles. "Respondi que achava o livro de Samuelson muito bom. Aprendi economia sozinho a partir dele. E então me perguntaram sobre Heilbroner e manifestei algumas reservas. Eles me pressionaram e, por fim, falei: 'Sabe, não vale o papel em que foi impresso'." Depois que Sowell especificou alguns de seus problemas com o livro, incluindo erros factuais e o que ele caracterizou como uma abordagem basicamente equivocada de Heilbroner quanto à análise econômica em geral, seus colegas responderam não apresentando uma defesa do texto, mas destacando a popularidade do livro.

"Mas os alunos gostam", responderam.[141]

Esse refrão — *os alunos gostam* — "se tornaria rotineiro na justificativa de muitas práticas educacionais questionáveis" em Douglass e em outros lugares, Sowell lembrou.[142] No entanto, ele não foi de forma alguma persuadido de que as faculdades deveriam conceder tanta liberdade aos alunos para determinar o que era e o que não era relevante para o aprendizado. Para começar, suas próprias experiências pessoais aconselhavam cautela. No curso de teoria dos preços de Milton Friedman, na Universidade de Chicago, Sowell foi incumbido de ler um ensaio específico de Friedrich Hayek que ele não apreciaria totalmente até quase duas décadas depois, quando o inspirou a escrever *Knowledge and Decisions*, livro que mudaria a sua carreira.

E houve outros exemplos. Como aluno de graduação em economia em Harvard, Sowell foi obrigado a estudar francês, curso que detestava e no qual não via nenhuma utilidade para ele à época da sua busca por um diploma de economia. Porém, anos depois, a língua se revelaria essencial para sua dissertação sobre as teorias do economista clássico francês Jean-Baptiste Say, que desenvolveu a doutrina que ficou conhecida como Lei de Say. Acontece que os textos de um dos contemporâneos de Say, Jean-Charles-Léonard Simonde de Sismondi, economista suíço do século XIX, foram bastante importantes para a interpretação de Say por Sowell. Sismondi escreveu principalmente em francês. "E por isso acabei tendo que ler meia dúzia de livros em francês, incluindo a quinta edição do *Traité*, de Say, onde ele começa a levar em consideração o que Sismondi disse e a fazer ajustes fundamentais na Lei de Say", Sowell afirmou. "E até hoje, não conheço mais ninguém que fez a mesma interpretação [que eu], porque não conheço mais ninguém que se deu ao trabalho de ler a quinta edição. A quarta edição foi traduzida para o inglês, mas não a quinta."[143]

Em 1958, Sowell estava fazendo mestrado na Columbia, quando conheceu o economista Gary Becker, futuro ganhador do Prêmio Nobel de Economia. Ele se inscreveu no curso de economia do trabalho ministrado por Becker, com duração de um ano, mas se sentiu entediado nas aulas. No final do primeiro semestre, Sowell procurou o chefe do departamento para pedir permissão para desistir do curso porque achava que não estava aprendendo nada. A permissão foi concedida, e só décadas depois ele se deu conta do erro. Em uma coluna de jornal emotiva escrita após a morte de Becker, em 2014, Sowell disse que o ex-professor havia "apresentado seu próprio modelo analítico que estava destinado a mudar a maneira pela qual muitas questões seriam vistas pelos economistas nos próximos anos". Becker estava ensinando "algo importante, mas eu simplesmente não estava na mesma sintonia". Sowell descreveu sua arrogância juvenil como "uma fonte contínua de constrangimento para mim ao longo dos anos, depois que tardiamente entendi o que ele estava tentando transmitir". O que aprendeu com esses episódios e outros foi que os alunos costumam não saber — porque não *conseguem* saber no momento — o que é "relevante" para a sua educação.[144] "Muitas decisões que tomei — entre as quais a mudança em relação ao marxismo foi apenas uma — levaram-me a ser bastante cético a respeito da ideia de os alunos terem voz na criação dos próprios cursos, e assim por diante", ele disse. "O que é preciso saber para tomar tal decisão é o que será aprendido anos depois. Quem está lá, não sabe o que está dizendo."[145]

Sowell foi colega de Allan Bloom em Cornell no final da década de 1960 e compartilhou em grande medida a avaliação de Bloom a respeito do que estava acontecendo no ensino superior. Em 1966, três anos antes de Bloom publicar seu ensaio acerca da democratização da universidade em andamento, Sowell escreve sobre os problemas com a "abordagem 'democrática' da educação universitária" e as desvantagens de "abrir as portas da faculdade para todos os que batiam". Na opinião de Sowell, o objetivo do ensino superior não era maximizar as taxas de frequência das faculdades a qualquer custo, mas sim atrair alunos que tinham maior probabilidade de conquistar algo significativo com a experiência. Expandir o conjunto socioeconômico a partir do qual as instituições escolhiam os alunos era a coisa certa a fazer, considerando sobretudo a forma como essas universidades discriminaram certos grupos no passado. Contudo, os administradores universitários não deveriam "sentimentalizar impensadamente a educação de massa", o que só poderia resultar na deterioração dos padrões acadêmicos à custa dos alunos mais capazes que estavam ali para aprender. Sowell se queixava de que as escolas estavam cada vez mais perdendo tempo e dinheiro com alunos "que não se importavam", ao mesmo tempo em que tratavam os que se importavam como um estorvo. Exemplificou essa tendência com a seguinte historieta:

Certa vez, o chefe de departamento de uma conhecida universidade estadual me incentivou a direcionar o meu ensino aos alunos mais pobres e sugeriu manter os melhores alunos "ocupados" com tarefas adicionais e coisas do gênero. Em outras palavras, os alunos que realmente vieram para se educar e que eram capazes de fazer isso deveriam ser tratados como um problema; não estávamos organizados para lidar com uma esquisitice como essa. A atitude do chefe não era incomum de forma alguma. Às vezes, isso se chama ser "prático" ou simplesmente lidar com os alunos "como eles são". Também poderia ser chamada de Lei de Gresham.[146]

Sowell retomaria esse tema alguns anos depois, em um breve ensaio de 1969 sobre a rápida proliferação de departamentos de estudos negros em faculdades e universidades, principalmente nas escolas mais seletivas e que estavam mais desejosas de diversificar seus corpos discentes. Ele não tinha necessariamente um problema com instituições que recrutavam mais alunos negros, ou mesmo com a adaptação de seus currículos para incluir estudos especializados de grupos minoritários que haviam sido negligenciados por muito tempo. O que o incomodava era como as faculdades tinham tratado de perseguir esses objetivos. Em teoria, não havia nada de errado em criar um departamento dedicado à história, sociologia, literatura, arte, e assim por diante, de uma perspectiva negra. No entanto, os proponentes também precisavam reconhecer as limitações existentes na época, incluindo a falta de acadêmicos com *expertise* para criar cursos que seriam suficientemente rigorosos.

"Algumas faculdades e universidades poderiam instituir bons cursos ou departamentos de estudos negros com os acadêmicos e o material disponíveis atualmente", ele escreveu. "Porém, quando centenas delas tentam fazer isso simultaneamente, os recursos existentes ficam tão dispersos que o resultado deve ser algo que equivale a uma fraude e a uma perda de tempo criminosa para alunos cujas habilidades intelectuais serão desesperadamente necessárias para a comunidade negra."[147] A suspeita crescente de Sowell era que as faculdades e universidades não levavam muito a sério a educação dos negros. Melhor, queriam mais negros matriculados nos *campi* por causa das aparências, e estavam criando departamentos de estudos negros desordenadamente como "compensação para evitar distúrbios nos *campi*".[148]

Era mais uma evidência de como as tentativas idealistas de satisfazer os alunos deixando a educação universitária mais "relevante" poderiam se tornar contraproducentes na prática. "Na verdade, alguns dos estudos mais relevantes para lidar com as necessidades do gueto seriam medicina, direito e administração de empresas", Sowell escreveu. "Os negros devem ser capazes de se sustentar, se curar e se defender das injustiças, sob integração, separação ou seja o que for." Em vez disso, muitos desses cursos estavam dirigindo os alunos negros para "áreas de estudo" falsas, em que não tinham de satisfazer os mesmos requisitos acadêmicos que seus colegas não negros. Sowell receava que os estudos negros se tornassem "apenas um eufemismo para centros políticos negros sediados em faculdades", com padrões de baixa qualidade para professores e alunos. "Como muitas outras coisas, os estudos negros podem ser bons como princípio e desastrosos como fetiche", ele alertou. "Não podem substituir as habilidades intelectuais fundamentais, ou justificar uma fuga da concorrência com alunos brancos. (…) Existem muitas maneiras de atender aos negros, abandonar os negros e explorar o sofrimento dos negros. Os estudos negros podem desempenhar qualquer um desses papéis."[149]

As preocupações de Sowell chegaram ao auge na Universidade Cornell. Por um breve período após deixar a Universidade Howard, antes de ir para a Cornell, ele trabalhou como economista na AT&T, em Nova York. O setor privado pagava melhor do que a academia, mas deixava pouco tempo para a conclusão da sua tese de doutorado. Então, com relutância, Sowell decidiu voltar ao magistério. Ele não tinha sentido falta do ambiente acadêmico da Howard, mas sentiu falta de alguns dos seus ex-alunos e ficou dividido por tê-los abandonado depois de apenas um ano.

O problema não era que as escolas para negros não conseguiam atrair bons professores, mas sim que não conseguiam retê-los. Em seus dois semestres lecionando na Howard, Sowell disse que "testemunhou a saída de economistas que foram dar aulas em três universidades da

Ivy League e foram trabalhar para empresas bastante conhecidas, e um que fundou a própria empresa de consultoria. Não há dúvida de que cada um daqueles homens estaria disposto a passar a vida construindo aquele departamento se acreditassem que havia alguma esperança real de poderem fazê-lo".[150] No final das contas, ele os seguiu porta afora depois de também decidir que as forças institucionais que protegiam o *status quo* eram poderosas demais. Quando a notícia do seu pedido de demissão se espalhou pela Howard, "vários alunos me procuraram para manifestar gratidão pelo que eu tinha feito; muitos confessaram que haviam me julgado mal e um casal pareceu ter ficado com raiva por eu estar 'fugindo'", ele escreveu posteriormente. "Um aluno disse: 'Como é que vamos progredir se pessoas como você vêm aqui por um ano e simplesmente vão embora?', mas Sowell não tinha resposta para ele.[151]

Claro que este também foi um período de agitação social fora dos *campi*. E em meados da década de 1960, Sowell teve a "sensação de estar à margem dos acontecimentos raciais da época".[152] É por isso que uma das primeiras coisas que fez ao chegar a Cornell foi entrar em contato com seus ex-alunos da Howard e sondar o interesse deles em trabalhar na AT&T, onde ele ainda tinha conexões. É também por isso que aproveitou a oportunidade para ajudar Cornell a se aproximar de mais estudantes negros. Alunos de graduação negros eram uma raridade no *campus* quando ele começou a lecionar na escola, mas o número deles estava crescendo, e a administração deixou claro que aumentar a quantidade de alunos de minoria matriculados era uma questão prioritária.

O problema, Sowell ficou sabendo posteriormente, era que Cornell vinha admitindo alunos negros que não satisfaziam seus padrões acadêmicos normais. Em diversos casos, eram jovens com pontuação acima da média nacional em testes padronizados, mas bem abaixo da média dos outros alunos em Cornell. O resultado foi que, no final da década de 1960, metade dos alunos negros da escola estava sob risco de expulsão caso não melhorasse o rendimento.[153]

Jovens negros inteligentes, que não por culpa própria estavam despreparados para o ritmo e a complexidade do ensino em uma escola de elite, e que com toda certeza teriam tido sucesso em uma instituição menos seletiva, passavam dificuldades em Cornell. Em outras palavras, os alunos negros que teriam se destacado na maioria das faculdades do país — e, portanto, teriam se formado e ingressado em profissões de classe média —, estavam sendo transformados em fracassos em Cornell, tudo em nome da "diversidade". E o problema não era exclusivo de Cornell.

Além disso, alunos negros qualificados estavam sendo rejeitados em alguns cursos de extensão que priorizavam minorias de "alto risco". Harvard, por exemplo, tinha um curso de verão para estudantes negros interessados na faculdade de medicina, mas os candidatos mais promissores foram rejeitados por serem considerados altamente qualificados. Sowell ficou sabendo de um estudante negro que se candidatou ao curso de Harvard e recebeu uma carta padrão que dizia: "É o sentimento do comitê de admissão que as suas qualificações atuais são excelentes e devem ser fortes o suficiente para torná-lo um candidato viável para admissão pela faculdade de medicina ou odontologia, sem a ajuda deste curso."[154] Posteriormente, um irritado Sowell entrou em contato com um dos administradores do curso. "Em que tipo de situação grotesca nos colocamos quando alunos promissores de medicina são preteridos em favor de alunos de 'alto risco'?", ele escreveu ao funcionário. "O termo 'alto risco' possui implicações particularmente sombrias em um campo onde o aluno de hoje terá vidas em suas mãos amanhã. Você gostaria que os seus filhos fossem operados por pessoas que você está aceitando ou por pessoas que você está rejeitando por terem qualificações excelentes?"[155]

Sowell via tais políticas como um involuntário preparo de terreno para os distúrbios nos *campi* que ocorreram logo em seguida. "Estudantes negros fracassados e frustrados estavam maduros para os demagogos que colocavam a culpa de todos os problemas deles no 'racismo' e incitavam a ação militante", ele escreveu.[156] Cornell tinha se concentrado em recrutar estudantes negros "por critérios sociopolíticos, desdenhando das credenciais ou dos padrões 'convencionais' ou 'acadêmicos'".[157] Ainda pior, assim como o curso de verão de Harvard, "sabe-se que alguns candidatos negros academicamente capazes de admissão foram preteridos, enquanto aqueles que se encaixavam no estereótipo procurado foram admitidos com qualificações inferiores".[158] Um problema afim foi que a instituição esqueceu de considerar a precária situação financeira de muitos alunos negros. As políticas de auxílio financeiro "foram direcionadas mais para maximizar a quantidade de alunos negros do que para financiar adequadamente cada aluno", o que significava que "os alunos com deficiências acadêmicas muito graves eram forçados a trabalhar em empregos de meio período, em vez de dedicar o tempo a compensar a educação que não receberam nas escolas públicas".[159]

Sowell viu uma oportunidade para ajudar a mudar essa dinâmica quando a Fundação Rockefeller o procurou, em 1968, para criar um programa de verão para trazer alunos de faculdades para negros para Cornell a fim de estudarem economia. A universidade procurava possíveis candidatos para pós-graduação, e ele estava ansioso para ajudar os candidatos a veterinários. Sowell concordou imediatamente em chefiar o projeto. Deu telefonemas, viajou para faculdades para negros em busca de candidatos e colocou anúncios nos jornais dos *campi*. "Por meio do boca a boca, fui capaz de entrar em contato com várias pessoas excelentes em muitos *campi* de faculdades para negros", ele escreveu a respeito da experiência. "A resposta foi extraordinária, tanto quantitativa quanto qualitativamente. Em um *campus* onde os responsáveis disseram que eu não conseguiria encontrar alunos capazes de se qualificar, encontrei não só alunos que se qualificariam, mas até mesmo alguns alunos com notas comparáveis às da Ivy League."[160] Cornell, como outras escolas, havia argumentado que não tinha escolha a não ser reduzir os padrões e se concentrar nos candidatos de "alto risco" para diversificar o *campus*, porque não havia alunos negros suficientes que se qualificariam para admissão. No entanto, os esforços de arregimentação de Sowell para o programa de verão solaparam claramente tais alegações.

Ao chegar a Cornell, Sowell foi informado de que não haveria interferência em sua atividade docente. Infelizmente, essas garantias acabaram se revelando falsas. Em seu primeiro semestre, ministrou um curso introdutório de economia para alunos de engenharia, que, ao que tudo indica, imaginaram que seriam capazes de acompanhar as aulas. Em parte, o curso consistia em discussões em sala de aula e se esperava que os alunos comparecessem preparados para participar. Muitos dos alunos deixaram de participar, e um grande número deles foi reprovado no primeiro exame. Em certa ocasião, um aluno faltou no dia da prova, sem autorização, e Sowell se recusou a desculpá-lo. Em ambos os casos, as reclamações dos alunos chegaram ao chefe do departamento e a outros funcionários da escola, que então pressionaram Sowell a mudar seus métodos de avaliação. Ele se manteve firme e os autores da pressão acabaram recuando. Porém, o programa de verão provocou mais dessas interferências, mesmo após as promessas da administração de que ele daria as cartas.

O programa de verão tinha apenas dezesseis alunos negros e a maioria estava tendo um bom desempenho. Contudo, alguns não faziam o trabalho exigido, e Sowell temeu que a presença deles afetasse o moral geral. Seu objetivo era ajudar os alunos que estavam ali para aprender, e ele não queria que os que estavam se comportando mal fossem um transtorno. Conversou em particular com os alunos problemáticos, dizendo-lhes que se comportassem melhor ou fossem embora. Na maioria dos casos, isso resolveu o problema. Porém, um dos participantes se recusou a cooperar. Ele "não estava fazendo nada, e de forma bastante ostensiva". Depois que o aluno ignorou diversas advertências, Sowell disse que ele precisava deixar o programa. Inicialmente, o chefe do departamento de economia apoiou a decisão, mas depois mudou de ideia sob pressão dos colegas e disse que o aluno devia ficar. "Fiquei surpreso e furioso", Sowell lembrou. Ele e o chefe do departamento discutiram por quase uma hora. "Finalmente, eu disse: 'Apresento-lhe minha demissão do programa e da Universidade Cornell'."[161]

A demissão foi aceita para entrar em vigor no final do ano letivo de 1968-1969. Até lá, Sowell continuou a dirigir o programa e a ensinar. Diversos colegas tentaram convencê-lo a reconsiderar a decisão, assim como a Fundação Rockefeller, mas ele estava decidido. Não tinha mais paciência para as mentiras, o logro e a tendência dos seus colegas de fazer a coisa conveniente em vez da coisa certa. Acima de tudo, estava chateado em como aquilo afetava as perspectivas educacionais dos alunos. Para Sowell, os jovens negros não eram uma fachada para as escolas de elite. Ele se preocupava com o sucesso deles, como explicou em suas memórias:

Agora que minha autoridade foi solapada, uma atmosfera degenerativa de não cooperação e malandrices mesquinhas se desenvolveu em minha aula. Começaram a chegar relatos de outros membros do corpo docente de que os alunos desse programa estavam agora se ausentando das aulas durante dias, faltando aos exames, recusando-se a participar das discussões em sala de aula e coisas do gênero. Alguns estavam apenas sendo preguiçosos, mas outros estavam sem dúvida atendendo à militância racial dos ativistas negros regulares de Cornell, que tinham entrado em contato com eles, e que queriam "relevância" em vez de um curso ministrado como o meu.

Os alunos realmente dedicados continuaram a fazer um bom trabalho, mas a maioria estava no meio incerto entre os trabalhadores obstinados e aqueles que queriam vagabundear ou se tornar "relevantes". Em grande medida, esse grupo no meio se perdeu academicamente. As notas em meu curso, que vinham aumentando sempre, diminuíram drasticamente. Resultados semelhantes aparecem em outros cursos dos alunos.[162]

Em junho de 1969, oito meses depois de Sowell ter solicitado sua demissão, violentas manifestações estudantis irromperam no *campus* de Cornell. Militantes negros armados, liderados pela Afro-American Society (AAS) da escola, tomaram o controle do centro de atividades estudantis durante um fim de semana para os pais e ameaçaram a vida das pessoas que estavam ali dentro. A AAS fora criada em 1966 por um grupo de estudantes negros bastante influenciado pelo movimento Black Power. Seus membros estavam interrompendo aulas, ocupando escritórios de departamentos e ameaçando fisicamente estudantes brancos e negros que não queriam participar da pauta separatista. Não só tudo isso ficou impune por parte dos administradores de Cornell, mas alguns deles se aliaram aos militantes, o que encorajou ainda mais tal comportamento e gerou demandas cada vez mais estridentes. Em uma carta ao jornal da universidade, a AAS afirmou que "se os negros não definirem o tipo de programa estabelecido dentro de uma instituição que seja relevante para eles, o programa não terá valor. Além disso, negros devem ter o direito de definir o papel dos estudantes brancos no programa, até mesmo a ponto de sua restrição, para que seja válido para negros ou brancos".[163]

Os piores temores de Sowell estavam se concretizando. Ele tinha alertado contra a democratização dos *campi* a qualquer preço. Tinha alertado contra a complacência em relação à "relevância" determinada pelos alunos. E tinha previsto que parâmetros tão alternativos seriam um desastre educacional para os negros, que fomentariam tensão e ressentimento na academia e que transformariam alunos brilhantes em revolucionários do *campus* cheios de queixas. Ele vira tudo isso chegando e, naquele momento, tinha chegado. "Na primavera de 1969", ele escreveu, "a crise das armas no *campus* ganhou as manchetes: uma ocupação armada de um prédio, um acordo da administração para atender demandas indiscriminadas, um repúdio a esse acordo por parte do corpo docente, depois ameaças por porta-vozes dos estudantes negros armados se suas demandas não fossem atendidas e, por fim, um recuo humilhante por parte do corpo docente".[164]

Na teoria, Sowell permaneceria na academia por mais uma década, mas o seu último ano em Cornell foi crucial. "Realmente, naquele ano, perdi qualquer respeito residual que tinha pelo mundo acadêmico", ele me disse. "Quando cheguei a Cornell, havia festas em que pessoas de todas as convicções [ideológicas] estavam presentes. No ano em que saí, não era mais assim, nem mesmo no departamento de economia. Isso é outra coisa que aconteceu desde a década de 1960." Ele iria lecionar economia na Universidade Brandeis, no Amherst College e, finalmente, na UCLA, onde foi efetivado. Porém, ao longo da década de 1970, também passou vários anos longe da sala de aula. Dirigiu projetos de pesquisa no Urban Institute e no Center for Advanced Study in the Behavioral Sciences [Centro de Estudos Avançados em Ciências Comportamentais]. E além de escrever para publicações acadêmicas a respeito de economia, intensificou sua produção literária sobre raça para o público em geral. Sowell fez um trabalho inovador a respeito de pontuações de QI de negros e escreveu um estudo pioneiro a respeito da primeira escola de ensino médio para negros dos Estados Unidos.[165] Ao deixar Cornell, ele não se considerava um especialista em nada além de história do pensamento econômico. Contudo, Sowell poderia escrever com conhecimento de causa acerca do que tinha observado pessoalmente no *front* racial, e ele o fez. Em 1969, contribuiu com um ensaio para um livreto sobre programas de estudos negros editado pelo ativista pelos direitos civis Bayard Rustin. Em 1970, escreveu um longo ensaio acerca de políticas de admissão para estudantes de minorias para a *New York Times Magazine*. Depois da publicação, diversas editoras entraram em contato, e o resultado foi seu primeiro livro com temática racial, *Black Education: Myths and Tragedies*, publicado em 1972.

Oficialmente, Sowell deixou o magistério em 1980, ano em que ingressou na Hoover Institution da Universidade de Stanford. O cargo veio sem obrigações docentes, o que permitiu que ele se concentrasse inteiramente em pesquisa e escrita. "Evitei cuidadosamente envolvimentos com faculdades nos últimos 35 anos", ele me disse durante uma entrevista em 2015. "Atualmente, os *campi* acadêmicos são os lugares mais intolerantes em que se pode estar." Naturalmente, só podemos especular acerca do que teria acontecido se Sowell tivesse permanecido na academia. Amigos, conhecidos e outras pessoas com quem conversei e que acompanharam a sua carreira têm duas opiniões. Alguns imaginam que, se ele tivesse perseverado, teríamos muito mais intelectuais hoje que pensam como Thomas Sowell, considerando os milhares de alunos de pós-graduação que teriam entrado em contato com ele ao longo das décadas. Porém, a maioria sustentou que o *trade--off* não teria valido a pena. Sowell teve um impacto muito maior, eles disseram, por meio dos seus livros e colunas de jornal, algo que não teria sido possível se ele tivesse permanecido um economista acadêmico com responsabilidade docente e também se tivesse que lidar com as maquinações da sala de professores.

"Duvido muito que teria escrito *Basic Economics* se ainda fizesse parte de um departamento de economia universitário", Sowell me disse. "As pessoas diriam: 'Que diabos Sowell está fazendo escrevendo um livro a respeito de coisas que qualquer economista decentemente formado já sabe? Ele deveria estar alargando as fronteiras do conhecimento'." *Basic Economics* vendeu mais exemplares do que qualquer outro livro que ele escreveu, mas seus colegas professores provavelmente teriam dado de ombros — ou coisa pior. "Lembro-me de estar com membros do corpo docente sênior da UCLA, decidindo o destino de um membro do corpo docente júnior, revisando contratos e concedendo efetivações", ele disse. "E me lembro de um colega que estava sendo considerado, e alguém disse que ele tinha escrito alguns livros-textos muito bons. E então um dos meus colegas disse: 'Não considero isso evidência para a concessão de bolsa de estudos. Considero isso evidência negativa para a concessão de bolsa de estudos'."[166]

George Gilder, que conhece Sowell desde o início da década de 1980 e "editou" o seu livro *Markets and Minorities*, de 1981 — "Na verdade, não se edita Tom", ele me revelou —, disse que seria loucura trocar todos os livros e colunas por mais anos de magistério. "Quantos livros são, trinta e tantos?", Gilder perguntou. "Quase todos publicados. Estão sendo lidos. Influenciando pessoas em todo o mundo. Ele teve uma coluna durante décadas, que era incrivelmente incisiva e convincente. O que aprendi com Tom é o quanto é possível perder ao se sujeitar à política acadêmica e à academia norte-americana, principalmente nos níveis mais altos da economia e das ciências sociais, que são bastante corruptas."[167] O que sabemos com certeza é que a decisão de Sowell de parar de lutar contra isso levou a uma carreira incrivelmente prolífica como intelectual público. Na década de 1970, mesmo enquanto ainda lecionava, conseguiu publicar cinco livros. Na década de 1980, publicaria outros oito e, em seguida, mais oito na década de 1990 — além de escrever uma coluna de jornal semanal distribuída nacionalmente. O professor Sowell encontrou uma maneira de continuar ensinando fora da sala de aula.

CAPÍTULO 4

AS RECONSIDERAÇÕES DE SOWELL

"Seguir as pegadas de gigantes não só nos torna testemunhas dos confrontos intelectuais do passado, mas também acrescenta profundidade ao nosso entendimento das ideias que resultaram de tudo e que ainda estão entre nós hoje." [168]

É uma das cenas mais engraçadas do filme *Sabrina*, comédia de 1995 estrelada por Harrison Ford como um magnata mal-humorado de meia-idade chamado Linus Larrabee. Quando a filha do motorista de longa data da família pergunta ao pai como Linus era quando criança, ele responde com uma única palavra: "Menor". Como Linus, Thomas Sowell parece ter entrado na adolescência plenamente formado em aspectos essenciais. Ele já era bastante inteligente, hiperanalítico e extremamente confiante em suas habilidades. Era do contra e não se preocupava muito em destruir laços. Era um pensador independente, que acolhia positivamente o combate retórico. E tudo isso era tão evidente quando Sowell era "menor" quanto mais tarde em sua vida.

Uma professora do ensino fundamental tentou desencorajar o jovem Tommy de se candidatar a uma das escolas de ensino médio mais seletivas de Nova York, porque não achava que ele teria pontuação suficiente no exame de admissão. Ele ignorou o conselho e começou a tirar notas não só boas o suficiente para ser aceito na escola, mas também altas o suficiente para ser colocado em classes especiais. Na nona série, outra professora disse que estava pensando em inscrever uma redação de autoria de Sowell em um concurso municipal: "Ela queria fazer algumas mudanças — não me lembro quais — mas ela disse que, se não pudesse fazer, então não poderia inscrevê-la. Eu respondi: 'Então não inscreva'".[169]

Não sabemos se as professoras levaram isso para o lado pessoal, mas sabemos que Sowell posteriormente não acharia nada de mais tratar professores de instituições da Ivy League e editores de jornais importantes com a mesma indiferença arrogante, para o bem ou para o mal. "Ainda me lembro de um copidesque impertinente do *New York Times* dizendo que, se eu não aceitasse mudanças em algo que tinha escrito, então seria um artigo inferior", ele me disse. "Eu respondi: 'Não, não vai. Basta colocá-lo em um envelope e mandá-lo de volta para mim'."[170] Certa vez, Sowell devolveu o adiantamento de um livro depois que a editora insistiu em alterar as datas no original para A.D. 800 em vez de 800 A.D. "Disseram que a forma correta é A.D. 800, e observei que diversas editoras universitárias conhecidas faziam ao contrário. E então eu disse: 'Sabe, esse é um livro bastante grande. E se for para passar por esse tipo de coisa ridícula, não vale a pena'."[171] O negócio foi desfeito e Sowell levou o manuscrito para outra editora, que lhe pagou um adiantamento ainda maior e não criou problemas a respeito de como as datas foram escritas. Ao pensar nesses episódios, ele escreveu: "Dizer que meu relacionamento com os editores nem sempre foi feliz seria minimizar completamente a situação. Para mim, o fato de eu nunca ter matado um editor é prova de que a pena de morte realmente desencoraja."[172]

Em Harvard, o trabalho de conclusão de curso de Sowell foi a respeito da filosofia de Karl Marx e, na época, nos Estados Unidos, uma das maiores autoridades em economia marxista era Paul Sweezy, que havia lecionado em Harvard e ainda vivia em Cambridge. O orientador do trabalho de conclusão de curso de Sowell se ofereceu para apresentá-lo a Sweezy, que poderia oferecer ajuda em organizar o trabalho e indicar o material de leitura que um aluno de graduação normalmente poderia ignorar. Sowell disse ao orientador para não se incomodar com apresentações. Seu plano era "ignorar todos os intérpretes de Marx, ler os três volumes de *O capital* e decidir por mim mesmo", ele disse. "Eu não queria que nada do que fizesse fosse atribuído a ideias tiradas de Paul Sweezy ou de qualquer outra pessoa."[173] A atitude obstinada era típica de Sowell, mas o resultado também foi. Ele se formou *magna cum laude* (com grandes honras) em Harvard, e partes do seu trabalho de conclusão de curso foram editadas posteriormente em publicações acadêmicas.

A obstinação de Sowell até sobreviveu a um período de serviço militar de dois anos no Corpo de Fuzileiros Navais durante a Guerra da Coreia, onde ele desafiava regularmente oficiais superiores e mais de uma vez chegou perto de ser levado à corte marcial. "Eu era exatamente o tipo de recruta insolente de que eles não gostavam — e ainda por cima da cor errada", ele escreveu posteriormente. "Como em toda a minha vida, fiz inimigos suficientes para me meter em apuros e amigos suficientes para me livrar dos apuros."[174] Tempos depois, na década de 1970, ele entraria em choque com alguns administradores enquanto liderava um projeto de pesquisa no Urban Institute. Certo dia, um colega o puxou de lado e disse que, para ter algum respeito próprio, ele precisaria deixar claro que estava preparado para desistir, se necessário. "Isso era verdade no Urban Institute e era verdade em outros lugares", afirmou Sowell, a quem não falta autoconsciência. "Quando eu estava lecionando na Howard, chegou a mim a informação — tenho certeza de que de maneira proposital — de que o reitor dissera que, em todos os seus anos na Universidade Howard, nunca tinha conhecido alguém por quem tivesse sentido uma antipatia tão instantânea e total. Aparentemente, nunca foi alguém capaz de congregar as pessoas."[175]

Tampouco Sowell é alguém que se impressiona com facilidade ou tende ao pensamento da moda. Atualmente, Ta-Nehisi Coates é o intelectual negro do momento entre as elites liberais. No início da década de 1960, essa distinção pertencia a James Baldwin, o célebre autor e ativista político com quem Coates se assemelha um tanto no tom e no estilo da prosa. Em 1963, quando Baldwin apareceu na capa da revista *Time*, Sowell lecionava na Universidade Howard e ficou perplexo com todo o estardalhaço que os ensaios polêmicos de Baldwin estavam gerando entre o pessoal da alta-roda. "Tenho lido James Baldwin ultimamente e, francamente, não consigo entender por que tanto alvoroço", ele escreveu a um amigo. "Isso me lembra de um garoto que conheci no ensino fundamental, que dizia algumas coisas brilhantes e era negro e, portanto, era um gênio." Sowell não parecia sentir ciúmes da notoriedade de Baldwin, mas sim decepção com o que passava por ser um pensamento profundo a respeito de raça nos Estados Unidos. Ele continuou: "Baldwin consegue escrever com habilidade e certos *insights* poéticos, mas seus talentos não incluem raciocínio analítico sustentado. Enfim, ele é bem-dotado nas áreas onde já existe um excesso de oferta, e é bastante carente das coisas necessárias para fazer diferença no problema racial. Baldwin provoca alívio emocional para aqueles que sentem como ele, mas é difícil imaginar que mudará a opinião de alguém."[176]

Claramente, Sowell via pouca utilidade nos textos de protesto nos moldes de Baldwin. Ele entendia que o mais necessário na discussão de assuntos complicados, como raça, era a sobriedade, e não o histrionismo, e que mexer emocionalmente com as pessoas não era a mesma coisa que promover o diálogo. Porém, a carta também revelou que, muito antes de o próprio Sowell se tornar um intelectual público de renome, ele resistia a se submeter automaticamente aos pretensos especialistas. O fato de Baldwin ser um peso pesado literário internacionalmente famoso não significava nada, por si só. Floreios retóricos não compensavam um pensamento destituído de rigor. Os primeiros textos de Sowell acerca de história econômica e as suas incursões iniciais em controvérsias raciais, que serão consideradas a seguir, refletem não só a sua versatilidade intelectual, mas também sua disposição de desafiar a sabedoria recebida do presente e do passado. Essa disposição definiu sua carreira e nasceu de uma autoconfiança inigualável, presente desde o início.

Se Tom Sowell pareceu, na juventude, alguém sábio além da sua idade, durante grande parte da vida adulta ele se assemelhou fisicamente a alguém mais jovem do que a sua idade real. Em 1981, pouco depois de ter ingressado na Hoover Institution e estar ganhando mais atenção fora dos círculos acadêmicos, um perfil do *Washington Post* assinalou que ele "não só parece jovem para 51 anos, mas extravagantemente jovem. Possui um rosto totalmente liso, de um marrom microporoso sem rugas, imperturbável e despreocupado apesar dos ataques sofridos durante todos esses anos. É um rosto pouco mais desgastado do que quando pertencia a um menino no Harlem".[177] Sowell tinha passado grande parte da década anterior construindo uma reputação como intelectual público. Ainda lecionava na década de 1970, mas é justo dizer que já tinha um pé fora da sala de aula. Testemunhou perante o Congresso a respeito de legislação pendente. Fez sua primeira aparição em um programa de entrevistas da tevê. Tornou-se colunista de jornal. O presidente Gerald Ford o indicou para a Federal Trade Commission [Comissão Federal de Comércio], embora Sowell no final tenha decidido ficar fora da política e retirado seu nome de consideração. Sobretudo, porém, foi uma década de pesquisa, produção literária e ampliação dos seus horizontes intelectuais.

Em 1971, após lançar um livro-texto de economia para estudantes de graduação, ele publicou dois livros sobre a história da economia: *Say's Law: An Historical Analysis*, em 1972, e *Classical Economics Reconsidered*, em 1974. Ao contrário de grande parte das suas obras posteriores, nenhuma foi escrita para leitores em geral. Eram estudos acadêmicos da sua especialidade — história intelectual — e presumiam um conhecimento básico de economia e familiaridade com a linguagem técnica. As obras incluíam gráficos, equações e referências que uma pessoa comum acharia difícil de seguir. "Sismondi desenvolveu uma teoria de equilíbrio de produto agregado determinada por um balanceamento entre a utilidade decrescente do produto adicional e a desutilidade crescente da mão de obra", afirma um trecho representativo em *Classical Economics Reconsidered*.[178] No entanto, mesmo nessas obras mais antigas, temos vislumbres daquilo que se tornaria as marcas registradas do autor. Ambos os livros questionaram o pensamento ortodoxo e ambos incluíram observações que os textos de outros acadêmicos sobre o mesmo assunto deixaram escapar totalmente ou talvez tenham subestimado a importância.

"Os economistas clássicos costumam ser descritos como defensores do *status quo*, apologistas dos poderes (e práticas) socioeconômicas existentes", Sowell escreveu em referência a figuras proeminentes dos séculos XVIII e XIX, como Adam Smith, Thomas Malthus, James Mill e John Stuart Mill.[179] Ele, porém, acreditava que a caracterização estava errada. Sustentou que a verdadeira preocupação deles era criar e sustentar o crescimento econômico para ajudar a classe trabalhadora. Sowell também disse que seria mais correto compará-los a radicais *antiestablishment*, considerando como as suas teorias de *laissez--faire* desafiavam o pensamento de filósofos proeminentes, incluindo Platão e Maquiavel. Toda a noção de um sistema em autoequilíbrio — a economia de mercado — significava um papel menor para intelectuais e políticos. "Além de se oporem a instituições contemporâneas importantes como o imperialismo e a escravidão, os economistas clássicos atacaram as classes sociais dominantes da época: a aristocracia fundiária, os capitalistas em ascensão e os poderes políticos."[180] E então temos esse *insight* sowelliano: "Um dos fatos curiosos acerca dos economistas clássicos é que a maioria deles pertencia a grupos minoritários — minorias não apenas em algum sentido numérico, mas em maneiras socialmente relevantes", ele escreveu. "Ser um escocês não era um fato secundário na Inglaterra da época de Adam Smith. (...) Malthus, os dois Mill e J.R. McCulloch também eram escoceses. David Ricardo era de origem judaica e Jean-Baptiste Say era descendente de huguenotes que fugiram da França durante as perseguições religiosas. Independentemente de suas fortunas pessoais variadas, esses homens nunca foram membros plenos do *establishment*."[181]

Em seu livro *Say's Law*, Sowell descreveu o desenvolvimento de um conceito fundamental para a economia clássica e as diversas controvérsias em torno dele. A doutrina recebe o nome do economista francês Jean-Baptiste Say, cujos textos no início do século XIX ajudaram a popularizar as obras de Adam Smith em toda a Europa e nos Estados Unidos. Em consequência da Revolução Industrial, havia uma preocupação crescente de que a capacidade de produzir muito mais bens do que antes superasse a capacidade das pessoas de comprar o que estava sendo produzido, resultando, portanto, em grandes estoques de bens não vendidos e altos níveis de desemprego. Say estava entre aqueles que sustentaram que não havia necessidade de um país se preocupar com a superprodução ou o subconsumo, porque a oferta total de bens sempre seria igual à demanda total por eles. A Lei de Say, que afirma que "a oferta cria a sua própria demanda", baseia-se na premissa de que o próprio ato de fazer coisas gera poder de compra igual ao valor do que está sendo feito.

O livro foi uma expansão da tese de doutorado de Sowell, e ele escolheu o tema apesar das fortes objeções do seu orientador e chefe do comitê de dissertação, George Stigler, que era sobejamente reconhecido como o maior estudioso da história do pensamento econômico. Stigler, que futuramente receberia o Prêmio Nobel de Economia, disse a Sowell que o suficiente já havia sido escrito sobre o assunto e, além disso, considerava que a interpretação de Sowell estava errada. Naturalmente, Sowell prosseguiu em seu intento e, de acordo com a maioria dos relatos, encontrou algo novo e interessante para dizer. Os examinadores atribuíram-lhe a elaboração da "primeira história completa das grandes controvérsias que a Lei de Say provocou" e elogiaram o seu "domínio de fontes elusivas e o poder sustentado de análise crítica ao qual ele as submete".[182] *Say's Law* foi um livro "extremamente necessário", que "devia estar nas estantes de todos os economistas interessados nas origens e no desenvolvimento da sua disciplina".[183] Foi mais um exemplo de Sowell acreditando em si mesmo, seguindo o próprio caminho, apesar das advertências dos outros, e superando as expectativas.

Em *Classical Economics Reconsidered*, Sowell ampliou a sua abordagem a respeito das origens da Lei de Say e acrescentou uma análise do desenvolvimento histórico de diversos outros conceitos importantes das teorias macroeconômica e microeconômica. Ele descreveu os confrontos a respeito dessas ideias entre figuras intelectuais fundamentais, incluindo Adam Smith, David Ricardo e John Stuart Mill, e explicou como, às vezes, suas controvérsias resultavam de metodologias em evolução ou simplesmente da utilização diferente da mesma terminologia. Thomas Malthus e David Ricardo eram amigos próximos, por exemplo, mas nunca estabeleceram um significado comum a respeito de "oferta" e "demanda" em seus textos de economia. Sowell mostrou que essa e outras tergiversações semânticas aparentemente menores complicaram as iniciativas tanto de comunicar com clareza como de desenvolver o trabalho dos seus antecessores. "Definições, como tais, não estão nem 'certas' nem 'erradas'", ele escreveu, "mas definições conflitantes tornaram difícil para que esses contemporâneos entendessem um ao outro, ou (…) fossem entendidos por intérpretes posteriores".[184] Essa pesquisa incutiu em Sowell a importância de escrever com clareza e definir os termos. Mais tarde em sua carreira, ele registrou que, em sua própria obra, esforçou-se para evitar ambiguidades, principalmente quando o assunto era controverso: "Se o leitor concordará com todas as minhas conclusões é inteiramente outra questão. Controvérsias podem ser produtivas, mas mal-entendidos raramente o são." [185]

Como *Say's Law*, *Classical Economics Reconsidered* foi bem recebido pela maioria dos críticos. Um descreveu o livro como "uma dádiva de Deus"; outro o considerou "um livro vívido, de autoria de um verdadeiro estudioso — de vez em quando, idiossincrático, é verdade, mas um livro de um homem que conhece o assunto e que escreve com vigor e interesse". [186] Novamente, essas obras foram escritas basicamente para estudantes sérios de economia; portanto, a menos que modelos matemáticos de teoria geral da abundância acelerem o seu pulso, elas tendem a ser leituras difíceis.* Porém, quando Sowell decidiu escrever em sua área de especialização, ele claramente se destacou. Esses livros mostraram os seus talentos consideráveis como economista e historiador, e seus colegas repararam. Anos depois, quando os editores da obra de referência em economia de maior prestígio, o *New Palgrave Dictionary of Economics*, procuraram alguém para contribuir com ensaios definitivos acerca de Jean-Baptiste Say e a Lei de Say, entraram em contato com Sowell,

---

* Em um livro-texto que Sowell escreveu posteriormente para leitores em geral, *Basic Economics: A Common Sense Guide to the Economy*, agora em sua quinta edição (2014), Sowell apresentou um panorama bastante convincente e livre de jargões a respeito da escola clássica e das principais figuras da história da economia. "Depois de escrever dois livros-textos de introdução à economia — um cheio de gráficos e equações, e o outro sem nenhum gráfico ou equação — sei por experiência própria que a segunda maneira é muito mais difícil de escrever e exige mais tempo", ele explicou. "O primeiro livro foi escrito em um ano, enquanto o segundo demorou uma década." Thomas Sowell, "Teaching Economics", *Jewish World Review*, 4 de julho de 2012, disponível em: http://jewishworldreview.com/cols/sowell070412.php3#.XooAsIhKjIU.

que também foi escolhido para redigir um verbete sobre o estudo acadêmico do seu antigo orientador George Stigler.[187]

Uma observação final acerca dessas duas primeiras obras: embora a palavra "reconsidered" ["reconsiderada"] apareça apenas em um dos títulos, os dois livros são, na verdade, reconsiderações de análises anteriores. Isso se tornaria uma característica distintiva do estudo acadêmico de Sowell. Às vezes, era explícito, como quando ele utilizou fraseado semelhante em títulos como *Affirmative Action Reconsidered*, de 1975, e *Judicial Activism Reconsidered*, de 1989. Outras vezes, era mais implícito, mas ainda suficientemente claro que sua intenção era contestar uma "suposição" ou "visão" prevalecente ou oferecer o que ele considerava um relato mais preciso do passado. No entanto, quer o assunto fosse história intelectual, padrões de habitação ou desenvolvimento da linguagem em crianças, Sowell trazia certo ceticismo em relação às teorias convencionais para a sua análise. Insistia em decidir por si mesmo, o que ocasionalmente envolvia voltar à estaca zero e questionar a própria estrutura que os outros empregaram para chegar às suas conclusões. Os revisionistas históricos que interpretam acontecimentos passados para se ajustar a determinada ideologia merecem desprezo. Mas Sowell tinha um objetivo diferente, que era evitar interpretar mal o passado e formular políticas com base em proposições que eram mais verdadeiras ou que talvez nunca tivessem sido. Como explicou o proeminente historiador James McPherson, "a revisão e a força vital do estudo histórico. A história é um diálogo contínuo entre o presente e o passado. As interpretações do passado estão sujeitas a mudanças em resposta a novas evidências, novas perguntas formuladas a respeito das evidências, novas perspectivas adquiridas pela passagem do tempo".[188] Sowell se distinguiu como acadêmico por não admitir nada como certo e buscar respostas para perguntas que outros havia muito tempo tinham parado de se preocupar em perguntar.

Sowell voltaria a escrever a respeito de sua especialidade de vez em quando ao longo da carreira. Em 1985, publicou um livro sobre marxismo e, em 2006, uma versão ampliada de *Classical Economics Reconsidered*, intitulada *On Classical Economics*. Porém, para o balanço da década de 1970, sua atenção estava em outro lugar. Em 1972, Sowell publicou o livro semiautobiográfico *Black Education: Myths and Tragedies*, que se originou de um longo ensaio que escrevera para a *New York Times Magazine* depois de deixar Cornell. E, em 1975, publicou *Race and Economics*, um livro que abordava diversos temas aos quais ele voltaria repetidas vezes nas quatro décadas seguintes, incluindo migração, experiências históricas de vários grupos étnicos e o papel do governo no progresso econômico desses grupos.

A ideia de aplicar os princípios econômicos às questões raciais veio a Sowell por meio de Benjamin Rogge, professor de economia do Wabash College, em Indiana. No final da década de 1960, quando Sowell estava lecionando em Cornell, Rogge visitou a escola para dar uma palestra intitulada "O estado de bem-estar social contra o negro". Sowell estava viajando na ocasião e perdeu o evento, mas depois entrou em contato com Rogge para perguntar sobre a sua pesquisa e os dois se tornaram amigos. Rogge estava escrevendo um livro a respeito do assunto, mas nunca chegou a terminá-lo. Por fim, ele "pegou o seu manuscrito e simplesmente me entregou, dizendo para eu fazer o que eu pudesse com ele", Sowell me contou. "Fiquei espantado. Acho que nunca usei nada diretamente do seu manuscrito. Porém, a ideia fundamental de que você poderia aplicar a economia às questões raciais foi a inspiração."[189]

Outra inspiração para *Race and Economics* foi *Beyond the Melting Pot*, de Nathan Glazer e Daniel Patrick Moynihan, livro a respeito do comportamento étnico e publicado em 1963. Futuros livros de Sowell, como *Ethnic America*, de 1981, e *The Economics and Politics of Race*, de 1983, se aprofundariam no significado social e econômico dos padrões culturais. Nessa área, a sua investigação culminaria com a publicação da sua trilogia da década de 1990: *Race and Culture*, de 1994, *Migrations and Culture*, de 1996, e *Conquests and Cultures*, de 1998. Porém, *Race and Economics* ofereceu vislumbres do que estava por vir.*

O livro também teve um impacto significativo sobre um jovem advogado do meio-oeste chamado Clarence Thomas, que, por conta própria, chegara a conclusões semelhantes sobre a desigualdade racial, mas não tinha conhecimento de outros negros que compartilhavam o seu ponto de vista. Posteriormente, ele escreveria que a "ausência de vozes negras dissidentes" nas discussões a respeito de raça nos Estados Unidos "era tão completa que às vezes eu achava difícil não duvidar das minhas próprias convicções". Então, ele leu uma resenha de *Race and Economics* no *Wall Street Journal*. "Eu me senti como um homem com sede tomando um copo de água fria", ele lembrou. "Ali estava um

---

* Sowell me disse que, no fundo, "ficou insatisfeito" com *Race and Economics* e recusou diversas ofertas para a reimpressão do livro. "Havia alguns erros", ele afirmou, citando como exemplo a discussão a respeito da escravidão: "Aceitei a ideia de que os escravos eram mais bem tratados na América Latina com base no fato de que existiam mais leis ali os protegendo. A falácia é que não importa o que a lei diga. O que importa é o que realmente acontece, e o que realmente aconteceu é que os escravos eram mais bem tratados no sul [dos Estados Unidos] por razões econômicas". Ele explicou em detalhes: "Os incentivos enfrentados pelos feitores de escravos são diferentes dos incentivos enfrentados pelo proprietário de escravos. O feitor de escravos tem o incentivo de obter a produção máxima durante a sua gestão, e não só para manter seu emprego, mas também para dizer, depois que vai embora: 'Consegui tantos fardos de algodão por pessoa. (…)' O proprietário de escravos possui não só a produção corrente, mas o valor econômico futuro dos escravos. E por isso, se um feitor de escravos fizer o escravo trabalhar além do ponto ideal, o prejuízo a longo prazo será suportado economicamente pelo proprietário. (…) No Caribe, o proprietário de escravos morava em Londres. Nos Estados Unidos, provavelmente, o proprietário de escravos morava na fazenda. E assim, por exemplo, as mulheres grávidas tinham mais tempo de folga nos Estados Unidos do que no Caribe, e a taxa de mortalidade infantil era várias vezes maior no Caribe do que nos Estados Unidos. Às vezes, havia incentivos econômicos para fazer coisas que eram mais eficazes do que proteções legais. Então, não repudio o tema fundamental de [*Race and Economics*], mas livros futuros o substituirão ao incluir tudo o que valia a pena incluir."

negro dizendo o que eu pensava — e não a portas fechadas, mas nas páginas de um livro que tinha acabado de ser resenhado em um jornal de circulação nacional. Nunca antes eu havia visto meus pontos de vista expressos com uma clareza tão direta e contumaz: os problemas enfrentados pelos negros norte-americanos levariam algum tempo para serem resolvidos, e a responsabilidade por resolvê-los recairia em grande medida sobre os próprios negros."[190]

Em meados da década de 1970, ficou claro que Sowell poderia fazer algo raro entre os acadêmicos. Ele não só escrevia com competência, mas também de uma maneira que era envolvente e acessível a não especialistas. "Ele é bastante empírico — é isso que faz", afirmou Fred Barnes, veterano jornalista político. "Mesmo em uma coluna de 800 ou 900 palavras, ele apresenta ideias empíricas ou dados empíricos para defender sua tese. Não é apenas uma mera opinião. Não há muitos outros [colunistas] que fazem isso. Pensando bem, ninguém escreve assim. Uma das razões para isso é que ele sabe muito mais."[191]

Os editores de jornais e revistas repararam, e Sowell começou a escrever com mais frequência para publicações de interesse geral, sobretudo a respeito de tópicos raciais. No início da década de 1970, Irving Kristol, editor da publicação trimestral *The Public Interest*, convidou Sowell para um jantar, e os dois começaram a discutir acerca de educação para negros. Quando Kristol perguntou o que poderia ser feito para criar escolas de alta qualidade para negros, Sowell respondeu que essas escolas já existiam, e havia gerações. Aquilo era novidade para Kristol, que convenceu Sowell a escrever a respeito daquelas escolas para a revista. Uma edição de 1974 de *The Public Interest* apresentou um longo ensaio de Sowell sobre a história da Dunbar High School, escola de ensino médio só para estudantes negros, situada em Washington D.C., que tinha superado em desempenho as suas congêneres locais para estudantes brancos e repetidas vezes igualou ou superou as normas nacionais em testes padronizados ao longo da primeira metade do século XX. Durante um período de 85 anos, de 1870 a 1955, o ensaio observou, "a maioria dos formados pela Dunbar foi para a faculdade, embora a maioria dos norte-americanos — brancos ou negros — não".[192] Dois anos depois, na mesma publicação, Sowell escreveu um segundo artigo a respeito das escolas de ensinos fundamental e médio bem-sucedidas nos Estados Unidos. Posteriormente, Sowell contou a um amigo que seu trabalho a respeito de educação para negros tinha sido "o estudo mais emocionalmente gratificante que já fiz".[193]

Contudo, o estudo também suscitou questões sérias a respeito das políticas públicas. Em 1954, a Suprema Corte decidira, em um veredicto a respeito do caso *Brown versus Board of Education*, que as escolas segregadas racialmente eram "inerentemente desiguais", e que a separação entre crianças negras e brancas prejudicava a capacidade de aprendizado dos alunos negros. No entanto, se aquilo era verdade, o que explicava o sucesso da Dunbar High School, localizada a poucos quarteirões do prédio onde a decisão da Suprema Corte foi proferida? As políticas de dessegregação compulsória via transporte escolar ordenadas pela corte, voltadas para se alcançar o equilíbrio racial na sala de aula, foram realmente necessárias? Ou o foco desde o princípio deveria ter sido a criação de escolas de qualidade em todos os bairros, independentemente da sua composição racial? Mais fundamentalmente, Sowell estava incomodado com o fato de haver tão pouco interesse, inclusive entre seus colegas acadêmicos negros, em examinar as escolas academicamente rigorosas para negros que existiam e tentar reproduzir o que as tinha tornado tão bem-sucedidas. "Ao mesmo tempo em que Irving Kristol se interessou muito em saber como uma educação excelente havia sido alcançada em uma escola para negros, ninguém do *establishment* negro pareceu interessado, exceto alguns que tentaram desmerecer os resultados dizendo que Dunbar era uma escola de classe média para filhos e filhas de médicos e advogados", Sowell afirmou. "Meus dados mostraram que existiam muito mais alunos na Dunbar cujas mães eram empregadas domésticas do que alunos cujos pais eram médicos." Sua conclusão da experiência foi que "os 'líderes' negros possuíam uma pauta preconcebida", e eles "se opunham a tudo o que retardasse essa pauta. Na educação, a pauta era a integração racial em geral, incluindo a dessegregação compulsória via transporte escolar. As discussões a respeito de escolas de primeira linha só para estudantes negros representavam uma distração dessa pauta".[194]

Sowell adotou uma abordagem igualmente idiossincrática no debate natureza *versus* aprendizado referente a raça e inteligência. Em um projeto de pesquisa que dirigiu no Urban Institute de 1972 a 1974, Sowell e seus colegas coletaram mais de setenta mil registros de testes de inteligência de indivíduos que representavam uma dúzia de grupos étnicos e raciais diferentes remontando a meio século. Na época, o defensor mais importante da visão que a inteligência era predominantemente hereditária era Arthur Jensen, psicopedagogo da Universidade da Califórnia em Berkeley. Em 1969, Jensen publicou um artigo acadêmico polêmico afirmando que os negros tinham QIs mais baixos do que os brancos, principalmente como resultado da genética, e que os programas de educação compensatória visando reduzir a lacuna de aprendizado, como o Head Start, fracassariam inevitavelmente. Um alvoroço se seguiu, e Jensen foi denunciado como racista excêntrico. Ele começou a receber ameaças de morte e guarda-costas faziam a sua segurança quando ele aparecia em fóruns públicos. Seus detratores sustentavam que fatores ambientais e culturais, e não genéticos, explicavam a disparidade racial nas pontuações de QI, exigindo o fim do uso de testes de inteligência, testes de desempenho e testes padronizados. [195]

Sowell não se importou com o fato de que este era um assunto tabu e ignorou as advertências de destacados acadêmicos negros para ficar longe daquilo.[196] Não tinha medo do que poderia encontrar, nem estava preocupado com o fato de que responder a teorias de inteligência genéticas poderia ajudar a legitimá-las. Sowell também não estava interessado em insultos. Ele estava cético, mas também considerava Jensen um acadêmico sério que merecia uma refutação inteligente, que ia além da humilhação pública e dos repúdios *ad hominem*. "Eu tinha lido o artigo de Jensen que deu início a tudo isso, e vi esse trabalho de estudo acadêmico, mas não fiquei convencido", Sowell me disse. "Em parte, apenas por experiência pessoal. Comparei o entendimento dos negros que eu conhecia com praticamente nenhuma educação com algo da superficialidade presunçosa que encontrei em Harvard. Então, eu disse a mim mesmo: Tenho noventa por cento de certeza que Jensen está errado. Mas e os outros dez por cento? E se eu descobrir que há, de fato, uma diferença?" Sowell concluiu que investigar o assunto valia o risco: "Sempre acreditei que fatos eram fundamentais — que aonde quer que se queira ir, literal ou figurativamente, só é possível chegar lá de onde se está. Quem quer fazer o melhor que pode por alguém, precisa saber onde ele está na realidade."[197]

O estudo de Sowell acabou revelando várias razões para duvidar da teoria de Jensen de que eram inatas as diferenças raciais nas pontuações médias de QI. Por exemplo, nos Estados Unidos e em outros países, havia grupos de brancos com pontuações de QI semelhantes às dos negros. Havia escolas para negros com pontuações de QI dos alunos superiores à média nacional. E as mulheres negras, verificou-se, eram significativamente super-representadas entre as pessoas com QIs altos.[198] As teorias de determinismo genético de Jensen não conseguiam explicar esses resultados. Nem conseguiam explicar estudos que mostraram que órfãos negros criados por famílias brancas tinham um QI médio de 106, em uma época em que a pontuação média dos negros dos Estados Unidos era 85 e a pontuação média dos brancos era 100.[199]

Ao mesmo tempo, Sowell suspeitou que os detratores de Jensen também exageravam seus argumentos. "Jensen começa com a premissa de que existe um único QI negro, que possui uma única explicação genética", ele disse em uma entrevista, em 1980. "Os críticos partem da premissa de que existe uma única explicação ambiental. Nenhum deles levantou a questão mais básica: existe de fato um único QI negro? E é por isso que fiz o estudo histórico. A resposta que encontrei foi que não, não existe." Sowell explicou a maneira pela qual a evidência empírica solapou ambas as teorias:

Se voltarmos por volta do ano de 1910 ou 1920, vamos encontrar um grande número de grupos que tinham QIs iguais ou inferiores aos QIs dos negros. O que se descobre é que, quando a maioria desses grupos ascendeu social e economicamente, os QIs subiram. Assim, tinha-se, por exemplo, QIs de poloneses que estavam no mesmo nível dos negros por volta da Primeira Guerra Mundial; agora, os QIs dos poloneses estão acima da média nacional. Os judeus, surpreendentemente, tiveram uma pontuação bastante baixa em tarefas mentais durante a Primeira Guerra Mundial e, de fato, o homem que inventou o College Board — o SAT — disse que agora desmentimos a noção popular de que os judeus são inteligentes. A sua prova foi um tanto prematura, descobrimos, e os judeus ganharam cerca de um quarto de todos os prêmios Nobel recebidos pelos norte-americanos.[200]

Aqueles que queriam proibir tais testes — então frequentemente chamados de "testes mentais" — acreditavam que as comparações entre grupos não tinham outra utilidade a não ser alimentar teorias racistas, mas Sowell discordava. Só porque esses resultados podiam ser usados indevidamente não significava que deviam ser descartados por completo. Para Sowell, esses testes tinham previsto com precisão o desempenho futuro. Não eram perfeitos, mas demonstraram empiricamente serem melhores indicadores de resultados do que outros tipos de testes e propiciaram uma maneira objetiva de avaliar o desempenho dos sistemas escolares. "Todo programa educacional será sempre um 'sucesso' se julgado por aqueles que o aplicam"; assim, uma "preocupação com o desenvolvimento mental das crianças exige que também haja testes independentes. Não é o teste mental que precisa ser interrompido, mas sim a adoração cega ou hostilidade cega com que diferentes pessoas reagem a isso".[201] Sowell sustentou que minorias desfavorecidas se beneficiavam dos testes porque, como estudos anteriores mostraram, as análises subjetivas eram mais propensas a ignorar os estudantes superdotados que eram negros. Em outras palavras, vetar os testes completamente para evitar o viés poderia ser contraproducente: "Se as pessoas enviesadas utilizam os testes mentais para discriminar, eliminar os testes não eliminará o viés. Os testes objetivos pelo menos impõem alguns limites em seu viés."[202]

Antes de publicar uma resposta acadêmica ao estudo de Jensen em seu livro *Essays and Data on American Ethnic Groups*, de 1978, Sowell resumiu suas conclusões em um artigo para a *New York Times Magazine*. O argumento não era que a herança genética não desempenhava nenhum papel na capacidade mental de uma pessoa, mas sim que o progresso social e econômico parecia importar mais. Ele também salientou que a inteligência de um grupo racial ou étnico não era fixa para sempre e poderia aumentar significativamente em algumas gerações. Esse padrão histórico fora observado entre grupos minoritários europeus e asiáticos no século XX, tanto nos Estados Unidos como em outros países. O que importava mais do que os genes era a assimilação cultural e o progresso econômico. "Para grupos em ascensão social, houve um aumento acentuado dos QIs ao longo do tempo", ele escreveu. "Os QIs médios dos ítalo-americanos e dos poloneses-americanos aumentaram de 20 a 25 pontos desde a época dos levantamentos realizados em torno da Primeira Guerra Mundial até os levantamentos realizados na década de 1970. Esse aumento é maior do que a diferença atual de QI — cerca de 15 pontos — entre negros e brancos."[203] Ele previu que era "provável" que as pontuações de QI de negros e hispânicos aumentassem à medida que esses grupos progredissem socioeconomicamente. E, com certeza, um estudo a respeito da capacidade cognitiva dos negros apresentado em 2006 pelos cientistas sociais William Dickens e James Flynn concluiu que os negros ganharam até sete pontos de QI em relação aos brancos desde o início da década de 1970.[204]

Depois que Jensen leu o artigo na *Times*, entrou em contato com Sowell e eles se encontraram para almoçar. Jensen disse a Sowell que foi a melhor refutação ao seu estudo que lera. "Jensen realmente fazia parte de uma noção de estudo acadêmico à moda antiga", Sowell disse. "Ele não estava tentando me convencer de uma maneira ou de outra. Queria saber quais eram as evidências. Anos depois — talvez quinze anos depois —, eu me surpreendi um dia ao ver uma carta de Jensen dizendo que seu último estudo mostrava um pequeno aumento no QI médio dos negros. Nenhuma indicação de que ele havia mudado de posição, mas (...) ele queria ter certeza de que o conhecimento — a informação de todos os lados — estava por aí."[205]

Em 1994, Richard Herrnstein e Charles Murray publicaram o seu livro *The Bell Curve* com críticas que foram, no mínimo, ainda mais antagônicas do que as que Jensen experimentara vinte e cinco anos antes. O livro trata de testes de inteligência, e não de raça, mas cita as teorias de Jensen de modo favorável. Herrnstein, professor de psicologia em Harvard, morreu pouco antes da publicação do livro; Murray é um acadêmico do American Enterprise Institute, que se destacou pela primeira vez por meio dos seus textos sobre política social na década de 1980. Sowell escreveu uma crítica de 3.600 palavras a respeito de *The Bell Curve* para a revista politicamente conservadora *American Spectator*.[206] Elogiou os autores por expor as falhas nos argumentos a respeito dos testes de inteligência serem "culturalmente tendenciosos" e não preverem com precisão o desempenho futuro. E defendeu Herrnstein e Murray contra os críticos que estavam mais interessados em questionar seus motivos do que seus dados. No entanto, em relação à discussão do livro acerca da base genética para diferenças raciais nas pontuações do QI, Sowell foi tão impiedoso ao analisar as conclusões dos autores como foi ao lidar com as de Jensen na década de 1970.

A seu crédito, Sowell escreveu que *The Bell Curve* apresentava com precisão a evidência contra as alegações dos autores a respeito de hereditariedade e inteligência. O problema era que Herrnstein e Murray "parecem não perceber o quão decisivamente" essa evidência "compromete o caso de uma explicação genética quanto às diferenças de QI inter-raciais". As pontuações médias de QI aumentaram ao longo do tempo, ainda que os autores formulassem a hipótese de que elas cairiam como resultado das taxas de fertilidade mais altas entre os grupos com QI mais baixo. De forma significativa, a variância nas pontuações de QI nos grupos raciais e étnicos foi maior do que a variância entre eles:

A falha em extrair a inferência lógica parece intrigante. Os negros de hoje são tão racialmente diferentes dos brancos de duas gerações atrás quanto dos brancos de hoje. No entanto, os dados sugerem que o número de perguntas que os negros respondem corretamente nos testes de QI é bastante semelhante ao número respondido corretamente pelas gerações anteriores de brancos. Se a raça A difere da raça B em QI, e duas gerações da raça A diferem uma da outra na mesma proporção, onde está a lógica em sugerir que as diferenças de QI são raciais, ainda que parcialmente?

Herrnstein e Murray não enfocam essa questão. (...)[207]

Sowell também teve um problema mais fundamental com o livro e chegou a questionar o rigor do estudo. "Talvez o aspecto mais preocupante de *The Bell Curve* do ponto de vista intelectual seja a abordagem acrítica dos autores quanto à correlação estatística", ele escreveu. "Uma das primeiras coisas ensinadas em introdução à estatística é que correlação não é causa. É também uma das primeiras coisas esquecidas e um dos fatos mais amplamente ignorados nos estudos de políticas públicas."[208]

A questão aqui não é rediscutir o debate a respeito dos testes. Em vez disso, é ilustrar melhor o pensamento independente e as inclinações inconformistas de Sowell. Claramente, ele não hesitou em criticar até mesmo seus companheiros de viagem da direita política quando considerava que tinha justificativas para tal. Charles Murray tem sido um conservador de primeira linha durante quatro décadas e, em outras questões, Sowell citou o seu trabalho favoravelmente, tanto antes quanto depois da publicação de *The Bell Curve*. As suas concordâncias superam as suas discordâncias, mas isso não impediu Sowell de fazer uma análise bastante crítica do livro. O que mais importava para Sowell era se os argumentos de um indivíduo podiam resistir ao escrutínio, e não como o indivíduo se identificava política ou ideologicamente, e ele se recusava a amenizar o tom mesmo quando lidava com outros conservadores.

Sowell recebeu pouco crédito por seu comportamento íntegro, sobretudo entre os liberais negros, que preferem caricaturá-lo como alguém sempre em busca de aprovação por parte dos brancos, não importa que o seu histórico diga o contrário. A realidade é que, em 1980, Sowell criticou a decisão de Ronald Reagan de fazer um discurso de campanha defendendo os direitos dos estados na cidadezinha de Filadélfia, no Mississippi, onde três defensores dos direitos civis foram sequestrados e assassinados em 1964.[209] A realidade é que, embora Milton Friedman fosse seu ex-professor, mentor e amigo, Sowell, de maneira consistente — e publicamente —, se opôs às propostas de imposto de renda negativo de Friedman para enfrentar a pobreza.[210] A realidade é que ele brigou com os libertários a respeito da intervenção militar externa, assim como os defensores neoconservadores da "construção de nação".[211] Sowell mostrou repetidas vezes ao longo das décadas que era dono de si, mesmo quando isso significava incomodar os aliados ideológicos.

Tal como sucedeu com Jensen, Murray e Sowell permaneceriam em bons termos. Quando falei com Murray sobre a carreira de Sowell, ele teceu apenas elogios, em particular no que diz respeito à capacidade de Sowell de transmitir conceitos e ideias importantes ao público em geral. "Na década de 1970, quantas pessoas que eram acadêmicos sérios estavam dizendo tais coisas? Deve ter existido pessoas além de Milton Friedman e Tom Sowell, mas não eram muitas", Murray afirmou. "Tom era um dos poucos (...) que estava escrevendo coisas que eu tinha que levar a sério, simplesmente por causa da natureza dos textos, das evidências e do resto", ele acrescentou. Outros economistas que ele respeitava, como George Stigler e Gary Becker, também estavam ativos, mas "Stigler não era um nome conhecido e nem Becker. Tom e Milton publicaram livros que se destinavam a um público mais amplo e conseguiram um público mais amplo, o que considero que foi fundamental para ressuscitar o conhecimento dos princípios liberais clássicos".

Então Murray mencionou outro nome: "E, claro, havia Hayek, que também estava sendo publicado por volta dessa época. Porém, mesmo Hayek, nos Estados Unidos, não teve a exposição, acho, que Tom e Milton tiveram." Murray estava se referindo ao economista austríaco Friedrich Hayek, que é bastante conhecido por *The Road to Serfdom* [*O caminho da servidão*], seu polêmico livro a respeito dos perigos do socialismo, publicado em 1944. Inicialmente, a editora norte-americana imprimiu apenas dois mil exemplares, que se esgotaram quase de imediato, e uma reimpressão foi providenciada em uma semana. A obra foi resenhada na primeira página do *New York Times Book Review* pelo respeitado jornalista de economia Henry Hazlitt, que descreveu *The Road to Serfdom* como "um dos livros mais importantes da nossa geração", comparando o seu "poder e rigor de raciocínio" com aquele que está presente em *On Liberty* [*Sobre a liberdade*], ensaio memorável de John Stuart Mill do século XIX a respeito da importância da liberdade e soberania individual.[212] Em poucos meses, *The Road to Serfdom* se tornou tão popular que a *Reader's Digest*, a revista de maior circulação dos Estados Unidos na época, publicou uma versão resumida de vinte páginas, e o Book of the Month Club distribuiu mais de um milhão de reimpressões. O livro de um exilado austríaco destinado aos seus colegas da elite intelectual se tornou o mais improvável dos *best-sellers* norte-americanos. Em 1974, Hayek recebeu o Prêmio Nobel de Economia, mas também fez contribuições significativas nos campos da filosofia política e da teoria social.

Entre 1950 e 1962, Hayek lecionou na Universidade de Chicago, e um dos seus alunos foi Thomas Sowell. Quase duas décadas depois de fazer o curso de Hayek de história do pensamento econômico, Sowell publicaria *Knowledge and Decisions*, um livro inspirado no próprio estudo de Hayek e que mudaria o rumo de sua carreira.

"ALGUNS DOS MAIORES CASOS DE IDENTIDADE EQUIVOCADA ESTÃO ENTRE OS INTELECTUAIS QUE TÊM DIFICULDADE DE LEMBRAR QUE NÃO SÃO DEUS."

CAPÍTULO 5

O CONHECIMENTO DE SOWELL

"Alguns dos maiores casos de identidade equivocada estão entre os intelectuais que têm dificuldade de lembrar que não são Deus." [213]

No capítulo final do seu livro de memórias, *A Personal Odissey*, Sowell escreveu que "cresceu sem medo dos brancos, seja física ou intelectualmente", e explicou como essa mentalidade influenciou posteriormente seu estudo acadêmico. Deixar a Carolina do Norte quando criança e crescer em Nova York nas décadas de 1930 e 1940 foram obra do puro acaso. Porém, tendo em conta sua personalidade decidida, Sowell acreditava que o fato de deixar o sul dos Estados Unidos foi um fator-chave em seu desenvolvimento como intelectual e o diferenciava de muitos dos seus contemporâneos negros. "Se eu tivesse ficado no sul, esse medo poderia ter se tornado necessário para a sobrevivência na idade adulta, supondo que eu teria sobrevivido", ele escreveu. "Contudo, o medo costuma ser o inimigo do pensamento racional. Na década de 1960 (e depois), muitos negros ficaram excessivamente impressionados com linguarudos estridentes, cuja principal alegação era que eles 'enfrentavam o homem branco'. (...) Nunca fiquei muito impressionado com tais credenciais — e certamente não as considerei como um substituto para saber do que se está falando."[214]

Quando pedi para Sowell elaborar esse trecho em uma das nossas conversas, ele respondeu: "Acho que foi por isso que pessoas com Malcolm X causaram tanto impacto, porque ele não tinha medo. Essa é uma das razões pelas quais as pessoas ficam tão ferozes com gente como [Arthur] Jensen e [Charles] Murray" e outras que especularam acerca de raça e inteligência. "Elas têm medo em um sentido que não tenho." Ao pensar em sua infância, ele se lembrou de ter sido colocado em uma turma do sexto ano do ensino fundamental para alunos com QI de 120 ou mais, o que o situava em torno do percentil 95. "Após a primeira prova de matemática, o professor disse que apenas um aluno tirou dez, e ele ficou folheando os papéis tentando achá-la. Como estava de bom humor, perguntei: 'Thomas Sowell?' E ele respondeu: 'Sim, esse é o nome'." Na época, Sowell não deu muita importância ao fato, "mas acho que foi bastante significativo para o meu futuro. A partir daquele momento, significava que não havia razão para nenhum branco daquela turma pensar que era superior. E não havia nenhuma razão para me preocupar em competir".[215]

Os admiradores de Sowell nunca cansam de registrar a sua coragem, o que geralmente significa a sua disposição de desafiar a ortodoxia relativa aos direitos civis dos negros e assumir posições controversas a respeito de questões envolvendo a desigualdade social. Esse tipo de elogio é compreensível e certamente justificado, mas também é bastante limitado. A iconoclastia de Sowell vai além da sua oposição a programas de ação afirmativa e leis de salário mínimo. Ele argumentou a respeito desses assuntos tão bem quanto qualquer um e melhor do que a maioria. No entanto, o seu legado é mais do que isso. Visto na totalidade, seu estudo acadêmico exibe uma disposição de enfrentar algumas das nossas questões filosóficas mais duradouras: como o conhecimento é desenvolvido, como a justiça e a injustiça são definidas, como as concepções básicas da natureza humana diferem e levaram a teorias políticas contrastantes que remontam a mais de dois séculos.

Foi para essas questões que Sowell dirigiu a sua atenção em meados da década de 1970, quando começou a fazer a transição da academia para o intelectualismo público. Ele fez uma pausa em sua atividade docente na UCLA e se tornou pesquisador do Center for Advanced Study in the Behavioral Sciences da Universidade de Stanford, onde começou uma pesquisa para um livro acerca de como as sociedades produzem e processam informações. Foi um desafio intelectual inteiramente novo para Sowell, cuja produção acadêmica até então tinha se concentrado principalmente na atividade literária acerca de história econômica e raça. O produto final, intitulado *Knowledge and Decisions*, se tornaria o seu livro mais ambicioso até hoje, e ajudaria a facilitar algo que ele vinha pretendendo havia quase uma década: o fim da sua carreira docente.

Como estudante de pós-graduação da Universidade de Chicago, Sowell tinha se matriculado em um curso de história das ideias ministrado por Friedrich Hayek. Um texto sobre a Lei de Say que ele escreveu para o curso recebeu elogios do professor e foi publicado posteriormente em uma publicação acadêmica britânica. Porém, foi a introdução de Sowell aos próprios textos de Hayek, por meio de Milton Friedman, que teria muito mais consequências. Sowell fez o curso obrigatório de teoria dos preços de Friedman em Chicago e foi designado para ler um artigo intitulado "The Use of Knowledge in Society", que Hayek publicara em uma edição de 1945 da *American Economic Review*. O ensaio seminal de Hayek dizia respeito a como as sociedades funcionam (ou funcionam mal) por meio da disseminação da informação utilizada pelas pessoas para tomar decisões econômicas. O seu *insight* principal era que o conhecimento é muito disperso —

nenhuma pessoa ou grupo de pessoas pode saber tudo —; assim, se os recursos de uma sociedade devem ser alocados de maneira eficiente, resulta que o processo de tomada de decisão também deve ser descentralizado. "O conhecimento das circunstâncias de que devemos fazer uso nunca existe em uma forma concentrada ou integrada, mas apenas como pedaços dispersos de conhecimento incompleto e frequentemente contraditório que todos os indivíduos separados possuem", Hayek escreveu.

Basicamente, era um argumento contra as economias planificadas de forma centralizada, nas quais poucas pessoas tomam decisões em nome de todos, e a favor das economias baseadas no mercado, nas quais os preços determinados pela oferta e demanda transmitem as informações relevantes que permitem que os indivíduos tomem decisões por si mesmos. Como pessoas diferentes possuem necessidades diferentes, e essas necessidades estão mudando constantemente, é impossível para os planejadores governamentais acompanhar o que produzir, ou em que quantidades e a que preço. "Portanto, o problema econômico da sociedade não é meramente um problema de como alocar recursos 'dados'", Hayek afirmou. "É antes um problema de como assegurar o melhor uso dos recursos conhecidos por qualquer um dos membros da sociedade, para fins cuja importância relativa apenas esses indivíduos conhecem."

Hayek descreveu dois tipos distintos de conhecimento que as pessoas possuem. Um deles é o "conhecimento científico", pelo qual ele se referia à especialidade teórica ou técnica. O outro é o "conhecimento não organizado", peculiar à situação de cada indivíduo. É o que se sabe acerca da própria situação, assim como as "condições locais" e as "circunstâncias especiais" das pessoas ao seu redor. Para Hayek, é com respeito a esse segundo tipo de conhecimento que "praticamente todo indivíduo tem alguma vantagem sobre todos os outros", mesmo os especialistas, porque ninguém conhece as próprias circunstâncias melhor do que a própria pessoa. O problema com o planejamento central é que, por mais inteligentes que sejam os responsáveis, eles não são oniscientes e, portanto, carecem dessa consciência localizada dos desejos e necessidades específicos e únicos de cada indivíduo. "Se concordamos com o fato de que o problema econômico da sociedade é principalmente de rápida adaptação a mudanças em circunstâncias particulares de tempo e lugar, parece que as decisões finais devem ser deixadas para as pessoas familiarizadas com essas circunstâncias, que conhecem diretamente as mudanças relevantes e os recursos imediatamente disponíveis para satisfazê-las", Hayek escreveu. "Não podemos esperar que esse problema seja resolvido comunicando primeiro todo esse conhecimento a um comitê central que, depois de incorporar todo o conhecimento, emite as suas ordens. Devemos resolvê-lo por meio de alguma forma de descentralização."

Para ilustrar a questão, Hayek usou o exemplo da concorrência de mercado para produtos que empregam estanho. Se houver falta de estoque disponível de estanho, vamos descobrir em breve, porque os preços do metal e dos produtos que o contém aumentarão. A pessoa comum pode não saber ou entender o motivo exato da falta de estoque, mas as pessoas ajustarão o seu comportamento de forma compatível, usando menos estanho e encontrando substitutos. "O conjunto funciona como um único mercado, não porque qualquer um dos seus membros examina todo o setor, mas porque os campos de visão individuais limitados se sobrepõem devidamente, para que, por meio de diversos intermediários, a informação relevante seja comunicada a todos", Hayek escreveu. "A maravilha é que (…) sem que uma ordem seja emitida, sem que mais do que talvez um punhado de pessoas conheça a causa, dezenas de milhares de pessoas, cuja identidade não pode ser apurada por meses de investigação, são obrigadas a usar o material ou os seus produtos com parcimônia; isto é, elas se movem na direção correta."[216]

Hayek estava expandindo as ideias do seu mentor, o economista austríaco Ludwig von Mises, e dos antecessores, como Adam Smith, que teorizaram que indivíduos agindo no próprio interesse econômico, em última análise, favorecem os interesses da sociedade em geral. Se Smith enfatizou a importância da divisão do trabalho no mercado, Hayek salientou a divisão do conhecimento. Em *Knowledge and Decisions*, Sowell expandiria os *insights* de Hayek, e faria isso de uma maneira que Hayek nunca havia contemplado. A "centelha" para o livro foi o ensaio de três páginas de Hayek na *American Economic Review*.

"Inicialmente, não me impressionou", Sowell revelou. "Só queria saber por que Friedman o tinha designado para um curso de doutorado sobre teoria dos preços." Foi só depois que Sowell havia deixado Chicago e aceitado seu primeiro cargo acadêmico que veio a apreciar plenamente o significado do artigo: "Quando comecei a lecionar no Douglass College, porque eu tinha escrito coisas a respeito de Marx (…) acharam que eu deveria dar um curso sobre a economia soviética. Não existe uma ligação real, mas tive que estudar a economia soviética." O estudo levou sua mente de volta à pós-graduação. "Enquanto lia tudo aquilo, deparei-me com todos os tipos de anomalias intrigantes da economia soviética, que então me forçaram a pensar no ensaio de Hayek. Consegui ver quais tinham sido os fatores que levaram os soviéticos a fazer o que estavam fazendo e por que não estava funcionando. Havia um problema de conhecimento inerente àquele sistema. Em poucas palavras, aqueles com o poder não tinham o conhecimento, e aqueles com o conhecimento não tinham o poder."[217]

Inicialmente, Sowell pretendia que *Knowledge and Decisions* tivesse cerca de duzentas páginas, mas, como acrescentou mais exemplos práticos — um economista posteriormente os chamou de "metáforas em tecnicolor" — para desenvolver a tese central, o manuscrito cresceu para mais do que o dobro desse tamanho. O artigo de Hayek "realmente meio que me deu um conjunto de perguntas a fazer", ele disse numa entrevista à revista *Reason* logo após a publicação do livro. "Não se tratava apenas da elucidação de um princípio que era importante. Era o fato de que, com esse pensamento na cabeça, percebi muitas coisas que se encaixavam nesse padrão. Fiquei espantado com todos os tipos muito diferentes de situações em que há esse problema básico: como passar o conhecimento da pessoa que sabe para a pessoa que toma a decisão? E, em particular, como passar isso para ela de uma forma que a leve a tomar a decisão correta?"[218]

Knowledge and Decisions é uma obra séria e às vezes difícil, que visa aprofundar a compreensão do leitor a respeito de um tópico importante: como os preços servem como mecanismos de comunicação numa sociedade e, assim, ajudam as pessoas a se ajustarem ao longo do tempo às condições dinâmicas do mundo real. Contudo, Sowell também se esforçou para escrever em um estilo mais acessível do que o de Hayek, porque esperava atingir um público muito maior do que o público leitor limitado da *American Economic Review*. Em vez de gráficos e equações, Sowell apresenta metáforas ricas e muitos exemplos do mundo real que tornam os conceitos mais importantes em discussão não apenas digeríveis, mas também saborosos. Ei-lo em um trecho inicial descrevendo como a informação bruta se torna conhecimento:

Os físicos determinaram que mesmo a massa mais sólida e pesada de matéria que vemos é principalmente espaço vazio. Porém, a nível submicroscópico, partículas de matéria espalhadas por um vasto vazio possuem uma densidade e um peso tão incríveis e estão ligadas umas às outras por forças tão poderosas, que juntas produzem todas as propriedades do concreto, do ferro fundido e da rocha maciça. Da mesma maneira, partículas de conhecimento estão espalhadas por um vasto vazio de ignorância, e tudo depende de quão sólidas são as partículas de conhecimento individuais e de quão poderosas são as ligações e conexões umas com as outras. Os vastos espaços de ignorância não impedem que as partículas de conhecimento formem uma estrutura sólida, embora um mal-entendido grande o bastante possa desintegrá-la da mesma maneira que as estruturas atômicas radioativas podem se desintegrar (urânio em chumbo) ou até mesmo explodir.[219]

A primeira metade do livro diz respeito à própria natureza do conhecimento: como é criado a partir de ideias, autenticado por meio de mecanismos de *feedback* e depois aplicado na tomada de decisões. Como é possível que seres humanos possam "desempenhar funções intrincadas que exigem enorme conhecimento", quando "individualmente, sabemos tão pouco que chega a ser patético"?[220] A resposta de Sowell é que criamos "unidades de tomada de decisão" formais e informais, para avaliar esses pedaços dispersos de conhecimento e determinar o que é útil, ou não. Essas unidades incluem famílias, costumes, religiões, partidos políticos, governos e outros sistemas e instituições numerosos demais para nomear. E os diferentes tipos de decisões que essas unidades nos ajudam a tomar todos os dias são igualmente variados:

Por exemplo, algumas decisões são decisões binárias — sim ou não, guerra ou paz, culpado ou inocente —, enquanto outras decisões incrementais e continuamente variáveis: usar mais ou menos gasolina, pagar salários mais altos ou mais baixos, levar uma vida mais relaxada ou mais agitada. Algumas decisões são definitivas — suicídio, perda da virgindade, queimar um quadro de Rembrandt —, enquanto outras são decisões prontamente reversíveis: mudar de canal para parar de ver um programa que não é interessante, cancelar uma assinatura, não comprar mais produtos de uma determinada marca, deixar de usar certos clichês etc. As decisões também podem ser tomadas individualmente ou como "pacotes". Podemos comprar cebolas, pão e enlatados na mesma loja ou em lojas diferentes, mas ao escolhermos entre candidatos políticos, devemos escolher o pacote completo do candidato — sua política fiscal, postura ambiental, política externa, os pontos de vista sobre liberdades civis etc. — contra o pacote completo das posições do seu adversário sobre os mesmos assuntos.[221]

Sowell passa a examinar a tomada de decisões em três áreas importantes: economia, política e direito. E embora os processos de verificação e utilização de informações possam variar consideravelmente de uma instituição para outra, Sowell estava mais interessado em investigar o que eles têm em comum. Independentemente da instituição, as escolhas são limitadas — por tempo, recursos ou alguma outra limitação —, o que significa que a tomada de decisão envolve necessariamente *trade-offs* ou ponderações de uma opção em relação a outra. "Embora a questão crucial para os processos de tomada de decisão seja o impacto desses processos sobre a sociedade em geral, as tentativas de responder a essa pergunta não podem ocorrer automaticamente, como se a sociedade em geral fosse a unidade de tomada de decisão", ele escreveu. "Em vez disso, o que deve ser considerado são os incentivos e as restrições enfrentados pelos tomadores de decisão reais, a fim de determinar se suas decisões tendem a produzir resultados socialmente ideais."[222] O seu argumento era que o que mais importa é quem toma a decisão: "A questão mais básica não é o que é melhor, mas *quem decidirá* o que é melhor."[223]

O restante do livro detalha as tendências contemporâneas. A preocupação de Sowell era que, ao longo do tempo, o tomador de decisão final se tornasse cada vez mais distante e altivo dos indivíduos ou entidades mais diretamente afetados pelo que quer que fosse decidido. Para tomar decisões, a autoridade tinha se afastado daquelas unidades temporárias descentralizadas e íntimas e se aproximado de indivíduos e instituições externos que careciam de experiência, formação ou qualquer interesse pessoal em um determinado resultado. "Mesmo em nações democráticas, o *locus* da tomada de decisão se afastou do indivíduo, da família e das associações voluntárias de vários tipos, e se aproximou do governo", ele escreveu. "E dentro do governo, afastou-se dos representantes eleitos sujeitos ao *feedback* dos eleitores e se aproximou de instituições governamentais mais isoladas, como as burocracias e o poder judiciário nomeado. Essas tendências possuem sérias implicações, não só para a liberdade individual, mas também para as maneiras sociais pelas quais o conhecimento é usado, distorcido ou tornado ineficaz."[224]

Para Sowell, essas tendências foram exacerbadas pela ascensão da proeminência e poder dos intelectuais, que "encabeçaram as críticas à tomada de decisão coordenada por preços", ou capitalismo, e que, desde as pesquisas e os registros de votação, têm sido mantidas "bem à esquerda política da população em geral".[225] O problema subjacente não é que essas elites intelectuais — que incluem não apenas acadêmicos, mas também jornalistas, ativistas sociais e outros que produzem e disseminam ideias — tendem a ser mais liberais do que a sociedade circundante. Em vez disso, o problema é que eles são aceitos acriticamente como autoridades independentes que apresentam conselhos imparciais sobre este ou aquele assunto: "Não é tanto o viés dos intelectuais 'especialistas' que é decisivo, mas sim a diferença entre a *expertise* 'objetiva' percebida deles e a realidade, que torna o processo político vulnerável à influência deles."

Idealmente, os intelectuais seriam vistos apenas como mais um grupo de interesse especial, que compete com outros no processo de tomada de decisão. No entanto, a capacidade da classe intelectual de se apresentar como uma servidora não ideológica do bem público deu-lhe uma influência exagerada e injustificada. "Grupos de interesse especial publicamente reconhecidos — proprietários discutindo o controle de aluguéis, companhias de petróleo discutindo energia etc. — podem ter incentivos e restrições semelhantes, mas são muito menos eficazes em ter seus pontos de vista sociais aceitos como verdade objetiva", Sowell afirmou. "Mas quando um intelectual acadêmico aparece como testemunha 'especialista' diante de uma comissão do Congresso, ninguém nunca pergunta se ele foi beneficiário de grandes subvenções para pesquisas ou honorários de consultoria lucrativos do próprio órgão cujos programas ele está prestes a avaliar 'objetivamente' em termos de interesse público."[226]

Em livros posteriores, incluindo *The Vision of the Anointed*, *The Quest for Cosmic Justice* e *Intellectuals and Society*, Sowell abordaria a história e os méritos de políticas específicas promovidas por intelectuais públicos. Nesse caso, a sua principal preocupação era o crescente papel dos especialistas na política. Os intelectuais tendem a favorecer menos dependência do mercado e mais dependência do governo centralizado, o que se traduz em aplicações menos eficientes do conhecimento e uma maior distância entre as pessoas que tomam decisões e aqueles que têm que conviver com as consequências. Sowell enfatizou que os intelectuais permanecem relevantes para o processo de tomada de decisão convencendo os não intelectuais de que o seu próprio conhecimento é inadequado:

Um intelectual é recompensado não tanto por alcançar a verdade, mas por demonstrar a própria capacidade mental. A utilização de ideias consolidadas e amplamente aceitas nunca demonstrará a capacidade mental do intelectual, por mais válida que seja a sua aplicação a uma questão ou um assunto específico. O virtuosismo do intelectual é demonstrado pelo recurso ao novo, ao complexo e, se possível, à sua própria originalidade no conceito ou na aplicação — sejam as suas conclusões mais ou menos válidas do que a sabedoria recebida. Os intelectuais têm um incentivo "para estudar mais a reputação de sua própria inteligência do que o sucesso da atividade do outro", como [Thomas] Hobbes observou há mais de três séculos.[227]

Sowell advertiu contra perder de vista o fato de que os intelectuais como grupo possuem interesses profissionais próprios como todas as outras pessoas. Eles trabalham para convencer os outros que o tipo de conhecimento que os acadêmicos minuciosamente formados possuem é o mais importante, o que serve para "aumentar a demanda por intelectuais desacreditando as alternativas".[228] Do ponto de vista de Sowell, a discórdia entre a opinião pública e as preferências políticas dos intelectuais tem piorado constantemente. Além disso, uma intelectualidade que antes via o cidadão comum em uma democracia liberal como um aliado agora considera "a opinião pública e os processos democráticos como obstáculos a serem superados". O receio era que a crescente influência da classe intelectual na tomada de decisões políticas levasse inevitavelmente a menos liberdade na sociedade em geral. "As características da visão intelectual são surpreendentemente semelhantes às características da ideologia totalitária", ele explicou, "sobretudo a adaptação local do mal e da sabedoria e a identificação psíquica com os interesses das grandes massas, cujas preferências reais são ignoradas em favor das preferências predominantes dos intelectuais".[229]

Hoje, a crença na "justiça social" como imperativo moral se tornou a última moda, e o seu jargão — "privilégio branco", "racismo sistêmico", "preconceito inconsciente" — entrou no léxico da mídia. Contudo, Sowell viu os Estados Unidos seguindo nessa direção décadas atrás e assinalou os *trade-offs*:

> *Mais justiça para todos é uma contradição em termos, em um mundo de valores diversos e concepções díspares da própria justiça. "Mais" justiça em tal mundo significa imposição mais forçada de um tipo particular de justiça, isto é, menos liberdade. Nesse contexto, a justiça perfeita significa tirania perfeita. A questão não é meramente semântica ou teórica. O alcance do poder político nacional em todos os cantos e recantos prosseguiu em sintonia com as campanhas por maior "justiça social".[230]*

E então temos um exemplo do mundo real — o toque da Escola de Chicago — para esclarecer o ponto: "Um pai forçado pela lei e pela renda a enviar o filho para uma escola pública onde ele é maltratado ou aterrorizado por outras crianças está dolorosamente consciente de uma perda de liberdade, por mais que teóricos muito distantes falem de justiça enquanto forçam a separação de pessoas, e por mais seguras que as vantagens profissionais dos intelectuais permaneçam em relação ao poder governamental."[231] Valendo-se de sua própria *expertise* em história intelectual, Sowell comparou a proeminência e a influência dos acadêmicos nos Estados Unidos com os seus congêneres no exterior. "Os intelectuais nunca foram tão coesos nos Estados Unidos como em países menores e mais socialmente homogêneos, e o público nunca ficou tão intimidado por eles", ele escreveu. "Um sintoma disso é o fracasso total dos movimentos socialistas em criarem raízes nos Estados Unidos, enquanto são fortes na Europa Ocidental."[232] Contudo, ele advertiu que os Estados Unidos devem permanecer vigilantes e não permitir que uma classe intelectual cerceie as liberdades individuais a fim de promover a sua noção de justiça social: "A liberdade não é simplesmente o direito dos intelectuais de distribuir a sua mercadoria. É, acima de tudo, o direito de pessoas comuns encontrarem espaço de manobra para si mesmas e um refúgio contra as presunções furiosas dos seus 'melhores'."[233]

Sowell ansiava escrever *Knowledge and Decisions* desde meados da década de 1970 e sabia que seria um projeto desafiador: "Achei que havia muitas coisas que precisavam ser ditas e que não seria fácil dizê-las", ele me revelou. "Não é o livro mais fácil de ler, e também não foi o livro mais fácil de escrever. Essa noção dos intelectuais como redentores já existe há muito tempo." Ele disse que a tomada de decisão descentralizada é um fenômeno relativamente recente. Durante a maior parte da história humana, a abordagem do rei-filósofo — colocar o poder nas mãos das pessoas certas com o conjunto certo de princípios — foi a que prevaleceu. "Uma das coisas que me impressiona acerca da economia do *laissez-faire* — seja com os fisiocratas na França ou Adam Smith na Inglaterra — é que é realmente uma doutrina revolucionária", ele afirmou. "Está dizendo: não, não cabe a Maquiavel, Platão ou qualquer um no meio ser capaz de impor a sua sabedoria superior aos outros. Porque as ações sistêmicas em um mercado tornam as suas intervenções em muitos casos supérfluas e em outros absolutamente prejudiciais. Há algum indício disso em John Stuart Mill quando ele afirma que mesmo que o governo tenha mais conhecimento do que qualquer um na sociedade, não tem mais conhecimento do que todos na sociedade."[234]

***

Knowledge and Decisions foi o sexto título de Sowell (em nove anos), mas o primeiro resenhado pelo *New York Times*, e o jornal continuaria a resenhar os seus livros ao longo das décadas de 1980 e 1990.* O *New York Times* tem sido progressista há muito tempo e, assim, não é nenhuma surpresa que a resenha tergiversasse em relação à defesa do livre mercado pelo livro. No entanto, também descreveu Sowell como "provavelmente o cientista social negro mais ilustre dos Estados Unidos", o que certamente enfureceu inúmeros acadêmicos e ativistas pelos direitos civis negros ainda ressentidos com as suas críticas anteriores quanto a preferências raciais, dessegregação compulsória via transporte escolar e leis de salário mínimo. A resenha também reconheceu que Sowell e outros pensadores conservadores "desenvolveram uma estrutura intelectual potente para analisar a ordem social" e proporcionaram "uma correção bastante necessária em relação à combinação de moralismo irrefletido, expectativas utópicas e presunção intelectual que muitas vezes moldou as políticas públicas" nas décadas recentes. "O ponto de vista de

---

* Por alguma razão, o jornal parou abruptamente de resenhar os livros de Sowell há mais de vinte anos. No momento da redação deste livro, a última resenha a aparecer foi a respeito do seu livro de memórias, *A Personal Odissey*, de 2000. Desde então, Sowell publicou dezoito livros, incluindo dois que entraram na lista de *best-sellers* do jornal — *The Housing Boom and Bust*, em 2009, e *Intellectuals and Society*, em 2010.

livre mercado que o professor Sowell defende costuma ser desprezado desdenhosamente por outros como meramente uma racionalização do privilégio econômico ou um apelo simplista para voltar o relógio a um tempo anterior", escreveu Marc Plattner, o resenhador. "'*Knowledge and Decisions*', pelo poder e aplicação prática de muitos dos seus argumentos, oferece provas convincentes de que tais avaliações estão seriamente equivocadas."[235]

Em geral, Sowell ficou satisfeito com a resenha, mesmo acreditando que certas críticas ficaram longe do alvo. "Marc Plattner, acho, fez um esforço honesto de dizer como viu o livro", ele afirmou na época. "Só queria que ele tivesse visto mais como eu o escrevi."[236]

O livro também foi bem recebido por colegas economistas nos escalões superiores da profissão. James Buchanan, futuro ganhador do Prêmio Nobel, disse que a obra "enseja comparações com *A riqueza das nações*, de Adam Smith", e que Sowell "parece totalmente à vontade com questões de política econômica atual, com história econômica, com fundamentação jurídica, com processo político e constitucional e com a história das ideias. Ele parece ser capaz de recorrer a uma verdadeira mina de sabedoria e experiência à medida que esclarece a discussão dos tópicos que explora em profundidade".[237] Buchanan não foi menos reservado em sua correspondência privada com Sowell. "Você escreveu um grande livro, e não me lembro de ter dito isso a ninguém", ele escreveu para Sowell em uma carta. "Devia ser leitura obrigatória para todo cientista social, filósofo, intelectual e político. Eu gostaria de tê-lo escrito."[238]

Friedrich Hayek, que recebeu o Prêmio Nobel de Economia em 1974, e cujo ensaio de 1946 foi a inspiração para *Knowledge and Decisions*, publicou a sua própria avaliação na revista *Reason*. Hayek começou a resenha lembrando que quando recebeu um exemplar do livro, deixou-o de lado por um tempo porque estava muito ocupado em seu próprio manuscrito para lê-lo. "Agora que finalmente li o livro do professor Sowell, sei que isso foi um erro", ele escreveu. "Eu teria feito progressos mais rápidos em relação ao meu livro se tivesse adiado o retorno a ele até que tivesse assimilado completamente o dele." Hayek classificou o livro como "uma conquista original", que "ampliou a aplicação" da sua própria investigação e "levou efetivamente a abordagem para novos campos que nunca considerei". Ele também elogiou a capacidade de Sowell de analisar argumentos abstratos e teóricos em termos que podiam ser prontamente entendidos pela pessoa comum e não apenas por especialistas. "Embora a sua exposição da teoria econômica seja impecável e contenha diversas contribuições originais", Hayek concluiu que "a força do livro, a sua imponência e vivacidade, deve-se a ele sempre ter diante dos olhos os fenômenos concretos. Exemplos simples e vívidos nos conscientizam das implicações práticas de seus *insights* teóricos".

Como Buchanan, Hayek constatou o amplo escopo do livro, que considerou um atributo importante. Além de suas contribuições para a economia, Hayek escreveu bastante sobre psicologia e filosofia política. Ele acreditava que "um economista que é apenas um economista não pode sequer ser um bom economista". Embora "uma compreensão da ordem do mercado seja uma condição necessária para o entendimento da nossa civilização, é preciso possuir muito conhecimento de outros aspectos da civilização para compreender o que o mercado faz". Nesse sentido, Hayek considerou Sowell o pacote completo e julgou Knowledge and Decisions não só "o melhor livro sobre economia em muitos anos" e "fundamental para entender os assuntos atuais", mas também "uma importante obra filosófica".[239]

No entanto, em termos de avanço na carreira de Sowell, o elogio mais consequente a respeito do livro veio de Milton Friedman, que o considerou tão bom que o apresentou à Hoover Institution on

War, Revolution, and Peace, onde Friedman tinha ingressado depois de se aposentar na Universidade de Chicago em 1977. A instituição, que fica no *campus* da Universidade de Stanford, mas atua de maneira independente, foi fundada em 1919 por Herbert Hoover, ex-aluno de Stanford e futuro presidente dos Estados Unidos, com o objetivo de criar um arquivo sobre a Primeira Guerra Mundial e a Revolução Russa. Durante muitos anos, o foco principal foram as relações internacionais, mas sob a direção de W. Glenn Campbell na década de 1970, a instituição expandiu seu escopo. Atualmente, a biblioteca de documentos a respeito de movimentos políticos e sociais do século XX é um dos maiores arquivos privados dos Estados Unidos.

Ao longo do tempo, alguns dos principais acadêmicos do país se associaram à Hoover. Entre esses, incluíam-se os economistas ganhadores do Prêmio Nobel George Stigler, Gary Becker e Kenneth Arrow; os historiadores Robert Conquest, Peter Duignan e Lewis Gann; o cientista político Seymor Martin Lipset; o físico Edward Teller; e o filósofo Sidney Hook. No final da década de 1970, Sowell estava pronto para uma mudança e preparado para se juntar a eles. "Embora a minha carreira estivesse correndo bem em termos de reconhecimento acadêmico e convites para dar palestras e redigir artigos, lecionar na UCLA estava se tornando cada vez menos gratificante", ele escreveu posteriormente.[240] Nem mesmo a segurança da estabilidade no emprego era suficiente para compensar a intromissão incessante da administração, a política do *campus* e a virada geral para a esquerda da academia desde a década de 1960. Em virtude de *Knowledge and Decisions*, a Hoover fez uma proposta a Sowell que era boa demais para recusar: um cargo de pesquisador sênior sem exigências de docência, sem horários e sem deveres, o que lhe permitiria dedicar todo o seu tempo ao estudo e à escrita sobre qualquer assunto da sua escolha. Sowell descreveu a Hoover como "além de um refúgio para acadêmicos que se recusavam a marchar em sintonia ideológica com as modas da época, também era um refúgio para ideias que foram em grande medida banidas da academia e da imprensa, mas que não podiam ser obliteradas enquanto tivessem uma base a partir da qual fatos e análises inconvenientes podiam ser desenvolvidas e publicadas em livros, artigos, monografias e colunas de opinião".[241]

Para Sowell, a Hoover era o paraíso na terra, e ele se tornou de imediato um dos seus estudiosos mais proeminentes e produtivos. De tempos em tempos, Stanford e outras escolas tentavam atraí-lo de volta ao ensino, mas ele recusava as súplicas, assim como recusava propostas para ocupar diversos cargos políticos. Em vez disso, a década de 1980 viu Sowell proferindo mais palestras, dando mais entrevistas no rádio e na televisão, oferecendo testemunhos perante o Congresso e escrevendo uma coluna de jornal distribuída nacionalmente. Ele também promoveu uma conferência muito divulgada chamada "Black Alternatives" para oferecer pontos de vista diferentes daqueles de organizações tradicionais pelos direitos civis, com a NAACP. E o tempo todo, os livros continuavam saindo em um ritmo frenético. Entre 1981 e 1985, Sowell publicou cinco novas obras, a maioria delas focada em raça e etnia. Esses livros enfatizavam a importância do capital humano — habilidades, comportamentos e valores — na determinação do sucesso econômico de um grupo e expandiram uma análise que ele tinha apresentado pela primeira vez em *Race and Economics*, de 1975, e que culminaria com a publicação de *Race and Culture*, em 1994.

John Raisian, que dirigiu Hoover de 1989 a 2015, e que, por acaso, foi aluno de Sowell na UCLA na década de 1970, explicou o que Sowell significou para a Hoover. "Honestamente, as pessoas aqui o viam como alguém do primeiro time", ele me disse. "Ele era extremamente produtivo. Era muitíssimo bem-sucedido em termos de [vendas dos seus livros], muito acima de qualquer outra pessoa daqui em geral. Então, ele era um esteio. E era o ajuste ideal para a Hoover, porque a Hoover estava tentando educar as pessoas acerca de ideologia e os prós e contras, e ele era simplesmente um gênio nisso com os seus escritos." [242]

Ethnic America, livro de Sowell de 1981, um estudo a respeito dos maiores grupos raciais e étnicos dos Estados Unidos, atraiu muito mais atenção da mídia do que qualquer um dos seus livros anteriores e ajudou a aumentar a sua popularidade como intelectual público. Foi resenhado pelo *Wall Street Journal, Washington Post, Time* e *Newsweek*, e apareceu na primeira página da seção de resenha de livros do *New York Times*. Em uma participação no programa de assuntos de interesse público, *Tony Brown's Journal*, para promover *The Economics and Politics of Race*, de 1983, continuação de *Ethnic America*, Sowell explicou como os traços culturais tendem a seguir um grupo aonde quer que ele vá e têm muito mais influência no progresso econômico do que como o grupo é tratado pela sociedade em geral. Nesse sentido, ele argumentou, não somos produtos do nosso ambiente, mas sim produtos da nossa cultura, que abrange mais do que nosso entorno imediato. Assim, é possível encontrar "o mesmo grupo tendo as mesmas características em país após país", ele disse. Os "alemães produziram os primeiros pianos na Austrália. Eles criaram a indústria dos pianos nos Estados Unidos. Construíram os primeiros pianos na Inglaterra. Eles construíram os primeiros pianos na Rússia. Veja os chineses. No que se especializam na faculdade na Malásia é no que eles se especializam na faculdade nos Estados Unidos. (…) Portanto, a noção de que o grupo é produto de criação da sociedade — que a sociedade moldou o grupo — simplesmente não resiste aos fatos".[243]

Os livros badalados de Sowell e as suas aparições na mídia durante esse período também chamaram a atenção de uma nova geração de pensadores negros. Gerald Early, professor de língua inglesa e estudos negros na Universidade Washington em St. Louis, me disse que *Ethnic America* foi a sua introdução a Sowell e que o livro causou grande impressão no início da década de 1980 entre os seus colegas. "Muita gente leu e falou a respeito", ele afirmou. "A coisa sobre Sowell que o tornava realmente diferente não era apenas o fato de que ele era conservador, mas também que era economista. Muito do debate das ciências sociais do seu lado negro — dos negros que eu conhecia dos círculos das ciências sociais — estava sendo dominado principalmente pelas pessoas que estavam na sociologia."

Early disse que mesmo as pessoas que discordavam de Sowell podiam apreciar a perspectiva de uma disciplina diferente. "Havia o conjunto de intelectuais negros que havia publicado, que havia dominado e que havia criado uma espécie de ortodoxia a respeito disso a partir do lado liberal", ele afirmou, citando figuras de meados do século XX como E. Franklin Frazier e Kenneth Clark. "Além disso, tinha uma onda de pessoas entrando na academia por meio de programas de estudos negros e que estavam defendendo algo ainda [mais] à esquerda. Sowell era algo novo porque era economista e estava indo contra a ortodoxia do momento." Early revelou que a objetividade da prosa de Sowell aumentou o seu apelo:

Você pensa: "Tenho que vestir a armadura e lutar através dessas páginas", mas ele é um escritor muito claro. O livro é agradável de ler. Conhecia muitos negros que não eram acadêmicos e que tinham ouvido falar dele e estavam lendo as suas coisas porque eram acessíveis. (…) Fiquei impressionado porque Sowell tinha mesmo um certo tipo de maestria para fazer o tipo de coisa que ele estava fazendo. Ele tinha uma espécie de domínio além da economia, sociologia, história e outros campos para fazer o tipo de coisa abrangente que estava fazendo. Quer concorde totalmente ou não com as suas ideias, era impressionante o que ele estava fazendo. Quem diria que um economista poderia escrever essas coisas?[244]

Nessa época, Sowell também estava consolidando a sua reputação como grande debatedor. Ele confrontava os jornalistas no ato e brigava com os críticos quando considerava que ele ou a sua obra estavam sendo deturpados. Em 1981, participou do programa *Meet the Press,* onde enfrentou as perguntas do moderador, Bill Monroe, e também do grupo de jornalistas antagônicos, incluindo Marvin Kalb, que posteriormente se tornaria diretor da escola de jornalismo da Universidade Columbia. Quando um dos jornalistas introduziu uma pergunta afirmando que "os negros progrediram mais nos últimos dezessete anos do que em qualquer outro momento da história, progresso que se deu em grande medida como resultado dos programas sociais do governo naquele período, entres eles as políticas públicas", Sowell retrucou: "Discordo completamente de você com base em seus fatos." Ele acrescentou: "Ao analisar políticas públicas, não vejo negros ou hispânicos ascendendo relativamente à população em geral sob a ação afirmativa. Considero que há muitas afirmações e conclusões precipitadas que são expressas repetidas vezes, mas a repetição não substitui os fatos."

Solicitado a explicar a diferença entre a sua postura para abordar a desigualdade racial e a das organizações pelos direitos civis tradicionais, Sowell respondeu: "Tenho muito mais confiança no que os negros podem fazer, se tiverem a oportunidade, do que algumas outras pessoas parecem ter. Essas pessoas parecem achar que os negros devem ser conduzidos pela mão ou então receber algo diretamente do governo. Considero que, uma vez que as oportunidades estejam presentes, os negros aproveitariam ao máximo essas pequenas oportunidades disponíveis historicamente, e não vejo razão para não continuarmos a tirar proveito das oportunidades mais amplas."

Quando um dos jornalistas do grupo afirmou que "a história nos mostrou que, quando o governo não assumiu as responsabilidades de proporcionar ascensão social, igualdade e justiça aos negros, ninguém as assumiu", Sowell o repreendeu. "O governo tem sido bastante ativo em reprimir o progresso dos negros nos Estados Unidos, assim como em alguns outros países", ele explicou. "A grande conquista das organizações pelos direitos civis foi tirar o governo das costas dos negros, sobretudo no sul com as leis de segregação racial. (...) Onde tentaram fazer com que o governo desempenhasse um suposto papel positivo, foi onde não apenas falharam, mas também tiveram resultados contraproducentes."[245]

Depois que o programa foi exibido, ele recebeu uma carta do moderador, Bill Monroe, que o agradeceu por sua presença como convidado. "Os jornalistas, incluindo eu mesmo, pareceram um pouco despreparados", Monroe escreveu. "Mas mesmo que não tenha sido tão bom quanto poderia ter sido, teve bastante eletricidade. As cartas que recebemos deixaram isso claro. Cerca de sessenta por cento delas manifestaram receptividade empolgada a você e ao que você tinha a dizer. (Essa é uma proporção favorável muito maior do que a normal.) Cerca de vinte por cento expressaram indignação com a sua posição de que os negros não precisam de ajuda do governo. E cerca de vinte por cento afirmaram que o grupo de jornalistas, Marvin em particular, mas todos nós em geral, fomos superados intelectualmente. (...)"[246]

Em 1980, a televisão pública transmitiu *Free to Choose*, série de dez episódios apresentada por Milton Friedman acerca das virtudes do livre mercado. Em um segmento sobre o impacto do estado de bem-estar social na classe baixa, diversos convidados liberais sustentaram que o maior problema era o próprio capitalismo, que eles disseram necessitar de intervenção governamental porque o sistema de livre mercado deixa muitas pessoas mergulhadas na pobreza. Quando foi a vez de Sowell responder, ele disse que o problema era menos a respeito das deficiências do capitalismo e mais a respeito dos incentivos perversos criados pela generosidade governamental. Ele afirmou que os pobres, assim como todas as pessoas, avaliam custos e benefícios ao tomar decisões. E se o governo optasse por subsidiar a pobreza, resultaria que as fileiras de pobres aumentariam. "O que o sistema de bem-estar social e outros tipos de programas governamentais estão fazendo é pagar às pessoas para fracassar. Na medida em que fracassam, elas recebem o dinheiro. Na medida em que têm sucesso, mesmo de forma moderada, o dinheiro é retirado", ele disse. "Isso se estende até mesmo ao sistema escolar, onde dão dinheiro para as escolas que apresentam desempenho insatisfatório. Na medida em que a escola melhora o seu desempenho educacional, o dinheiro é retirado, de modo que estamos subsidiando pessoas para fracassar em suas vidas privadas e se tornarem mais dependentes das esmolas."[247]

Sowell ampliou o ataque contra a eficácia dos programas governamentais para os pobres em uma participação, em 1981, em *Firing Line*, de William F. Buckley, dizendo: "Não consegui encontrar um único país no mundo onde as políticas defendidas para os negros norte-americanos tiraram qualquer pessoa da pobreza." Ele também se opôs ao argumento de que o sexismo explicava a desigualdade salarial entre gêneros. "Afirmações foram feitas, não apenas sem que nenhuma evidência fosse apresentada, mas sem que ninguém pedisse evidências, como se fossem verdades evidentes que tivessem descido pela encosta da montanha", ele afirmou. As pessoas "dizem que as mulheres ganham X por cento do salário dos homens sem se preocupar em descobrir qual porcentagem dessas mulheres estão trabalhando meio período, que porcentagem dessas mulheres está reingressando na força de trabalho depois de ter filhos etc., em vez de dizer, vamos comparar mulheres que optaram por permanecer na força de trabalho continuamente desde o ensino médio até a casa dos trinta anos, por exemplo, com os homens que fizeram o mesmo, e vamos ver como eles se comparam. E aí, essas grandes diferenças tendem a desaparecer. Em alguns casos, as mulheres ganham mais".[248] Posteriormente, no mesmo programa, durante um debate com a advogada e proeminente feminista Harriet Pilpel, ocorreu o seguinte diálogo:

Pilpel: Você acha que se todos os programas de políticas públicas fossem descontinuados, as mulheres e as minorias avançariam muito mais rápido do que sob os programas de ação afirmativa?

Sowell: Sim. Não é a minha opinião. Os dados indicam que, por exemplo, os porto-riquenhos tinham uma porcentagem maior da renda média antes das cotas do que depois. Assim como os mexicanos-americanos. Os negros tinham mais ou menos a mesma renda.

Pilpel: Bom, [as políticas públicas] certamente foram uma revolução no que diz respeito à participação das mulheres na força de trabalho.

Sowell: Na verdade, não.

Pilpel: Sei disso a partir do meu próprio conhecimento.

Sowell: Não, você não sabe disso a partir do seu próprio conhecimento porque eu analisei a mesma coisa. E no passado, havia mulheres com representação excessiva em diversas profissões, muito mais do que hoje. E há um declínio [entre as mulheres] nessas profissões [que está] muito mais altamente correlacionado com uma menor idade de casamento para mulheres universitárias e com mais filhos. E como essas duas coisas — esses dois fatores demográficos — mudaram, as mulheres também mudaram em sua representação.[249]

Sowell não era menos agressivo ao se defender na imprensa. Ele publicou *Markets and Minorities*, um livro curto sobre os efeitos econômicos da discriminação racial, no mesmo ano em que *Ethnic America* foi publicado. A *New York Review of Books* publicou uma resenha longa e bastante crítica de ambos os livros de autoria do sociólogo Christopher Jencks. Na sequência, os editores ofereceram a Sowell a oportunidade de responder, mas ele estava saindo de férias na época e inicialmente não queria ser incomodado. "Eu tinha trabalhado muito e estava me preparando para ir a Yosemite", Sowell me contou. "Então alguém me disse: 'Se você não responder, dirão que você não quis responder'. Assim, escrevi uma resposta e quase detonei Jencks."[250]

Sowell começou a responder de maneira detalhada e bastante divertida, citando vários exemplos em que Jencks colocou palavras em sua boca. Então, mencionou trechos dos livros que refutavam diretamente as afirmações de Jencks. De acordo com Jencks, Sowell tinha dito que a discriminação "tende a desaparecer quando os mercados se tornam competitivos" e que "a discriminação atual no mercado não tem efeito sobre os ganhos dos negros". Na verdade, *Markets and Minorities* afirmou que a "competitividade do mercado precifica a discriminação, reduzindo-a, mas não necessariamente a eliminando". E um leitor procurará em vão em *Ethnic America* por afirmações de que a discriminação não existe ou não tem impacto sobre a renda dos negros. No livro, Sowell escrevera: "A questão aqui não é resolver definitivamente a questão de quanto as diferenças intergrupais de renda, aceitação social etc. se deviam ao comportamento e às atitudes de grupos étnicos específicos e quanto se deviam ao comportamento e às atitudes da sociedade em geral. O problema é que esta é uma questão complexa, e não um simples axioma."[251] A questão não é se as pessoas são discriminadas. A questão é até que ponto a discriminação pode explicar as diferenças nos resultados. A tese do livro é que grupos diferentes trouxeram culturas diferentes para os Estados Unidos e que essas culturas internas desempenharam um papel maior na forma como esses grupos se saíram do que a maneira pela qual foram tratados por outros grupos. Sowell não estava dizendo que a discriminação era irrelevante, mas sim que a discriminação por si só era uma explicação insuficiente da desigualdade social.

A resenha de Jencks foi um dos primeiros exemplos das diversas linhas de ataque que seriam usadas contra Sowell no restante da sua carreira. Sobretudo, mostrou um *método* de ataque favorito. Frequentemente, os detratores preferiam responder ao que Sowell estava supostamente "sugerindo" ou "insinuando". Eles especulavam a respeito do que ele "realmente" queria dizer ou do que estava dizendo "de fato". Isso permitia que distorcessem as posições de Sowell e então respondessem à distorção, em vez de abordar o que ele realmente disse. Como Sowell explicou: "As pessoas costumam dizer

143

que estou negando a existência do racismo. Pelo contrário, o racismo existe em todos os lugares do mundo, ao longo da história. Essa é uma das razões pelas quais é difícil usá-lo como explicação empírica para alguma coisa. Nos Estados Unidos, por exemplo, os porto-riquenhos têm renda menor do que os negros. Não conheço ninguém que acredite que os porto-riquenhos enfrentem mais discriminação do que os negros. Com certeza, deve haver algo mais envolvido além da discriminação".[252]

No caso de Jencks, nem sequer fica claro se ele leu os livros resenhados na íntegra. O seu artigo, que tinha cerca de doze mil palavras, não fazia referência a nada além do primeiro capítulo de *Ethnic America*. Na verdade, ele foi além da mera distorção e simplesmente inventou coisas, escrevendo a certa altura que "Sowell pede paciência". Sowell assinalou em sua resposta que "eu nem sequer discuti tal coisa em nenhum dos livros" e acrescentou: "Mas no primeiro livro que escrevi sobre o assunto [*Race and Economics*], eu disse no início: 'A história (…) apoia pouco a visão de que o tempo erode automaticamente as aversões raciais, os medos e as animosidades, ou mesmo amansa o comportamento manifesto de tais sentimentos'." Nem o tempo mudaria o comportamento dos críticos de Sowell, que continuariam a deturpar intencionalmente, simplificar demais e descaracterizar as suas opiniões nas décadas seguintes. Ao *New York Review of Books* deu a Jencks a última palavra. "Deixe-me começar com um pedido de desculpas", ele escreveu. "Eu não devia ter dito que o professor Sowell 'pede paciência'. Ele não pede."[253]

CAPÍTULO 6

AS VISÕES DE SOWELL

"Esse cara é o nosso Hayek!"

Quando entrei em contato com Steven Pinker para discutir a obra de Sowell e o seu legado como intelectual público, ele mencionou o artigo da *New York Review of Books* do início da década de 1980 e disse que foi por meio dele que ele se deparou com o nome de Sowell. Mal sabia ele, na época, que um dia os dois se tornariam bons amigos. Pinker, psicólogo evolucionista de Harvard, é mais conhecido por suas consagradas publicações sobre ciência e natureza humana. No entanto, seus estudos iniciais se concentraram no desenvolvimento da linguagem e, especificamente, em como as crianças aprendem a falar. Foi assim que conheceu Sowell há um quarto de século.

Em 1993, Sowell escreveu um artigo inusualmente pessoal a respeito do seu filho, John, que tinha acabado de se formar na faculdade. O artigo relatava como John fora rotulado erroneamente por algumas pessoas quando criança porque só havia começado a falar com quase quatro anos de idade. Ele era um menino normal sob outros aspectos — brincalhão, curioso, travesso — e não falar não parecia incomodá-lo nem um pouco. No entanto, isso provocou bastante ansiedade a seus pais, sobretudo porque ninguém conseguia explicar a eles qual era o problema. Os professores, os vizinhos e os funcionários da creche achavam que John talvez tivesse algumas deficiências intelectuais, mas os especialistas não encontraram tais indícios. Era evidente que o menino entendia o que era dito a ele e conseguia seguir instruções. Além disso, os testes mostraram que ele era extraordinariamente brilhante e tinha uma memória excelente.

"Nenhum dos profissionais que consultei apresentou sugestões construtivas, e tentar ensiná-lo a falar não deu em nada", Sowell escreveu. Finalmente, John começou a falar por conta própria quando faltavam três meses para o seu quarto aniversário. "Anos depois, fiquei sabendo que há todo um grupo de meninos que possuem exatamente o mesmo padrão de desenvolvimento do meu filho. É um padrão inato e geralmente inclui habilidades especiais em matemática, música e memória." Sowell apresentou a experiência como uma história exemplar para outros pais, a quem exortou que ficassem "atentos" para que os filhos não fossem rotulados incorretamente e possivelmente encaminhados para programas de educação especial aos quais talvez não pertencessem e dos quais talvez nunca saíssem. John acabou sendo um estudante de matemática especialmente talentoso e obteve o seu diploma universitário em ciência da computação.[254]

Após a publicação do artigo, Sowell recebeu uma avalanche de cartas de outros pais de crianças com atraso na fala e finalmente decidiu escrever um livro sobre o assunto. Foi quando se aproximou de Steven Pinker. "Como uma das minhas especialidades é o desenvolvimento da linguagem em crianças, Sowell me enviou a coluna e perguntou se eu mesmo estudava a síndrome ou conhecia pessoas que estudavam", Pinker me contou. *Late-Talking Children*, o livro de Sowell sobre o assunto, foi publicado em 1997, e uma continuação, *The Einstein*

Syndrome: Bright Children Who Talk Late, foi publicada quatro anos depois. Sowell e Pinker logo descobriram que compartilhavam outros interesses além de fonoaudiologia, incluindo fotografia, e se seguiram diversos safáris fotográficos juntos. Em uma das visitas de Pinker à área da baía de San Francisco, onde Sowell vivia, os dois apaixonados por fotografia alugaram um helicóptero e tiraram fotos aéreas de San Francisco. Pinker também ficou sabendo que os dois compartilhavam um interesse intelectual por teorias da natureza humana e que Sowell escrevera bastante sobre o assunto. Sowell tinha se voltado para o tema em meados da década de 1980, depois de passar a primeira parte da década escrevendo principalmente a respeito de raça e etnia.

"Depois de conhecê-lo para falar de crianças com atraso de fala, fiquei bastante curioso para começar a ler alguns dos seus livros", Pinker revelou. Muitas pessoas conhecem Sowell principalmente por meio dos seus textos sobre cultura e raça, mas os seus livros sobre história intelectual e teoria social foram os que inicialmente chamaram a atenção de Pinker. Ele começou com *A Conflict of Visions*, de 1987, e depois leu *The Vision of the Anointed*, de 1995, e *Knowledge and Decisions*. Pinker estava trabalhando em seu próprio livro acerca da natureza humana, *The Blank Slate* [*Tábula rasa*], que acabaria por ser publicado em 2002, e os livros anteriores de Sowell provaram ser um recurso valioso. "É senso comum que as ideologias de esquerda e de direita dependem de concepções diferentes da natureza humana. Eu quis investigar essa ligação, e ninguém fez isso melhor do que Tom", ele disse. "Como roteiro geral para a ideologia política e como elas se ligam às teorias da natureza humana, considerei que [os livros] eram profundos e muito bem documentados e, para mim, extremamente úteis. Um dos capítulos em *The Blank Slate*, o intitulado 'Política', baseou-se em parte na análise dele."[255]

Entre as suas dezenas de livros, Sowell costuma se referir a *A Conflict of Visions* como o seu preferido. "É mais meu do que todo o resto", ele disse em uma entrevista de 1990 para a C-SPAN. "Em outras palavras, não se baseia em qualquer teoria que alguém tenha, ou em qualquer coisa que já exista na literatura. É uma tentativa de explicar por que as pessoas chegam a posições ideológicas diferentes umas das outras. Por que pessoas igualmente bem-informadas e igualmente bem-intencionadas chegam a conclusões opostas, não apenas em um determinado assunto, mas em toda uma série de questões." Vinte e cinco anos depois, o livro ainda era o seu preferido. "Ele faz algo que não sei se algum outro livro faz. Ele tenta mostrar pressupostos implícitos por trás de visões conflitantes", Sowell me disse. "Também mostra que essas visões não são aleatórias. Há todo um conjunto de visões que caminham juntas mesmo que os temas não tenham ligação interna: gastos militares e ambientalismo. Política monetária e leis sobre drogas. Controle de aluguéis e tudo mais. Isso implica que há algum conjunto de pressupostos que une essas visões, e eu tento mostrar quais são esses pressupostos."[256] Na realidade, o livro pode ser mais do que isso. Se *A Brief History of Time* [*Uma breve história do tempo*], de Stephen Hawking, aproximou leigos em física do entendimento da teoria unificada de como o universo funciona, e *The Selfish Gene* [*O gene egoísta*], de Richard Dawkins, fez o mesmo para a explicação darwiniana de como as criaturas evoluem, *A Conflict of Visions*, de Sowell, fez algo semelhante a respeito de como as pessoas pensam sobre política e políticas públicas.

O livro é o primeiro de uma trilogia informal — *The Vision of the Anointed* e *The Quest for Cosmic Justice*, de 1999, são os outros dois — publicados ao longo de um período de treze anos, e remonta aos seus primeiros textos sobre a história das ideias. É a tentativa de Sowell de esquematizar uma metodologia para explicar o que impulsiona nossas disputas ideológicas a respeito da natureza da razão, liberdade, igualdade, justiça e poder. Ele postula que nossos debates campais, que abarcam não só séculos, mas também continentes, resultam principalmente de duas concepções conflitantes de sociedade e de como o mundo funciona. As "visões" contrastantes, como ele usa o termo, referem-se aos pressupostos implícitos que orientam o pensamento de uma pessoa. São pressentimentos ou intuições o que sentimos a respeito de um assunto, por vezes até antes de sabermos o suficiente para ter uma opinião formada. Por um lado, temos a visão "restrita" ou "trágica", que enxerga a humanidade como irremediavelmente imperfeita. Quando o jurista libertário Richard Epstein escreve que o "estudo das instituições humanas sempre é uma busca pelas imperfeições mais toleráveis", ele expressa uma visão restrita do mundo que remonta a centenas de anos.[257] É uma visão sintetizada na conhecida declaração de Immanuel Kant de que "da madeira torta da humanidade, nenhuma coisa verdadeiramente reta pode ser feita", e na afirmação de Burke de que "não podemos mudar a natureza das coisas e dos homens, mas devemos agir sobre eles o melhor que pudermos".

Aqueles com uma visão trágica tendem a ver limites para o aperfeiçoamento humano. Livrar o mundo da guerra, do crime ou do preconceito, por mais desejável que seja, não é realista. Portanto, o foco deve estar na criação de instituições e processos — defesas militares, o estado de direito, eleições livres e justas —, que nos ajudem a lidar com esses problemas, entendendo que é improvável que os eliminemos:

Na visão trágica, o sofrimento individual e os males sociais são inerentes às deficiências inatas de todos os seres humanos, sejam essas deficiências de conhecimento, sabedoria, moralidade ou coragem. Além disso, os recursos disponíveis sempre são inadequados para atender a todos os desejos de todas as pessoas. Assim, não há "soluções" na visão trágica, mas apenas trade-offs que ainda deixam muitos desejos insatisfeitos e muita infelicidade no mundo. O que é necessário nessa visão é um senso de prudência de como fazer os melhores trade-offs a partir das opções limitadas disponíveis, e uma compreensão de que "necessidades não satisfeitas" necessariamente permanecerão — que tentar satisfazer essas necessidades em série [uma após a outra] apenas priva outras pessoas de outras coisas, de modo que uma sociedade que segue tal política é como um cachorro correndo atrás do próprio rabo. Considerando essa visão, soluções específicas para problemas específicos são muito menos importantes do que ter e manter os processos corretos para fazer trade-offs *e corrigir erros inevitáveis. Para aqueles com visão trágica, a integridade dos processos é fundamental — muito mais do que causas específicas.*[258]

O oposto da visão restrita é uma visão "irrestrita" ou "utópica" da condição humana, que rejeita a ideia de limites inerentes a respeito do que pode ser alcançado. A humanidade é vista como basicamente perfectível, no sentido de que, por meio da razão e da força de vontade, podemos nos aproximar cada vez mais da perfeição, mesmo que nunca a alcancemos. Portanto, os *trade-offs* são desnecessários. Os problemas sociais não podem ser simplesmente administrados, mas sim resolvidos. A engenhosidade vencerá a escassez, e nada é inatingível para todos que querem isso. Quando o senador Robert F. Kennedy disse: "Alguns homens veem as coisas como são e perguntam: 'por quê?'; eu sonho com coisas que nunca existiram e pergunto: 'por que não?'", ele estava expressando a visão irrestrita. Assim como o dramaturgo e crítico social George Bernard Shaw, quando escreveu que o sofrimento humano "não é incurável nem muito difícil de curar quando diagnosticado cientificamente".[259]

Assim como a visão trágica, as origens ideológicas da visão utópica remontam a centenas de anos. Quando o filósofo Jean-Jacques Rousseau escreveu em *O contrato social*, de 1762, que o homem "nasce livre", mas "está em toda parte acorrentado", e que "os homens não são inimigos naturais", ele estava expressando uma visão utópica de que os nossos problemas se originam não de nossa natureza imperfeita, mas sim das instituições que construímos. Sowell rastreia os debates atuais sobre "justiça social" pelo menos até o tratado *Enquiry Concerning Political Justice*, do jornalista e filósofo político britânico William Godwin, publicado em 1793. Em uma análise social que ainda prevalece hoje entre aqueles com uma visão irrestrita, Godwin afirmou que "a nossa dívida para com os nossos semelhantes" inclui "todos os esforços que poderíamos fazer para o bem-estar deles e todo o alívio que poderíamos suprir para as suas necessidades".[260] Ele escreveu: "Não possuímos um talento, nem um momento de tempo, nem um xelim de propriedade (…) que não somos obrigados a pagar ao banco geral da vantagem comum." Não temos "o direito, como foi expresso, de fazer o que quisermos com o que é nosso", de acordo com Godwin. "Na realidade, a rigor não temos nada que seja nosso."[261] Earl Warren, o chefe da justiça dos Estados Unidos de 1954 a 1969, era conhecido por interromper os advogados que argumentavam diante da Suprema Corte para perguntar: "Mas será que está *certo*? Isso é *bom*?". Sua abordagem pode ser comparada com a do juiz Oliver Wendell Holmes, que atuou na Suprema Corte de 1902 a 1932 e expressava uma visão muito mais restrita da jurisprudência. Holmes afirmou que o seu papel principal como juiz era "aplicar a lei" e "ver se o jogo é jogado de acordo com as regras, quer eu goste delas ou não". Os filósofos Adam Smith (1723-1790) e John Rawls (1921-2002) escreveram a respeito da justiça, mas tinham concepções muito diferentes dela. "Para Smith, era fundamental para a própria existência e sobrevivência de qualquer sociedade que houvesse alguma ordem previsível, com algum grau de princípio moral, para que as pessoas pudessem seguir a vida com a mente em paz e não se destruir mutuamente e toda a ordem social com conflitos incessantes sobre a distribuição de benefícios financeiros ou outros", Sowell escreveu. "Para Rawls, em qualquer sociedade que avança além de um certo mínimo de requisitos físicos, mais justiça era categoricamente mais importante do que mais de qualquer outro benefício — mais importante do que o progresso material adicional, realização artística ou segurança pessoal ou nacional." Na visão restrita de Smith, "certa medida de justiça era um pré-requisito para a sobrevivência social, mas, além desse ponto, a justiça era simplesmente um entre muitos benefícios sociais e individuais a serem pesados uns contra os outros". Porém, na visão irrestrita de Rawls, "a justiça continuava sendo o benefício primordial em qualquer sociedade que pudesse ser considerada civilizada".[262]

A Conflict of Visions não mostra simplesmente diferenças semânticas entre intelectuais notáveis ao longo dos tempos. O livro também explica por que as pessoas que participam de manifestações contra a polícia tendem a apoiar impostos mais altos sobre os ricos e sistema de saúde universal, e como essas posições podem remontar a uma visão utópica da condição humana delineada por homens que nasceram antes mesmo dos Estados Unidos. Além disso, explica por que as pessoas que se opõem ao ativismo judicial tendem a apoiar políticas econômicas de livre mercado e fazem isso sob uma estrutura de pensamento esquematizada séculos atrás por gente como Edmund Burke e Adam Smith, cujos textos provavelmente nunca leram. As duas revoluções políticas mais significativas do século XVIII ocorreram na França e nos Estados Unidos, e Sowell as utiliza para ilustrar como essas visões diferentes ajudaram a moldar esses acontecimentos e, portanto, o curso da história:

> *Enquanto [o político francês] Robespierre ansiava pelo fim do derramamento de sangue revolucionário, "quando todas as pessoas se tornariam igualmente devotadas ao seu país e às suas leis", Alexander Hamilton, em The Federalist Papers [O federalista] considerava a ideia de ações individuais "imparciais mediante considerações não ligadas ao bem público" como uma perspectiva "mais ardentemente desejada do que seriamente esperada". Robespierre buscou uma solução, enquanto Hamilton, um trade-off.*
>
> *A Constituição dos Estados Unidos, com seus elaborados freios e contrapesos, refletiu claramente a visão de que nunca se deve confiar completamente em alguém com poder. Isso estava em nítido contraste com a Revolução Francesa,*

que deu amplos poderes, incluindo o poder de vida e morte, para aqueles que falavam em nome do "povo", expressando a "vontade geral" rousseauniana. Mesmo quando amargamente desapontados com líderes específicos, que eram então depostos e executados, os adeptos dessa visão não mudavam substancialmente os seus sistemas ou crenças políticos e viam o mal como localizado em indivíduos que tinham traído a revolução. (...) Para os federalistas, o mal era inerente ao homem, e as instituições eram simplesmente formas de tentar lidar com ele.[263]

Em suas duas obras afins, *The Vision of the Anointed* e *The Quest for Cosmic Justice*, Sowell se concentra nos méritos e nas consequências dessas visões, e ambos os livros, como resultado, são mais polêmicos. Em *A Conflict of Visions*, ele não tenta esconder a própria visão trágica, mas o objetivo é descrever as duas visões o mais claramente possível, em vez de defender uma ou outra. E essa análise descritiva inclui avaliar o vocabulário que as pessoas utilizaram ao longo do tempo para articular os seus pontos de vista:

Palavras e conceitos que giraram em torno da intenção — "sinceridade", "compromisso", "dedicação" — foram fundamentais para discussões dentro da estrutura da visão irrestrita durante séculos, e as políticas buscadas por essa visão foram descritas frequentemente em termos dos seus objetivos almejados: por exemplo, "liberdade, igualdade, fraternidade", "acabar com a exploração do homem pelo homem" ou "justiça social". Porém, na visão restrita, onde a capacidade do homem de consumar diretamente as suas intenções é muito limitada, as intenções significam muito menos. Burke se referiu aos "efeitos benéficos das falhas humanas" e às "consequências nocivas presentes nas Virtudes mais indubitáveis". Toda a doutrina econômica do laissez-faire *de Adam Smith presumia implicitamente a mesma falta de correspondência entre intenção e efeito (...)*

Na visão restrita, os processos sociais são descritos não em termos das intenções ou objetivos finais, mas em termos das características sistêmicas considera-das necessárias para contribuir para esses objetivos — por exemplo, "direito de propriedade", "livre iniciativa" ou "interpretação estrita" da Constituição. Não

é apenas que existem objetivos diferentes nas duas visões, mas, mais fundamental-
mente, que os objetivos se relacionam com coisas diferentes. A visão irrestrita fala
diretamente em termos dos resultados desejados, enquanto a visão restrita, em ter-
mos das características do processo consideradas propícias aos resultados desejados,
mas não diretamente ou sem muitos efeitos colaterais desagradáveis, que são aceitos
como parte de um trade-off. [264]

Sowell não só pensou por meio dos argumentos, como também pensou por meio dos pressupostos que sustentam os argumentos, afirmou Peter Boettke, professor de economia e filosofia na Universidade George Mason, especializado na história do pensamento econômico. "Considero que o livro *Conflict of Visions* é a ideia principal. Que a visão restrita *versus* a visão irrestrita do homem descreve tudo sobre o que ele pretende", ele disse. "Há uma diferença em reconhecer que enfrentamos restrições, e que, se enfrentamos restrições, enfrentamos *trade-offs*. E é tudo uma questão de negociar os *trade-offs* e que instituições precisamos para negociar *trade-offs*. *Versus* as pessoas que consideram que não temos que fazer *trade-offs*."

Boettke citou o comentário de Sowell de que a primeira regra da economia é a escassez — nunca há o suficiente de alguma coisa para aplacar todos aqueles que querem tê-la —, e a primeira regra da política é ignorar a primeira regra da economia. "O gracejo de Sowell é tão relevante hoje como sempre foi", ele disse. "O Green New Deal, a justiça social. Esse é o problema que ele identifica em *The Quest for Cosmic Justice* e o problema que todos ainda enfrentamos." Em certo sentido, Boettke observou, Sowell e os seus críticos estão falando um do outro. "Se você adotar a visão irrestrita, a lógica e a evidência não serão os seus fatores determinantes. O que será o seu fator determinante é uma estética", ele observou:

Você pensa a respeito dos teóricos apocalípticos de hoje e ontem. O que eles
têm em comum é o que passam todo o tempo fazendo, que é retratar uma estética

do mundo para nós — a feia realidade de hoje versus a promessa desse mundo do futuro em que não há trade-offs. Então, quando Sowell responde a isso, forçando-os a pensar em trade-offs, lógica e evidência, não é persuasivo para o que importa é que a estética é bela, e essa é a justiça cósmica deles.[265]

Boettke, que estudou com James Buchanan, economista ganhador do Prêmio Nobel, disse que esses são os textos de Sowell que perdurarão: "Meu professor Jim Buchanan costumava dizer: 'Você quer ser lido hoje, em dez anos ou em cem anos?' Acho que ainda vamos continuar lendo Sowell daqui a cem anos."[266]

Naturalmente, séculos de teoria social não podem ser reduzidos a dois campos, e Sowell não pretende o contrário. Tampouco sustenta que "democrata" e "republicano" ou "progressista e conservador" são substitutos perfeitos para "utópico" e "trágico" ou "irrestrito" e "restrito". Na verdade, ele adverte contra fazer isso, enfatizando "as armadilhas de converter mecanicamente as visões irrestritas e restritas em esquerda e direita políticas".[267] Os textos de filósofos como John Stuart Mill e Karl Marx são híbridos das duas visões. Thomas Jefferson foi um dos primeiros defensores da Revolução Francesa, mas, no final das contas, apoiou a separação de poderes consagrada na Constituição norte-americana.

"Nem toda disputa ideológica se encaixa no esquema [de Sowell]", Stephen Pinker escreveu em *The Blank Slate*. "Porém, como dizemos nas ciências sociais, ele identificou um fator que pode explicar uma grande proporção da variância." Pinker também ressaltou a relevância contínua da análise de Sowell. "Algumas das batalhas atuais entre direita e esquerda derivam diretamente dessas diferentes filosofias", ele observou, citando discussões acerca de impostos, comércio e desigualdade racial. "Outras batalhas resultam de forma menos óbvia das visões opostas do potencial humano. A Visão Trágica enfatiza os deveres fiduciários, mesmo quando a pessoa que os executa não consegue perceber o seu valor imediato, porque possibilitam que seres imperfeitos que não conseguem ter certeza da sua virtude ou presciência participem de um sistema testado. A Visão Utópica enfatiza a responsabilidade social, em que as pessoas mantêm as suas ações em um padrão ético mais elevado.[268]

Pinker é mais liberal politicamente do que Sowell, mas ele me disse que ler *A Conflict of Visions, The Vision of the Anointed, The Quest for Cosmic Justice* e outras obras de Sowell lhe deu uma compreensão mais profunda e útil a respeito do processo de pensamento conservador. "Para mim, foi uma espécie de revelação", ele revelou. "Como passei a vida adulta no tipo de casulo liberal de Cambridge, em Massachusetts, eu nunca tinha realmente visto uma exposição cuidadosa de vários pontos de vista associados à direita e muitas vezes, eu acho, incompreendidos e caricaturados pela esquerda." Pinker revelou que "nunca foi extremamente político", mas considerou que "se tornou mais eclético politicamente" depois de ler Sowell. Em particular, ele "se tornou mais simpático à lógica por trás das economias de mercado". Como outros leitores atentos das obras de Sowell sobre a história das ideias, Pinker acredita que tais obras são o que melhor o distingue como intelectual, mesmo que os seus textos sobre temas raciais e políticos contemporâneos tenham atraído mais atenção.

"As colunas jornalísticas difundem as suas ideias para certo grupo de admiradores, mas podem tê-lo excluído da comunidade intelectual, estigmatizando-o como um ideólogo em vez de um acadêmico abrangente, o que eu considero que é o que ele realmente é", Pinker afirmou. "Espero que o polemista político dentro dele não ofusque o pensador, porque, quer dizer, sou professor há 37 anos, passei a minha vida em Harvard, Stanford e no MIT e, sem dúvida, considero Tom como uma das pessoas mais brilhantes que já conheci e um dos pensadores mais profundos."[269]

Cada livro da trilogia informal de Sowell sobre a história das ideias é autônomo, mas o que representam coletivamente é um longo discurso sobre os métodos de pensar acerca da natureza do homem. Eles são a sua tentativa de explicar por que as coisas são do jeito que são e por que nossas discussões a respeito das políticas públicas se desviaram em certas direções nos últimos duzentos anos. Além disso, essas obras são guias fundamentais das motivações de Sowell, quer o tema seja controle do crime, política educacional, questões internacionais, preferências raciais, lei antitruste ou algum outro assunto contemporâneo. Elas propiciam o entendimento mais profundo de sua abordagem para processar o mundo ao seu redor.

A crítica de Sowell ao conceito de construção de nação, por exemplo, está enraizada na crença de que todo esse conceito "é um equívoco elementar. As nações podem crescer e evoluir, mas não podem ser construídas".[270] A sua defesa da família tradicional e as suas críticas à expansão do estado de bem-estar social que a solapou, derivam de um entendimento de que as famílias — e não os terceiros, não o governo, não a sociedade — têm sido as unidades essenciais de tomada de decisão ao longo da história e estão mais bem posicionadas para socializar a próxima geração. A sua crítica à mudança de posição da liderança do movimento pelos direitos civis no período pós-década de 1960, longe do foco na igualdade de oportunidades e em direção a um foco na igualdade de resultados é, em sua origem, uma crítica à adoção de uma visão irrestrita do que é mesmo possível. Como Sowell expressou: "Se negros e brancos fossem iguais nos Estados Unidos, seriam os únicos dois grupos no planeta que são iguais."[271] Da mesma forma, a sua crítica à pressão por indenizações pela escravidão deriva da sua rejeição à visão utópica de justiça e equidades que remonta a William Godwin, no século XVIII, a John Rawls, no século XX, e a Ta-Nehisi Coates, no século XXI. Até mesmo a análise de Sowell a respeito do papel de um intelectual como ele é filtrada por esse modelo. Na visão restrita, ele escreve, "o dever moral de um acadêmico é fomentar fielmente o processo intelectual entre os seus alunos e os seus leitores, e não os levar a conclusões específicas que ele sinceramente acredita serem as melhores para a sociedade".[272]

Donald Horowitz, cientista político e jurista da Universidade Duke, me disse que é a "crítica metodológica do raciocínio político" de Sowell que mais o impressiona. "Ele é muito bom em ceticismo e nos passos necessários para ser um cético inteligente", ele observou, e então apresentou um exemplo de uma discussão a respeito de controle de armas em *The Thomas Sowell Reader,* em que, Horowitz disse, Sowell "mostra o quão absurdas são as comparações entre os Estados Unidos e o Reino Unido". O argumento padrão, como Horowitz resumiu, é que "o Reino Unido possui muito poucas armas, muito controle de armas e muito poucos assassinatos, [enquanto] os Estados Unidos possuem muitas armas, controle de armas relativamente limitado e muitos assassinatos. Portanto, é isso que é responsável pela situação. Mas então ele recua no tempo e mostra que mesmo quando o Reino Unido tinha muito pouco controle de armas e muito mais armas, também havia muito poucos assassinatos ali". Horowitz acrescentou: "A falácia do raciocínio causal é brilhantemente exposta, acho, nesse exemplo".[273]

Christopher DeMuth, ex-presidente do centro de estudos American Enterprise Institute, que conhece Sowell há mais de trinta anos, também admira a sua capacidade aparentemente fácil de fazer picadinho do pensamento destituído de rigor. "Ele está vivendo essa vida mental que existe desde que eu o conheço", DeMuth afirmou. "Qualquer assunto que surja, ele parece ter uma visão plenamente formada do universo e como ela se encaixa nessa arquitetura de pensamento. E essa é a coisa mais distintiva a respeito dele."

DeMuth concorda que as contribuições mais importantes de Sowell são os seus textos sobre história intelectual e ideias. "Entre os seus livros, a trilogia da visão foi a que mais influenciou o meu próprio pensamento, mas o primeiro livro que li dele foi *Knowledge and Decisions*. Fiquei muito impressionado", ele relatou. "Quando eu li, pensei: 'Esse cara é o nosso Hayek.'" No entanto, como Pinker, DeMuth suspeita que Sowell tenha sido rotulado no mundo intelectual por seus textos sobre questões culturais. "Lembro-me de pensar certa vez que a única pessoa negra que conheço que foi vítima de discriminação racial pode ser Tom Sowell", ele me disse. "Se ele não fosse negro, as pessoas se dariam conta do grande economista que ele é. Mas o colocam nessa categoria porque ele escreve sobre raça e tem todas essas opiniões contrárias. E as pessoas não percebem que existe esse imenso *corpus* intelectual que esse homem escreveu a respeito de um assunto completamente diferente. Se ele fosse um branco judeu da Universidade de Chicago, seria mais reconhecido pelo que ele é: um dos maiores economistas vivos."[274]

"QUEM QUER AJUDAR AS PESSOAS, DIZ A VERDADE PARA ELAS. QUANDO QUER SE AJUDAR, DIZ O QUE ELAS QUEREM OUVIR."

CAPÍTULO 7

DIREITOS CIVIS E INJUSTIÇAS

"Quem quer ajudar as pessoas, diz a verdade para elas. Quando quer se ajudar, diz o que elas querem ouvir."[275]

Poucos meses antes da sua morte em 1962, o sociólogo negro E. Franklin Frazier publicou um ensaio intitulado "The Failure of the Negro intellectual". Como Sowell, Frazier tinha estudado na Universidade Howard e na Universidade de Chicago, onde obteve diploma de doutorado em 1931. A família negra era a sua especialidade, com atenção especial aos efeitos da urbanização sobre milhões de negros vindos do campo, que tinham chegado às cidades nas primeiras décadas do século XX. Nas décadas de 1930 e 1940, seus estudos pioneiros foram considerados fidedignos entre acadêmicos brancos e negros. A análise fundamental do economista sueco Gunnar Myrdal a respeito das relações raciais nos Estados Unidos, *An American Dilemma*, baseou-se decisivamente na investigação de Frazier, assim como o estudo governamental de Daniel Patrick Moynihan, *The Negro Family: The Case for National Action*, de 1965.

Como Sowell décadas depois, Frazier ganhou fama como pensador independente, defensor de altos padrões acadêmicos, que estava disposto a desafiar seus pares na academia, assim como o *establishment* pelos direitos civis. Na época, criticou as iniciativas da NAACP para fazer com que as faculdades para negros oferecessem mais cursos de pós-graduação, alegando que não estavam prestando atenção suficiente para saber se essas escolas tinham professores o bastante com formação ou capacidade para ministrar tais cursos. "Frazier insistiu que a maioria das faculdades para negros não tinham professores de alto nível suficiente para organizar cursos de pós-graduação respeitáveis", escreveu William Banks em seu livro *Black Intellectuals*. "Iniciar cursos de pós-graduação de segunda categoria só porque os negros não estavam sendo admitidos nas escolas de pós-graduação para brancos era indefensável", ele afirmou. "Em vez disso, as escolas deveriam continuar a se concentrar em seus cursos de graduação, até que suas faculdades fossem bastante fortes para oferecer cursos de graduação avançada."[276] *Black Bourgeoisie*, livro de Frazier de 1957, incomodou ainda mais com o seu retrato devastador dos negros de classe média, apresentando-os como insulares, pretensiosos e obcecados em proteger seu *status*. O livro converteu Frazier em uma espécie de pária na Universidade Howard, onde era o chefe do departamento de sociologia. Alguns membros do corpo docente passaram a se recusar a participar de reuniões onde ele estava presente. Frazier não se deixou abater. Na verdade, a sua crítica aos acadêmicos negros foi uma extensão da sua avaliação mais ampla das elites negras em geral. Ele dobrou a aposta.

Frazier acreditava que a adoção dos valores tradicionais norte--americanos ao longo do tempo era essencial para a ascensão social dos negros. A sua crítica aos intelectuais negros era que acreditavam muito apenas na integração para lidar com os déficits culturais da classe baixa negra. "Pelo que pude constatar, em relação à integração, os intelectuais negros têm se preocupado com os aspectos superficiais da crescente participação dos negros na organização econômica, social e política da sociedade norte-americana", ele escreveu em um ensaio. "Praticamente nenhuma atenção foi dispensada ao fato bastante óbvio de que a integração envolve a interação da vida social organizada da comunidade negra com a comunidade norte-americana em geral."[277] Para isso ocorrer, ele sustentou, teria que haver mais foco no desenvolvimento interno dos negros, mas o "intelectual negro norte-americano, seduzido pelos sonhos de assimilação final, nunca considerou isso como a sua tarefa principal". A integração, por si só, Frazier continuou, não enfocaria o problema mais fundamental, que era que um grande número de negros com "pouca educação" e "praticamente nenhuma qualificação" estava "despreparado para os empregos em uma sociedade industrial e (...) inaptos para a vida social normal". Frazier afirmou que, em vez de reconhecer essa realidade e trabalhar para enfrentá-la, muitos acadêmicos negros estavam "empenhados em defesas mesquinhas dos fracassos sociais do negro":

Há 25 anos, eu mostrava que a urbanização tinha mudado toda a relação dos negros com a sociedade norte-americana e que um estudo abrangente e essencial deveria ser realizado a respeito dos negros nas cidades. Mas aqueles negros que controlaram o destino dos intelectuais negros ignoraram isso e até hoje nenhuma faculdade ou universidade para negros está interessada nesse problema fundamental. (...)

O significado da grande proporção de negros desempregados, pobres e desorganizados social e pessoalmente nas cidades para a nossa discussão não pode ser subestimado. Isso mostra claramente que, enquanto uma classe média relativamente grande está surgindo em nossas cidades, ao mesmo tempo também está aparecendo um grande proletariado degradado.[278]

Durante muito tempo, Frazier se prevenira de analisar os negros norte-americanos isoladamente. Qualquer avaliação adequada da experiência dos negros exigia uma abordagem histórica que levasse em conta "todos os fatores psicológicos, sociais e econômicos que determinam o caráter de qualquer grupo".[279] A sua própria investigação incluiu estudos de raça e cultura no Brasil e nas Antilhas, e ele lamentou que os seus colegas intelectuais raramente inserissem a história dos negros norte-americanos em um contexto internacional mais amplo: "Eles deixaram de estudar os problemas da vida dos negros nos Estados Unidos de uma maneira que colocaria o destino do negro na estrutura geral da experiência do homem neste mundo".[280]

Sowell não concordou com todas as conclusões de Frazier, mas ele o considerou um acadêmico excelente — um empirista da Escola de Chicago orientado pelos fatos, mesmo quando estes levavam a resultados impopulares ou desconfortáveis — e frequentemente destacou o trabalho de Frazier em seus próprios textos. Acima de tudo, em seu estudo acadêmico, de maneiras grandes e pequenas, tentou lidar com muitas das deficiências na literatura que Frazier identificou. Por exemplo, Sowell enfatizou a importância da aquisição de capital cultural para os progressos dos negros. Ele alertou contra a priorização da integração racial das instituições políticas e sociais como uma panaceia para o que aflige os negros pobres. E Sowell destacou as comparações internacionais na avaliação da desigualdade social. Esses são os temas aos quais Sowell se voltou a sério nas décadas de 1980 e 1990, e é a obra pela qual ele é mais conhecido.

Alguns dos admiradores de Sowell na academia acreditavam que ele estaria melhor profissionalmente se continuasse a se concentrar em economia e história intelectual, evitando tópicos raciais, mas Sowell não achou que podia se dar a esse luxo. Na melhor das hipóteses, considerou equivocadas muitas abordagens correntes para ajudar os negros, e se sentiu compelido a dizer isso, independentemente do que acontecesse. Antes de tudo, ele se tornara economista para entender melhor o mundo ao seu redor, e queria compartilhar o que havia aprendido com o público e com os políticos, mesmo que apenas para explicar o histórico do que havia sido tentado no passado. As leis do salário mínimo estavam eliminando os empregos dos negros. As preferências raciais nas admissões ao ensino superior estavam destinando ao fracasso os jovens negros inteligentes e fomentando o ressentimento entre outros grupos. A oposição à escolha dos pais estava mantendo os negros de baixa renda presos em escolas públicas deficientes. A ajuda governamental estava aumentando a dependência. Acima de tudo, havia uma crença permanente de que o preconceito por si só era uma explicação suficiente para o fato de alguns grupos ficarem para trás de outros, e que acabar com a discriminação deveria ser a prioridade máxima.

Sowell dispunha de plataformas — na Hoover Institution de Stanford, em suas colunas jornalísticas, em seus livros, em seu acesso à mídia —, e sentiu certo dever acadêmico de utilizar essas plataformas para oferecer perspectivas alternativas. Infelizmente, a discussão acerca de raça estava sendo conduzida pela emoção e pelo politicamente correto quando ele considerava que o padrão — entre intelectuais, pelo menos — deveria ser a evidência e a lógica. Na tradição da Escola de Chicago, Sowell procurou usar sua formação para aplicar o raciocínio econômico ao mundo real das pessoas comuns. Considerando a forte tendência progressista da mídia e a liderança negra tradicional, se alguém com o seu histórico e a sua visão não falasse a respeito desses tópicos sensíveis, como as pessoas ficariam sabendo que havia uma maneira diferente de abordar os desafios enfrentados pelos negros?

No início da década de 1980, Sowell estava planejando um livro sobre economia marxista, mas com a aproximação do vigésimo aniversário da Lei dos Direitos Civis de 1964, ele decidiu que "alguém deveria apresentar algumas das coisas (...) que [as pessoas] provavelmente não ouvirão nessa discussão".[281] Assim, deixou de lado o manuscrito sobre marxismo e escreveu *Civil Rights: Rhetoric or Reality?*, livro que questionava as suposições — a visão utópica — dos autoproclamados líderes negros. Há muito tempo, o *establishment* pelos direitos civis atuava sob a suposição de que a discriminação racial explicava em grande medida as disparidades estatísticas no desempenho e que, na ausência de preconceito contra grupos minoritários, veríamos resultados mais equitativos. Outra suposição era que a atividade política era essencial para o progresso econômico de um grupo racial ou étnico minoritário. No livro, Sowell submeteu ambas as suposições a testes empíricos e as julgou insatisfatórias. "Grupos com um histórico demonstrável de discriminação tiveram, em diversos países e em muitos períodos da história, rendas mais altas, melhor desempenho educacional e mais "representação" em cargos de alto nível do que aqueles que discriminam", ele escreveu.[282] A visão dos direitos civis não era capazes de explicar aqueles resultados: "O fato de que os judeus auferem rendas muito mais altas do que os hispânicos nos Estados Unidos pode ser considerado como evidência de que o viés anti-hispânico é mais forte do que o antissemitismo — se seguirmos a lógica da visão dos direitos civis. No entanto, essa explicação fica consideravelmente enfraquecida pela maior prosperidade dos judeus em relação aos hispânicos nos países hispânicos de toda a América Latina."[283]

Sowell também usou a experiência de diversos outros grupos étnicos minoritários, nos Estados Unidos e em outros lugares, para rebater a ideia de que a influência política negra era um pré-requisito para a ascensão social e econômica dos negros. A busca por cargos políticos se tornou o foco principal dos líderes negros após a aprovação da Lei dos Direitos de Voto de 1965. A teoria era que mais representantes negros eleitos levariam a menos desigualdade social, mas não foi isso que aconteceu. No início da década de 1980, as principais cidades norte-americanas com grandes populações negras — Cleveland, Detroit, Chicago, Washington — elegeram prefeitos negros. Entre 1970 e 2010, o número de representantes negros eleitos cresceu de menos de 1.500 para mais de 10 mil, incluindo Barack Obama, o primeiro presidente negro. No entanto, mesmo enquanto os negros aumentavam a sua influência política nas décadas de 1970, 1980 e 1990, a dependência dos negros pela assistência social aumentava, assim como o crime entre os negros, o desemprego entre os adolescentes negros e os nascimentos entre as mulheres negras solteiras. Nada disso surpreendeu Sowell, que estudara os padrões de outros grupos, e também a história do progresso dos negros norte-americanos antes da mudança de ênfase da estratégia da liderança pelos direitos civis.

"Entre os grupos que foram para outros países, começaram no nível mais baixo e depois ascenderam além dos habitantes originais ou majoritários, incluem-se os chineses no sudeste da Ásia, no Caribe e nos Estados Unidos. Em todos esses cenários bastante diferentes, os chineses evitaram deliberadamente a política", ele escreveu. A atividade política "desempenhou pouco ou nenhum papel na ascensão muitas vezes dramática dos chineses da pobreza para a riqueza".[284] Tampouco os chineses foram atípicos a esse respeito. "Esse padrão também foi característico dos alemães nos Estados Unidos, no Brasil e na Austrália", Sowell continuou. Às vezes, os grupos minoritários optaram por evitar a política. Outras vezes, um grupo não tinha escolha: "Durante séculos, os judeus foram mantidos fora do domínio da política em diversos países, seja por lei, por costume ou por sentimento antissemita na elite ou na população. Mas mesmo onde as carreiras políticas estavam, pelo menos teoricamente, abertas para eles, como nos Estados Unidos, os judeus só tardiamente buscaram cargos públicos, e nos Estados Unidos ficaram no início totalmente subservientes aos chefes políticos irlandeses."[285] Sowell considerou os irlandeses como exemplo de um grupo que priorizou a política e descobriu que ela não acelerava sua ascensão econômica nos Estados Unidos:

Os irlandeses foram talvez o exemplo mais notável de sucesso político de uma minoria étnica, mas a sua ascensão da pobreza foi muito mais lenta do que a de outros grupos que nem de longe eram páreas políticos. Os irlandeses eram bastante leais uns aos outros, elegendo, nomeando e promovendo a sua própria gente, não só na arena política, mas também na hierarquia da Igreja Católica. Isso teve pouco efeito sobre o irlandês-americano comum, que começou a alcançar a prosperidade econômica no século XX por volta da época em que as máquinas políticas irlandesas começaram a declinar e quando o controle irlandês da Igreja Católica era cada vez mais desafiado por outros grupos.[286]

Após documentar que "a atividade política e o sucesso político não foram condição necessária nem suficiente para o progresso econômico", Sowell especulou por que motivo os líderes étnicos, não obstante, promoviam a noção de que a influência política era decisiva, mesmo que em detrimento dos grupos que alegavam representar. Em suma, como E. Franklin Frazier havia constatado décadas antes, era porque essas elites tinham a sua própria pauta. "Os grupos que dispõem de habilidades para outras coisas raramente se concentram na política", Sowell escreveu. "Além disso, a política apresenta desvantagens especiais para grupos étnicos minoritários, por mais que possa beneficiar líderes étnicos individuais. As demonstrações públicas de solidariedade étnica e/ou de chauvinismo são a força vital da política étnica. Porém, o chauvinismo quase invariavelmente provoca o contrachauvinismo."[287] As organizações pelos direitos civis queriam arrecadar dinheiro e permanecer relevantes, e os políticos negros que concorreram como líderes étnicos queriam conquistar votos. O que significava que tinham interesse pessoal em enquadrar os problemas dos negros principalmente como problemas de direitos civis, mesmo quando as evidências apontavam para outros fatores.

Sowell jamais negou que o racismo ainda existia ou que poderia exacerbar as disparidades raciais. Tampouco postulou que os negros deveriam ficar fora da política ou que o movimento pelos direitos civis era desnecessário ou inútil para tornar os Estados Unidos um país mais justo. Certa vez, em uma carta particular, ele escreveu que "a importância histórica do período dos direitos civis foi que ele completou a Revolução Americana, tornando-a aplicável a *todas* as pessoas".[288] Sowell aplaudiu os históricos projetos de lei dos direitos civis da década de 1960, mas alertou contra dar a essa legislação — e à atividade política em geral — mais crédito do que as tendências negras preexistentes mostraram que mereciam. "Muito se falou do fato de que o número de negros em profissões de alto nível aumentou nos anos seguintes à aprovação da Lei dos Direitos Civis de 1964", ele escreveu. "Mas o número de negros em profissões liberais, técnicas e outras de alto nível mais do que dobrou na década anterior à Lei dos Direitos Civis de 1964. Em outras profissões, os ganhos dos negros foram maiores durante a década de 1940 — quando praticamente não havia legislação de direitos civis — do que durante a década de 1950. Em diversos ofícios especializados, a renda dos negros em relação a dos brancos mais do que dobrou entre 1936 e 1959. A tendência já estava em andamento."[289]

Evidentemente, Sowell não estava defendendo a volta da segregação racial. Em vez disso, estava descrevendo o que os negros conseguiram quando enfrentaram discriminação legal generalizada e não gozavam de quase nenhum poder político. Sowell estava explicando que as pessoas que afirmavam que a classe média negra atual é produto da legislação de direitos civis promulgada na década de 1960 e das políticas de ação afirmativa implantadas na década de 1970 simplesmente não tinham os fatos do seu lado. Ele estava dizendo que a discriminação racial era uma explicação insuficiente a respeito da desigualdade social, considerando que os negros foram capazes de ter sucesso na sociedade norte-americana em uma época anterior, quando o racismo era legal e muito mais difundido.

Civil Rights: Rhetoric or Reality? compara as intenções do liberalismo com a realidade do que ocorreu. Como em seus estudos de outros fenômenos, Sowell avaliou o progresso racial por meio da metodologia do "restrito" e do "irrestrito". O que mais importa não é a plausibilidade de uma teoria, mas se os fatos e as evidências a apoiam.

E depois de adotar uma abordagem empírica para analisar as diversas estratégias apresentadas por líderes étnicos e políticos de esquerda em nome da ajuda aos negros, Sowell afirmou claramente o que não estava funcionando e por quê. Ele não se opunha aos direitos civis ou às organizações pelos direitos civis *per se*. Porém, se opunha à busca de estratégias que tinham um histórico de fracasso e que pudessem causar danos consideráveis aos possíveis beneficiários, mesmo que beneficiassem a liderança negra tradicional. "Apesar de muito progresso racial, também houve algumas decepções bastante fundamentais", ele escreveu. "Os guetos persistem e, sob vários aspectos, estão se tornando piores para aqueles que estão presos neles. Em grande medida, a integração escolar foi frustrada pelo fato demográfico do 'êxodo branco'. Mas mesmo onde ocorreu, não gerou nem a educação nem os milagres sociais antes esperados." A perspectiva era sombria:

As barreiras empregatícias caíram, mas o desemprego entre os adolescentes negros subiu vertiginosamente em relação ao que era há trinta anos. Muitos aliados brancos das lutas iniciais pelos direitos civis se tornaram críticos das fases posteriores, como a ação afirmava e a dessegregação compulsória via transporte escolar. Um número pequeno, mas crescente de críticos negros também apareceu. Como e por que tudo isso aconteceu é uma história longa e complicada. No fundo, porém, duas coisas aconteceram: (1) a batalha pelos direitos civis foi vencida decisivamente há duas décadas, e (2) os anos seguintes revelaram penosamente que as negações flagrantes dos direitos civis não eram a explicação universal dos problemas sociais ou raciais.[290]

Civil Rights: Rhetoric or Reality? tem apenas 140 páginas, mas quase quatro décadas depois da sua publicação continua a ter muito mais influência do que se poderia esperar. Mesmo a eleição de um presidente negro — o ponto culminante de uma estratégia de direitos civis em vigor desde a década de 1960 — não produziu o progresso negro prometido. Nos dois mandatos de Barack Obama como presidente, as diferenças entre brancos e negros em termos de renda e posse de casa própria aumentaram e, quando ele deixou o cargo, as pesquisas de opinião mostraram que as relações raciais haviam caído ao seu ponto mais baixo em quase um quarto de século.[291] Além disso, os líderes negros e os seus simpatizantes da esquerda progressista permaneceram tão apegados como sempre à noção de que a discriminação racial do passado e do presente era a maior barreira ao progresso dos negros. Os liberais continuaram a defender as preferências do grupo, embora, como Sowell disse em 1999, esses defensores "ainda têm de explicar por que algo que aconteceu há 40 anos justifica a discriminação contra alguém de 39 anos".[292]

Escritores renomados como Ta-Nehisi Coates pediram indenizações pela escravidão para enfrentar a desigualdade. Os ativistas do movimento Black Lives Matter têm como alvo a polícia e as estátuas de confederados. O "Projeto 1619" do *New York Times* reescreve a história dos Estados Unidos de uma maneira que coloca a subjugação dos negros no centro da fundação da nação. "Para muitos, a 'discriminação' e o 'racismo' não são verdades parciais, mas verdades inteiras, não apenas coisas a se opor, mas explicações a se apegar, como medida de segurança", Sowell concluiu.[293] A retórica continua a superar a realidade. *Civil Rights: Rhetoric or Reality?* "foi um livro difícil de escrever", ele disse em uma carta pessoal após a publicação do livro. "Mas outros norte-americanos fizeram coisas mais difíceis do que isso, ou nenhum de nós estaria aqui, vivendo em liberdade hoje. As minhas dívidas eram pequenas."[294] Ele dedicou o livro a "E. Franklin Frazier, que colocou a verdade acima da popularidade".

The Economics of Discrimination, de Gary Becker, publicado em 1957, faz a análise econômica seminal do preconceito racial, usando a teoria dos preços para medir a extensão do racismo nos mercados de trabalho e desafiando a visão marxista de que a discriminação beneficia inevitavelmente aquele que discrimina. Becker foi ex-professor de Sowell e mais um produto da Escola de Chicago sob Milton Friedman. "Quando Becker começou a sua carreira, ninguém esperava que os economistas falassem a respeito das questões raciais", Sowell escreveu em uma coluna jornalística após Becker ser agraciado com o Prêmio Nobel em 1992. "Sozinho, sem ajuda, ele criou um campo totalmente novo da economia. Depois de mais de três décadas, a análise de Becker sobre a discriminação racial é amplamente usada por outros economistas."[295]

O livro de Becker é uma obra bastante técnica escrita para colegas economistas e não para o público em geral, mas a sua observação central é que, em um livre mercado, a discriminação impõe custos não só à pessoa discriminada, mas também à pessoa que inflige a discriminação. Teoricamente, portanto, a concorrência de mercado pode dissuadir o comportamento discriminatório, colocando aqueles que o praticam em desvantagem em relação aos rivais que não o praticam. Por exemplo, se um locador não alugar imóveis para hispânicos, ele correrá o risco de deixar apartamentos vagos por mais tempo e perder renda. Se um empregador contratar brancos não qualificados em decorrência de preconceito contra negros, a sua empresa poderá se tornar menos produtiva e perder participação de mercado para outras empresas que contratam pessoal independentemente da raça. O mercado concorrencial, em que a oferta e demanda orientam a tomada de decisões, reduz as possibilidades de discriminação. Na medida em que as políticas governamentais interferem no livre mercado de forma a torná-lo menos competitivo — por exemplo, por meio de regulamentações habitacionais ou leis de salário mínimo —, os custos da discriminação são reduzidos. Becker não defendia que o capitalismo de livre mercado erradicaria o preconceito racial no emprego ou na moradia. Na verdade, ele escreveu que "a persistência de tal discriminação contra os negros mostra que a concorrência e a livre iniciativa não eliminam por si só os efeitos do preconceito".[296] Ainda assim, o seu estudo sugeriu que a melhor proteção contra a discriminação é um mercado concorrencial que pode cobrar um preço daqueles que optam por exercer os seus preconceitos.

A aplicação da análise econômica por parte de Becker à sociologia, história, direito e outros campos de estudo nem sempre foi apreciada por sociólogos, historiadores e juristas. Contudo, foi uma abordagem que Sowell aderiu plenamente desde cedo em livros como *Race and Economics*, de 1975, e *Markets and Minorities*, de 1980, que examinam a condição econômica e social de grupos étnicos e raciais em um contexto histórico. E, como Becker, Sowell adotou uma abordagem empírica. "Independentemente dos méritos ou argumentos filosóficos morais", ele escreveu em *Race and Economics*, "a análise de causa e efeito é necessária para analisar o escopo, a magnitude e a variação da discriminação ao longo do tempo, o grau pelo qual as diversas forças do mercado e do extramercado intensificam ou reduzem a discriminação, a extensão pela qual diversos padrões de comportamento de um grupo minoritário aceleram ou retardam o seu progresso econômico, e julgam as consequências de várias abordagens possíveis para lidar com o problema".[297]

Ethnic America, o *best-seller* de Sowell publicado em 1981, retomou esses temas, mas os críticos discordaram da sua alegação de que a cultura desempenhava um papel maior do que a discriminação no destino de diversos grupos étnicos nos Estados Unidos. Em resposta, ele ampliou o escopo da sua análise para incluir exemplos de outras partes do mundo, assim como exemplos do papel que a política pode desempenhar no progresso de um grupo minoritário. Ele considerou como os alemães se saíram no Brasil, como os chineses se saíram na Indonésia e como os judeus se saíram na Espanha. Enfim, os mesmos padrões que ele havia documentado entre os grupos étnicos nos Estados Unidos eram vistos em outros países. O livro resultante foi *The Economics and Politics of Race: An International Perspective*, de 1983.

Os multiculturalistas na academia e na imprensa estavam tentando ter as duas coisas, ele afirmou. Por um lado, defendiam que as culturas étnicas eram únicas; o que era verdade. Ao mesmo tempo, recusavam-se a lidar com as consequências econômicas dessas diferenças, o que era intelectualmente desonesto. "Grande parte da literatura sobre grupos raciais, nacionais e culturais procura ser neutra em relação às diferenças de grupo", Sowell escreveu. "Contudo, ignorar o grande papel que as diferenças de performance desempenharam na história humana significa ignorar ou diagnosticar incorretamente fatores causais importantes em ação nessa história. Em última análise, as culturas são maneiras de realizar coisas, e as eficiências diferentes por meio das quais elas realizam coisas diferentes determinam os resultados de empreendimentos econômicos, políticos e militares muito sérios."[298] Ao adotar uma abordagem multidisciplinar para o assunto, Sowell também explicou como os incentivos políticos tornam "difícil diagnosticar corretamente os problemas em público e, sem o diagnóstico correto, a prescrição correta é improvável". Então, ele acrescentou detalhes a esse conceito:

As abordagens políticas aos problemas econômicos devem ser (1) emocionalmente aceitáveis para aqueles a quem os líderes se dirigem, e (2) devem oferecer "soluções" que pelo menos de forma plausível se situem dentro do domínio político. Portanto, independentemente do complexo real de forças em ação ou dos pesos relativos de diversos fatores, os líderes políticos tendem a enfatizar — às vezes exclusivamente — aqueles fatores para os quais uma lei ou uma política pode ser formulada. (...) Fatores como diferenças intergrupais em características demográficas, distribuição geográfica, níveis de habilidade ou valores culturais tendem a ser ignoradas, por mais comprovadamente importantes que possam ser no sentido de causa e efeito. Em suma, as "soluções" políticas tendem a compreender mal as questões básicas. (...) Esses equívocos podem servir bem à liderança política, mesmo que sejam contraproducentes para o grupo racial ou étnico em nome do qual ela fala.[299]

Foi mais uma análise de décadas de Sowell que não perdeu nada de sua relevância ao longo do tempo. Em 2020, os violentos protestos de verão que se seguiram à morte de George Floyd foram alimentados por uma narrativa que acusava a polícia de atacar injustamente os negros com força letal. Foi uma narrativa impulsionada principalmente por vídeos virais nas redes sociais e outras evidências anedóticas. No entanto, os dados empíricos disponíveis não mostravam evidência de preconceito racial nos tiros disparados por policiais. Na verdade, os dados mostraram que os suspeitos negros e hispânicos eram *menos* propensos do que os suspeitos brancos de serem alvejados pela polícia. Também existiam estudos que demonstravam um *declínio* acentuado em tiros disparados por policiais em geral nas últimas décadas. O número desproporcional de confrontos entre suspeitos negros e policiais era em função das taxas desproporcionalmente altas de crimes violentos entre os negros, e não um viés da polícia.[300] No entanto, ativistas, a grande imprensa e muitos políticos não tinham interesse em destacar essas evidências e raramente faziam isso, mesmo que a difamação injusta de policiais no passado tenha resultado em policiamento menos eficaz e crimes mais violentos nas comunidades negras.[301]

Os críticos de Sowell na academia costumam discordar da sua aplicação do pensamento econômico a disciplinas não econômicas. Por exemplo, em 1982, numa resenha de *Ethnic America*, em uma edição da *The Yale Review*, o historiador Nathan Irvin Huggins considerou o livro "problemático, conceitual e metodologicamente". Por quê? "Pressupõe que os grupos étnicos nos Estados Unidos podem ser comparados entre si, para entender melhor por que alguns têm sucesso e outros não."

Huggins considerou tais comparações como "exercícios vulgares". A suposta "fé incondicional de Sowell no 'mercado' para recompensar a pessoa mais produtiva e eficiente" também o incomodou. "Se as suas comparações toscas fossem apenas jogos de salão, já seriam ruins o suficiente", Huggins escreveu, "mas como Sowell é um cientista social de alta reputação, seu trabalho tem uma influência perniciosa."

Em outras palavras, Huggins estava dizendo que não podíamos ter esse ilustre acadêmico aplicando um tipo diferente de análise à história dos grupos étnicos. Sowell devia cuidar da sua vida, sabe, porque não é assim que nós, historiadores, abordamos esses assuntos. Os negros eram um caso especial, e compará-los com outros grupos era "inadequado" e "simplório". A resenha de Huggins estava muito mais focada em refutar a *maneira de pensar* de Sowell sobre a desigualdade étnica e racial — como "a mente de Sowell funciona", como a resenha expressou — do que em refutar os fatos, as evidências e a lógica apresentados no livro, que foram tratados quase como algo secundário.[302]

Enquanto alguns criticam Sowell por unir disciplinas acadêmicas em suas análises sobre o movimento pelos direitos civis, a migração e outros temas, há outros que insistem que essa é uma das melhores características do seu estudo acadêmico. William R. Allen, ex-chefe do departamento de economia da UCLA, onde Sowell lecionou na década de 1970, aplaudiu o uso de análises empíricas fora da economia por seu ex-colega. "Pessoas como [Milton] Friedman, [George] Stigler, Ronald Coase e outros em Chicago possuíam um interesse genuíno, uma paixão e um senso em relação ao empirismo, que se manifestava de uma forma ou outra", ele me disse. "Mas Tom vai muito mais além do que eles ao trazer a sociologia, a história, a ciência política, a geografia e a psicologia. Na verdade, a economia, em qualquer sentido isolado puro, bom, não desaparece, mas é apenas um elemento entre muitos. Ele é tanto sociólogo e historiador quanto economista, mas faz isso muito, muito bem."[303]

Em 2017, em uma apreciação de Sowell publicada pela *Claremont Review of Books*, o escritor Mark Helprin foi ainda mais efusivo. "Sempre houve perigo em abranger a história e outras disciplinas e, assim, invadir o território de vários burros catedráticos aprisionados nos pequenos arbustos da sua própria criação", ele escreveu. "Sowell é um dos grandes invasores, como um grande homem deve ser, sem medo de ir aonde quer que o seu talento para a elucidação o leve. E essa clareza de visão, uma luz intensa que rompe sem esforço a escuridão da hipocrisia e da má interpretação intencional, repetidamente ilumina os seus campos de batalha escolhidos a ponto de atordoar os seus oponentes e encantar todos os outros." A maneira como ele maneja não só a economia, mas também "a lógica, a retórica, a história, a geografia, a demografia, a antropologia, a filosofia política e até a geofísica como os seus instrumentos de análise" é quase que sobrenatural. "Essa é talvez a essência do que ele faz, a fusão em uma revelação após a outra dos seus talentos excepcionais, de uma forma que supera a soma deles."[304]

"FOI REALMENTE O PRIMEIRO LIVRO QUE LI SOBRE DIFERENTES GRUPOS ÉTNICOS. HAVIA MUITOS PADRÕES DIFERENTES. E MAIS DO QUE QUALQUER OUTRA COISA, CADA GRUPO TINHA O SEU PRÓPRIO PADRÃO."

CAPÍTULO 8

A CULTURA IMPORTA

"Cada grupo segue a longa sombra da sua própria história e cultura, que influenciam os seus hábitos, prioridades e padrões sociais, que, por sua vez, afetam o seu destino." [305]

Em 1966, Irving Kristol publicou um longo ensaio na *New York Times Magazine* intitulado "The Negro Today Is Like the Immigrant Yesterday". Na época, Kristol era editor de uma publicação trimestral culta e refinada, *The Public Interest*, e editor sênior de livros em uma editora de Nova York. No artigo da *Times*, ele assinalou que o que estava lendo sobre os negros raramente refletia os "fatos da vida negra nos Estados Unidos" da época, e apontou que o mesmo tinha acontecido com a literatura acerca dos grupos de imigrantes numa época anterior. Havia uma tendência a se destacar a "patologia" negra e ignorar ou subestimar a clara mobilidade social ascendente. Ele citou dados que mostram um declínio acentuado das taxas de pobreza dos negros, melhorias nas moradias e uma classe média negra em rápido crescimento. "Mas tudo isso recebe pouca atenção dos nossos escritores e sociólogos, ambos preocupados com os fenômenos mais dramáticos e menos inocentemente burgueses da vida dos negros", Kristol escreveu. "Isso é de se esperar dos escritores; é menos esperado dos sociólogos, e a tendência antiburguesa de grande parte da sociologia norte-americana atual parece ser um assunto apropriado para a investigação sociológica."

Kristol temia que os acadêmicos não estivessem colocando a experiência dos negros no contexto merecido. Sim, a mudança do ambiente rural para o urbano foi difícil para os negros, mas essa mesma mudança também cobrou um preço dos imigrantes irlandeses e italianos, entre outros. Tampouco esse foi um padrão que só se viu nos Estados Unidos. A migração do proletariado rural para as cidades na Inglaterra e na França do século XIX também foi difícil.

"É desejável que aqueles preocupados profissionalmente com o nosso problema urbano negro, sem perder a sua capacidade de indignação ou a sua paixão pela reforma, possam recorrer a uma visão mais ampla", Kristol escreveu. "Afinal, presumivelmente foi para isso que serviu a formação profissional deles. Também se poderia desejar que esses mesmos acadêmicos estivessem menos convencidos *a priori* da singularidade do problema dos negros e mais dispostos a pensar em termos dos precedentes norte-americanos." [306]

Na ocasião, Sowell era professor assistente de economia em Cornell, e o artigo chamou a sua atenção. "Continha alguns fatos interessantes", ele me disse, lembrando o artigo como "uma das primeiras coisas que vi" que comparava as experiências dos negros com as de certos grupos de imigrantes nos Estados Unidos. Porém, foi só depois de ler *Beyond the Melting Pot*, clássico estudo a respeito das minorias raciais e étnicas na cidade de Nova York, publicado em 1963, de autoria de Nathan Glazer e Daniel Patrick Moynihan, que Sowell se interessou em realizar as próprias análises comparativas de diferentes culturas. "Foi realmente o primeiro livro que li sobre diferentes grupos étnicos. Havia muitos padrões diferentes. E mais do que qualquer outra coisa, cada grupo tinha o seu próprio padrão." Ele acrescentou:

A esquerda gosta de retratar um grupo como uma espécie de produto da criação da sociedade circundante. Mas isso não é verdade. Por exemplo, na era dos imigrantes, havia bairros no Lower East Side [de Manhattan] em que judeus e italianos chegaram em épocas quase idênticas. Moravam nos mesmos bairros. As crianças se sentavam lado a lado nas mesmas escolas. Mas com resultados totalmente diferentes. Agora, se você recordar a história dos judeus e a história dos italianos, poderá entender por que isso aconteceu. No início do século XIX, as autoridades russas relatam que mesmo os judeus mais pobres encontravam alguma maneira de ter alguns livros em casa, mesmo que vivendo em uma sociedade em que mais de noventa por cento das pessoas eram analfabetas.

Por outro lado, no sul da Itália, que é a origem da maioria dos ítalo-americanos, quando introduziram leis de frequência escolar obrigatória, houve tumultos. Prédios escolares foram queimados. Então, agora, você pega essas duas crianças e as coloca lado a lado em uma escola. Se você acredita que o ambiente significa o entorno imediato, eles estão no mesmo ambiente. Porém, se você acredita que o ambiente inclui esse padrão cultural que remonta a séculos antes de eles nascerem, então não, eles não estão no mesmo ambiente. Eles não chegam àquele prédio da escola com a mesma mentalidade. E não obtêm os mesmos resultados.[307]

No final de 1995, Sowell entrou em contato com Jim Michaels, editor da revista *Forbes*, na qual ele publicava uma coluna popular desde 1991. Ele explicou que estava sobrecarregado e teria de parar de escrever regularmente para a revista. Na época, ele tinha 65 anos e queria dedicar mais energia para terminar a sua trilogia. "A minha principal prioridade precisa ser concluir um enorme manuscrito que comecei a escrever em 1982 e que até agora gerou dois livros — *Race and Culture* e *Migration and Cultures* — e vai gerar um terceiro, *Conquests and*

Cultures, em alguns anos", ele disse a Michaels. "Essa história cultural internacional me parece não só a coisa mais importante que posso deixar, mas também uma das coisas mais urgentemente necessárias, em um momento em que a balcanização e a polarização deste país são perspectivas realmente perigosas."[*][308]

Na década de 1980, Sowell circunavegou o mundo duas vezes para coletar dados de uma variedade de sociedades que desejava comparar. Entre as paradas, incluíram-se Inglaterra, Israel, Grécia, Índia, Hong Kong, Cingapura, Austrália e Fiji. Essa pesquisa permearia não apenas a trilogia, mas também outros panoramas e história internacionais de Sowell para o restante da sua carreira. Isso é evidente em uma série de livros subsequentes, incluindo *The Economics and Politics of Race* (1983), *Preferential Policies* (1990), *Affirmative Action Around the World* (2004), *Black Rednecks and White Liberals* (2005) e *Wealth, Poverty and Politics* (2015). Nessas obras, ele entrelaça suas próprias observações com as dos especialistas que vieram antes dele. Entre seus antecessores influentes e obras fundamentais, destacam-se *The Chinese in Southeast Asia*, de Victor Purcell, *Southern Europeans in Australia*, de Charles Price, *Influence of Geographic Environment*, de Ellen Churchill Semple, *An Historical Geography of Europe*, de N.J.G. Pounds, e os estudos de Bernard Lewis a respeito da história do mundo islâmico. "Claro que não faria sentido nos apoiarmos sobre os ombros de gigantes se víssemos apenas o que eles viram e simplesmente repetíssemos o que eles já disseram, muitas vezes muito bem", ele escreveu. "Mas podemos pelo menos olhar em diferentes direções da perspectiva privilegiada que

---

* Considerando que Sowell estava expressando preocupação com as "perspectivas realmente perigosas" de "polarização" nos Estados Unidos em 1995, em uma ocasião de relativa paz e prosperidade no país antecedendo à controversa eleição do presidente George W. Bush, as guerras do Afeganistão e Iraque, a Grande Recessão, a eleição do presidente Donald Trump e a pandemia de Covid-19 de 2020, Sowell é excessivamente pessimista por natureza ou sobrenaturalmente presciente.

nos dão e buscar respostas para outras perguntas com a vantagem do conhecimento e do *insight* propiciados por eles."[309] Sowell baseou sua carreira em olhar para "diferentes direções", principalmente em seus textos sobre padrões raciais, étnicos e culturais.

Como tantos críticos de Sowell trazem o que ele considerava ser uma perspectiva irrestrita ou utópica para discussões de políticas públicas, fortes discordâncias são previsíveis, se não inevitáveis. Para Sowell, problemas como discriminação e desigualdade social faziam parte da condição humana e não podiam ser "resolvidos" de forma definitiva, mas apenas administrados com o melhor das nossas habilidades por meio de processos e instituições que resistiram ao teste do tempo. Portanto, não há "soluções" no horizonte, apenas *trade-offs*. "Grande parte do que é chamado de 'problemas sociais' consiste do fato de que os intelectuais têm teorias que não se encaixam no mundo real", ele escreveu. "A partir disso, concluem que é o mundo real que está errado e precisa mudar."[310]

Sowell rejeitou a visão irrestrita. "Deve ser axiomático de que não há tempo ilimitado, recursos ilimitados ou boa vontade ilimitada entre os povos, em qualquer lugar do mundo", ele expressou. "Se levamos a sério a vontade de ampliar as oportunidades e fazer progredir os menos afortunados, não podemos desperdiçar os meios limitados à nossa disposição em objetivos quixotescos. Devemos decidir se a nossa prioridade máxima é punir os ímpios ou fazer progredir os menos afortunados, se estamos à procura de visões e retórica que nos fazem sentir bem momentaneamente ou se estamos buscando métodos com um histórico comprovado de sucesso em fazer progredir povos inteiros, levando-os da pobreza à prosperidade."[311]

Como discutido anteriormente, o estudo de Sowell solapou a noção de que as disparidades raciais e étnicas poderiam ser atribuídas à genética. Contudo, ele também denotava ceticismo em relação às alegações de que a hostilidade ou discriminação do passado exercida sobre as minorias pelas maiorias explicavam suficientemente por que alguns grupos perseguiam outros. "Um dos argumentos mais fortes contra a explicação de injustiça referente às diferenças intergrupais é que, em muitos países ao redor do mundo, as minorias com quase nenhum poder político ou outros meios de discriminar a população majoritária foram, no entanto, muito mais bem-sucedidas — economicamente, educacionalmente ou de outra forma — do que aqueles que constituem a maior parte do povo da nação", ele escreveu. "Há muito tempo, isso tem sido verdade em relação aos chineses na Malásia, Indonésia e nas Filipinas; aos alemães na Rússia e no Brasil; aos judeus na Europa Oriental e nos Estados Unidos; aos libaneses na África Ocidental; aos escoceses na América do Norte e Austrália; e aos japoneses no Brasil, Canadá, nos Estados Unidos e no Peru. Sem dúvida, nesses e em outros casos, a minoria simplesmente superou em desempenho a população majoritária, muitas vezes tanto no sistema educacional quanto no sistema econômico."[312]

Sowell trouxe um conjunto totalmente diferente de expectativas para esses debates sobre desigualdade, muitas vezes porque tinha uma concepção completamente diferente do problema subjacente. E uma compreensão adequada do seu ponto de partida é essencial para entender a sua considerável obra sobre raça, etnia e cultura. Outros fazem suposições que Sowell não fez; aliás, a rejeição de suposições não comprovadas pode ser a característica mais distintiva das suas análises. Essa característica ficou evidente em sua resposta em uma entrevista para a tevê em 1990 quando lhe foi perguntado por que "diferentes partes da sociedade se saem melhor do que outras":

Eu analisaria isso de maneira diferente. Eu diria — e sobretudo nos Estados Unidos — que: "Por que esperaríamos que grupos diferentes fizessem o mesmo? Eu digo, "sobretudo nos Estados Unidos", porque há muito poucos nativos americanos. Os americanos vieram para cá de todo o mundo. E por que você esperaria que países com histórias totalmente diferentes — localizados em climas totalmente diferentes, geografias diferentes —desenvolvessem exatamente a mesma mistura de habilidades, exatamente no mesmo grau, para que o seu povo chegasse nestas terras de tal forma que seriam representados uniformemente de forma generalizada? Especialmente porque mesmo em países onde a maioria da população é nativa, você não encontra isso ali. (...) Em nenhum lugar do mundo você encontra essa uniformidade que as pessoas usam como norma. E acho fascinante que elas mantenham como norma algo que nunca foi visto neste planeta, e considerem como anomalia algo que é visto em país após país.[313]

A trilogia cultural que Sowell publicou na década de 1990 começou com um grande manuscrito que tinha mais de mil páginas antes de ele decidir dividi-lo em livros separados. Coletivamente, segundo ele, essas obras pretendiam responder "uma das perguntas mais fundamentais: por que existem tão grandes disparidades de renda e riqueza entre grupos raciais e étnicos, entre países e entre civilizações?"[314] Claro que pessoas com diferentes ideologias tendem a ter explicações diferentes para a desigualdade social nos Estados Unidos e em outros países. De modo geral, um lado culpa os fatores externos, como discriminação e exploração. O outro lado aponta para o desenvolvimento desigual do capital humano entre várias raças e etnias. Sowell quis testar essas explicações empiricamente e mostrou que as suposições trazidas a discussão podem fazer toda a diferença na maneira pela qual os resultados são interpretados.

Race and Culture: A World View, publicado em 1994, foi o primeiro livro da trilogia e um resumo das suas conclusões. Na verdade, resumiu uma vida profissional de investigação sobre o que melhor explica os resultados diferentes entre grupos raciais e étnicos, tanto dentro dos países quanto entre eles. Juntos, os livros avaliaram os papéis que tudo, incluindo geografia, clima, guerra, escravidão, economia e política, desempenharam no progresso humano. A maioria das análises de diferenças sociais e econômicas entre os grupos concentra-se no ambiente imediato em que as pessoas vivem. Os textos de Sowell expuseram as limitações dessa abordagem. Ele concluiu que não é o ambiente imediato *per se*, mas sim os valores culturais e o capital humano — habilidades, hábitos de trabalho, propensões à poupança, atitudes em relação à educação e ao empreendedorismo, desenvolvidas às vezes por longos períodos — que são os fatores mais dominantes para explicar as disparidades. E uma avaliação global desses diferentes padrões culturais, ele observou, é fundamental para compreender por que isso acontece:

De fato, os padrões culturais grupais podem ser produtos de ambientes, mas muitas vezes de ambientes que existiam do outro lado do oceano, na vida de ancestrais há muito esquecidos, mas transmitidos ao longo de gerações como valores, preferências, habilidades e hábitos destilados. O verniz externo de uma nova sociedade — a sua língua, vestimenta e costumes — pode mascarar essas diferenças subjacentes nos valores culturais, que, no entanto, são reveladas quando as escolhas difíceis da vida precisam ser feitas, e os sacrifícios suportados, para alcançar objetivos concorrentes.

Quando uma análise é limitada a uma sociedade — grupos raciais e étnicos nos Estados Unidos, por exemplo —, pode ser difícil estabelecer quais padrões são o resultado do modo pelo qual grupos específicos foram tratados na sociedade norte-americana e quais são o resultado dos próprios padrões culturais internos. Contudo, quando a análise é de escopo internacional, então os padrões grupais que se repetem em país após país podem ser mais facilmente distinguidos das diferenças históricas na experiência do grupo de um país para outro.[315]

Ao escrever a trilogia, Sowell baseou-se em grande quantidade de pesquisas e dados internacionais para desmascarar a suposição de que as diferenças no desempenho de grupos raciais e étnicos derivam inteiramente, ou mesmo predominantemente, das estruturas sociais circundantes. Ele não estava tentando dizer que a cultura explica tudo, ou que as culturas são permanentes, mas rejeitou o "dogma *a priori* de que todas as culturas são iguais". Esse relativismo pode ser politicamente correto, ele sustentou, mas não é apoiado pelas evidências. E esses livros fornecem vários exemplos não apenas das principais diferenças culturais, mas de como essas diferenças moldaram o curso da história, para melhor ou pior. Em *Conquests and Cultures*, por exemplo, Sowell explicou como o relativo isolamento social dos indígenas americanos os colocou em enorme desvantagem quando os europeus chegaram:

A tecnologia que os europeus trouxeram para o hemisfério ocidental não era simplesmente a tecnologia da Europa. Por causa da geografia da massa terrestre eurasiana, os europeus foram capazes de aplicar no hemisfério ocidental as características culturais das terras que se estendiam muito além da Europa, mas incorporadas à sua civilização. Os europeus conseguiram cruzar o Oceano Atlântico porque podiam navegar com lemes inventados na China, calcular as suas posições em alto-mar por meio da trigonometria inventada no Egito, usando números criados na Índia. O conhecimento que acumularam do mundo inteiro foi preservado em cartas inventadas na China. O poder militar que trouxeram com eles dependia cada vez mais das armas que usavam pólvora, também inventada na Ásia. No hemisfério ocidental, o confronto cultural era, de fato, uma luta unilateral entre culturas adquiridas de vastas regiões da terra contra culturas de regiões muito mais estreitamente circunscritas do Novo Mundo. Nunca as vantagens de um universo cultural mais amplo foram demonstradas de maneira mais dramática ou devastadora do que nas conquistas que se seguiram.[316]

O que atualmente é menosprezado pelos progressistas liberais como "apropriação cultural" é descrito com mais precisão como empréstimo e demonstração de superioridade — sem os quais não haveria progresso humano, Sowell argumentou. Ele escreveu a respeito desse tópico em *Race and Culture*:

Independentemente da natureza da competição cultural, quer seja guerra ou comércio internacional, avanços científicos ou difusão de música popular, competição significa vencedores e perdedores. (...) Alguns podem lamentar que os tecidos locais pitorescos de sociedades não ocidentais tenham sido substituídos por tecidos produzidos em massa nas fábricas da Europa ou dos Estados Unidos. Podem se lastimar de ver as bebidas tradicionais locais substituídas por refrigerantes com gás, ou instrumentos musicais indígenas deixados de lado enquanto as pessoas ouvem músicas populares norte-americanas em rádios portáteis fabricados no Japão. Aqueles que deploram tais coisas também estão deplorando o próprio processo de disseminação cultural pelo qual a humanidade avançou por milhares de anos.[317]

Mas o argumento principal de Sowell era que não há razão para esperar que pessoas de diferentes origens raciais e étnicas tenham resultados semelhantes. "Em suma, diferentes povos viveram em diferentes universos culturais, enraizados em diferentes histórias, e evoluíram a partir de diferentes imperativos", ele escreveu. "Entender a natureza e o escopo do universo cultural é essencial para entender as diferenças nas maneiras pelas quais diferentes pessoas encaram os mesmos desafios e oportunidades."[318]

O problema de segunda ordem que Sowell identificou foi a tentativa dos formuladores de políticas públicas de ajudar os grupos que ficaram para trás por meio de programas como ação afirmativa, cotas e direitos reservados. Essas iniciativas se basearam na suposição equivocada de que resultados iguais ou proporcionais são normais e que, onde não os encontramos, algo nefasto está acontecendo. "As diferenças intergrupais têm sido a regra, e não a exceção, em países ao redor do mundo e ao longo de séculos de história", ele escreveu. "Hoje, basta ligar a televisão e assistir a um jogo de basquete profissional para perceber que as raças não estão representadas de maneira uniforme ou aleatória nesse esporte e não são proporcionais à sua representação na população geral dos Estados Unidos. Racialmente, as equipes não 'se parecem com a América'." Outros exemplos eram abundantes:

> *Embora não visível a olho nu, nem as cervejarias que patrocinam este e outros eventos esportivos se parecem. A maioria, se não todas, das principais cervejarias dos Estados Unidos foi fundada por pessoas de origem alemã. Assim como a maioria dos principais fabricantes de piano. Tampouco a dominação alemã dessas instituições se limita aos Estados Unidos. O tipo de super-representação demográfica em atividades específicas encontrada entre os negros no basquete ou os alemães na fabricação de cervejas e pianos também pode ser encontrada entre os judeus na indústria de roupas — não apenas na Nova York contemporânea, mas também na história da Espanha medieval, do Império Otomano, no Império Russo, no Brasil, na Alemanha e no Chile. A certa altura, a maioria das lojas de roupas em Melbourne era de propriedade de judeus, que nunca chegaram a constituir um por cento da população australiana.*[319]

A trilogia é rica em exemplos e estatísticas. Sowell apresenta argumentos empíricos e tem um jeito de fazer os números quase cantarem. "É o apreço pelos dados e pelos fatos históricos, mas é claro que o conceito precede os dados", George Gilder afirmou. Você nunca tem a sensação de que Sowell é inundado pela coleta de dados empíricos. Ele possui um domínio conceitual que lhe permite ver os números relevantes. É por isso que é tão eficaz. Não é que ele seja indutivo. A ideia vem antes dos dados. Para ele, simplesmente funciona."[320]

No prefácio de *Race and Culture*, Sowell explicou que o livro pretendia, antes de tudo, ser uma análise e não "apresentar uma grande teoria explicando as diferenças culturais". Às vezes, ele é criticado, até por admiradores, por não apresentar mais soluções para os problemas que identifica. No entanto, Sowell não vê isso como o seu papel e geralmente se contenta em deixar a solução dos problemas para os outros. "Este livro oferece deliberadamente pouco em termos de prescrições políticas diretas, pois a sua premissa subjacente é que o que é mais necessário é o entendimento das realidades existentes, a história a partir da qual o presente evoluiu, e os princípios duradouros que restringem as nossas opções para o futuro", ele escreveu. "Raramente há uma escassez de pessoas dispostas a elaborar planos de salvação. O importante é que essas pessoas e aquelas que julgam as suas propostas entendam do que estão falando."[321]

Sowell quer tornar os seus leitores mais inteligentes, e não dizer a eles o que fazer. E em sua visão restrita da natureza humana, terceiros são em grande medida incapazes de "consertar" as diferenças culturais que levam a resultados desiguais. O que mais importa é o autodesenvolvimento do grupo, para o qual não há atalhos. Além disso, há poucas evidências de que o progresso de uma raça ou grupo étnico pode ser socialmente projetado. O máximo que podemos esperar são políticas públicas que não piorem a situação e permitam o desenvolvimento necessário. "Minha teoria a respeito de como se livrar da pobreza envolve realizar uma reunião com todos os principais especialistas em pobreza no meio do Pacífico e não os deixar ir para casa por dez anos", ele ironizou certa vez em uma entrevista.[322]

Esse é o pensamento por trás dos extensos textos de Sowell sobre "políticas públicas" ao longo do último meio século. Mesmo antes de preferências raciais terem esse nome, ele se mostrava cético a respeito da sua eficácia e desconfiado quanto aos efeitos colaterais. "As políticas públicas questionam a competência de todos os negros ao tentar ajudar alguns negros", ele me disse. Lembremos que já no início da década de 1960, Sowell havia denunciado, por razões tanto táticas quanto morais, as iniciativas dos líderes pelos direitos civis para buscar tratamento especial para os negros. Também era uma questão pessoal para ele, um negro do sul racista. Sowell tem idade suficiente para lembrar onde estava quando chegaram as notícias de que os japoneses tinham bombardeado Pearl Harbor. "Sou antiquado o bastante para ser contra [ações afirmativas] simplesmente porque é errado", ele disse em uma carta de 1986 a um funcionário do governo Reagan que tinha lhe pedido a sua opinião sobre políticas de preferência racial. "Tendo sido forçado por nascença a ser alvo de discriminação por muitos anos, não consigo encontrar a inteligência para justificar a discriminação agora, seja contra os outros ou contra mim mesmo. E se agora reduzo esse assunto a uma questão pragmática de quem está sofrendo ou sendo prejudicado, então que direito eu tinha de me indignar antes?"[323]

Talvez Sowell nunca tenha ficado mais indignado com tais políticas públicas do que no momento em que recebeu uma carta padrão em 1972 do chefe do departamento de economia do Swarthmore College, que afirmava que ele estava "procurando diligentemente um economista negro" para contratar. Sowell respondeu a carta em termos inequívocos:

Qual é o propósito de ser notificado por esse tipo de coisa? (...) Sem dúvida, um economista da sua reputação deve saber que o desemprego entre os PhDs negros é um dos menores dos nossos problemas sociais, e tem sido por muitos anos — muito antes desse tipo de "ação afirmativa". (...) Talvez você considere que está fazendo algo pelas relações raciais. Se vai encontrar professores negros com a qualidade de Swarthmore, isso é uma coisa. Mas os professores com a qualidade de Swarthmore são encontrados por meio dos canais com a qualidade de Swarthmore e não por meio de cartas mimeografadas desse tipo. Muitos acadêmicos negros com respeito próprio nunca aceitariam uma oferta como essa, mesmo que tivessem vontade de lecionar em Swarthmore. Quando Bill Allen era diretor na UCLA, ele se recusou fortemente a contratar qualquer pessoa com base na representação étnica e, assim, possibilitou que eu chegasse lá um ano depois de cabeça erguida. A sua abordagem tende a tornar o emprego pouco atraente para qualquer um que se considere um acadêmico ou um homem e, desse modo, o deixa aberto a oportunistas.

Apesar de toda a conversa na academia sobre a "ação afirmativa" não baixar os padrões, você e eu sabemos que são necessários muitos anos para a formação de professores qualificados de qualquer cor, e nenhum aumento na demanda aumentará imediatamente a oferta, a menos que você baixe a qualidade.

*Agora, o que de bom vai vir de padrões mais baixos que tornarão "negro"
equivalente a "abaixo do padrão" aos olhos dos estudantes negros e brancos?* [324]

O início da carreira de Sowell na academia no início da década de 1960 antecedeu a implantação de preferências raciais nas contratações, e em suas memórias ele relatou como, ao longo do tempo, essas políticas mudaram a maneira pela qual ele era percebido por colegas e alunos. "Uma das ironias que experimentei em minha própria carreira foi que recebi mais respeito automático quando comecei a lecionar em 1962, como um jovem inexperiente sem doutorado e poucas publicações, do que posteriormente, na década de 1970, depois de acumular um currículo mais substancial", ele escreveu. "O que aconteceu no meio foi a contratação pela 'ação afirmativa' de professores de minorias." Na UCLA, onde lecionou na década de 1970, às vezes os alunos se aproximavam dele no fim do semestre para expressar satisfação pelo curso, mas "muitas vezes havia alguma frase reveladora para me dizer que ficaram agradavelmente surpresos", Sowell disse. Ele deu um exemplo:

Um jovem, no início do semestre, procurou-me com uma pergunta sobre um trecho no livro-texto que ele estava tendo dificuldade em entender. Depois que expliquei o que significava, ele perguntou:
"Tem certeza?"
"Sim, tenho certeza", respondi. "Eu escrevi o livro-texto."
Então, ele notou o meu nome na capa e ficou visivelmente constrangido. Era um dos sinais dos tempos, um dos frutos da "ação afirmativa". [325]

Ao longo das décadas, Sowell deu ao assunto de preferências de grupo a sua abordagem mais extensa em *The Economics and Politics of Race, Civil Rights: Rhetoric or Reality?, Preferential Policies, Race and Culture* e *Affirmative Action Around the World*, e também em várias colunas jornalísticas e ensaios mais longos. Escreveu acerca das origens das preferências raciais, seu impacto nas decisões de contratações de pessoal e o papel nas admissões dos alunos nas faculdades. Questionou a sua própria necessidade e sustentou que, na prática, podem solapar o desenvolvimento pessoal e servir para diminuir as conquistas dos negros bem-sucedidos. Refletiu a respeito da legalidade dos duplos padrões raciais e da sensatez de criar um sistema de benesses raciais em uma sociedade cada vez mais pluralista. Sowell escreveu sobre como as preferências raciais afetaram não só os negros e os hispânicos, mas também os asiáticos e as mulheres. Ele assinalou como essas preferências começaram como iniciativas para assegurar oportunidades iguais sem distinção de raça, mas evoluíram para metas numéricas e cotas; como deveriam ser temporárias, mas passaram a ser por tempo indeterminado; e como foram vendidas como iniciativas para ajudar os pobres, mas, na prática, ajudaram os que já estavam em melhor situação. Sowell mostrou como as justificativas para as preferências inevitavelmente mudam ao longo do tempo e criticou a argumentação para usá-las como meio de reparação histórica. E, é claro, mostrou como nada disso é exclusivo das políticas de ação afirmativa dos Estados Unidos, mas, na verdade, tem sido o padrão em vários países em todo o mundo. O prefácio do seu livro de 1990, *Preferential Policies: An International Perspective*, começa com uma anedota:

> *Certa noite, a natureza internacional da questão das políticas preferenciais foi involuntariamente dramatizada para mim por uma mulher maori culta, que fazia parte de um grupo que jantava junto em um restaurante caro de Auckland, na Nova Zelândia. O tema central do seu argumento era a singularidade histórica dos maoris na Nova Zelândia, e como essa singularidade justificava e exigia políticas preferenciais. No entanto, os conceitos-chave que ela usou, a sua atitude geral, as entonações da sua voz, as expressões faciais e os gestos, a linguagem corporal, os clichês, as suas respostas evasivas, acusatórias e retaliatórias a quaisquer perguntas ou críticas sérias, tudo poderia ter sido encontrado em quase todas as grandes cidades dos Estados Unidos, entre os representantes de uma longa lista de grupos que têm ou procuram tratamento preferencial. Com variações locais, argumentos e atitudes*

semelhantes podem ser encontrados na Grã-Bretanha, na Malásia e em Fiji, e em muitos outros países no meio. Independentemente da singularidade dos maoris na Nova Zelândia, os argumentos e as conotações estavam mais próximos de serem universais do que singulares.[326]

Na visão dissidente de Sowell, a ação afirmativa é mais uma "solução" política equivocada para um problema mal diagnosticado. Os defensores presumem que algo próximo da paridade estatística nos resultados é normal — que se as mulheres representam cerca de quarenta e sete por cento da força de trabalho, mas constituem uma porcentagem muito menor como sócias em escritórios de advocacia, senadoras dos Estados Unidos ou CEOs das grandes empresas, então a discriminação de gênero deve ser o motivo. Sowell rejeitou esse pensamento, não porque acreditasse que o sexismo era inexistente, mas porque correlação não é causalidade, e as evidências empíricas mostraram que outras explicações para as disparidades de gênero no mercado de trabalho eram muito mais plausíveis. O que também distinguiu os textos de Sowell nessa área é que ele se preocupou muito menos com as intenções por trás de tais políticas do que com a análise dos resultados que se seguiram à sua implantação.

A sua obra definitiva sobre preferências de grupo, *Affirmative Action Around the World: An Empirical Study*, de 2004, é uma devastadora análise de custo-benefício da frequência com que essas políticas falharam em atingir seus objetivos declarados. Sowell explica que os *trade-offs* associados à ação afirmativa raramente são examinados, mas mesmo assim são significativos. "Entre os custos, incluem-se os padrões de desempenho mais baixos para a obtenção de resultados numéricos", ele escreveu. "Além disso, às vezes, esses padrões são reduzidos para todos, a fim de evitar o constrangimento político ou a responsabilidade legal referente a duplos padrões óbvios para grupos favorecidos." Sowell também mostra que as políticas de preferência foram utilizadas para criar uma falsa sensação de dependência, na medida em que grupos sub-representados são levados a acreditar que um tratamento especial é necessário para que eles progridam. "Além das hostilidades entre grupos criadas ou exacerbadas por preferências e cotas em outros países, a ação afirmativa nos Estados Unidos fez com que os negros, que em grande medida saíram da pobreza por si mesmos, parecessem pessoas que devem sua ascensão a políticas públicas e a outros programas governamentais", ele observou. "Ademais, essa percepção não se limita aos brancos. Foi cultivada com esmero por políticos e líderes pelos direitos civis negros, que buscam reivindicar o crédito pelo progresso, de maneira a consolidar um eleitorado condicionado a depender deles, assim como do governo."[327]

Os receios de Sowell acerca das políticas de ação afirmativa e as diversas justificativas usadas para mantê-las em vigor datam de décadas, mas as suas críticas permanecem oportunas como sempre. Nos últimos anos, as instituições da Ivy League foram processadas por supostamente limitar as matrículas de asiáticos, submetendo os candidatos asiáticos a padrões mais altos do que os de outros grupos. As escolas de ensino médio para alunos superdotados foram pressionadas a diminuir os requisitos de exames para admissão, devido a disparidades raciais nos resultados dos exames. O dogma revisionista que afirma que a Revolução Americana foi travada para preservar a escravidão, e que os resultados racialmente díspares atuais são um legado direto dessa instituição, está sendo fomentado pelo *New York Times* e ensinado no ensino fundamental de todo o país. Os ativistas do Black Lives Matter e outros grupos pelos direitos civis abandonaram qualquer pretensão de daltonismo racial e pressionaram por medidas baseadas em raça para lidar com a desigualdade. Talvez o mais perturbador seja o fato de que a discussão sobre indenizações pela escravidão não só continua, mas também ganhou defensores proeminentes.

Em 2019, o autor de *best-sellers* Ta-Nehisi Coates testemunhou perante o Congresso em apoio às indenizações para os negros pela escravidão. Ele começou seus comentários com uma discussão do que chamou de "herança da escravidão" dos Estados Unidos. Embora os escravos e senhores de escravos tenham desaparecido há muito tempo, ele disse, os norte-americanos ainda estão "ligados a um empreendimento coletivo que se estende além de nosso alcance individual e pessoal". Ele acrescentou: "Reconhecemos a nossa linhagem como uma responsabilidade geracional, como herança, e o verdadeiro dilema representado pelas indenizações é apenas isso: um dilema de herança", citando cálculos bastante contestados da contribuição da escravidão para a prosperidade norte-americana.[328] Coates prosseguiu e invocou uma ligação causal direta entre o sofrimento passado dos negros e as disparidades raciais atuais:

A escravidão imperou por 250 anos nestas terras. Quando terminou, este país poderia ter estendido os seus princípios sagrados — vida, liberdade e busca da felicidade — a todos, independentemente da cor. Mas os Estados Unidos tinham outros princípios em mente. E por isso, por um século depois da Guerra Civil, os negros foram submetidos a uma implacável campanha de terror (...)

É tentador dissociar essa moderna campanha de terror, de pilhagem, da escravização, mas a lógica da escravização, da supremacia branca, não respeita tais fronteiras, e a guarda da escravidão foi cobiçosa e gerou muitos herdeiros. Golpes de Estado e arrendamento de condenados. Leis de vadiagem e escravidão por dívida. Redlining e G.I. Bill racista. Impostos de votação e terrorismo patrocinado pelo Estado. (...)

(...) Foi há 150 anos. E foi agora. A família negra típica neste país tem um décimo da riqueza da família branca típica.[329]

Naquele dia, outras testemunhas depuseram em oposição às

indenizações pela escravidão, e poderiam ter feito muito pior do que simplesmente ter lido em voz alta algumas páginas de Tom Sowell, que cerca de três décadas antes, em seu livro de 1990, *Preferential Policies,* não só tinha antecipado os argumentos de Coates com precisão assustadora, mas também abordado as suposições subjacentes e o raciocínio destituído de rigor usado para apoiá-los:

As injustiças da história foram invocadas por diversos grupos em muitos países como uma reivindicação moral de indenização contemporânea. Muito fervor emocional entra em tais reivindicações, mas a questão aqui envolve sua lógica ou moralidade. Assumir, como argumento, que as reivindicações históricas são factualmente corretas, o que pode não ser o caso em todos os países, para transmitir benefícios entre dois grupos de contemporâneos vivos por causa do que aconteceu entre dois conjuntos de pessoas mortas é suscitar a questão se alguma vítima está de fato sendo indenizada. Somente onde as injustiças e as indenizações são consideradas como coletivizadas e hereditárias, a reparação das injustiças da história tem uma moral ou mesmo uma base lógica.

A continuidade biológica das gerações confere plausibilidade à noção de indenização grupal, mas apenas se a culpa for herdada. Caso contrário, há simplesmente ganhos inesperados e perdas inesperadas entre os contemporâneos, de acordo com o sinistro dos seus antecedentes. Além disso, poucas pessoas aceitariam isso como um princípio geral a ser aplicado sistematicamente, por mais que possam defendê-lo por compaixão (ou culpa) pelo destino dos infortunados específicos. Ninguém defenderia que os judeus de hoje têm o direito moral de colocar os alemães de hoje em campos de concentração, para compensar o Holocausto nazista. A maioria das pessoas não apenas ficaria horrorizada com tal sugestão, mas também a consideraria um segundo ato de imoralidade total, de modo algum compensando o primeiro, mas simplesmente aumentando a soma total de pecados humanos.

Sowell também alertou contra a suposição de que os "problemas contemporâneos de grupos historicamente errados são em virtude dessas injustiças", o que pode ser tentador supor, mas precisa ser demonstrado empiricamente, e não simplesmente afirmado:

> *A posição socioeconômica contemporânea dos grupos em uma determinada sociedade costuma não ter relação com as injustiças históricas que sofreram. Tanto no Canadá como nos Estados Unidos, os japoneses apresentam renda significativamente mais alta do que os brancos, ainda que possuam um histórico documentado de grave discriminação antijaponesa em ambos os países. A mesma história pode ser relatada a respeito dos chineses na Malásia, Indonésia e muitos outros países ao redor do mundo, dos judeus em países com virulento antissemitismo, e uma grande variedade de grupos em diversos países. Também entre os grupos mais pobres, o nível de pobreza costuma ter pouca correlação com o grau de opressão. Ninguém diria que as injustiças históricas sofridas pelos porto-riquenhos nos Estados Unidos superaram as sofridas pelos negros, mas a renda média dos porto-riquenhos é inferior à renda média dos negros.*
> *Nada disso prova que as injustiças históricas não tenham efeitos contemporâneos. Em vez disso, é uma assertiva acerca das limitações do nosso conhecimento, que é excessivamente inadequada para a tarefa empreendida e provavelmente continuará assim. Fingir desvendar as inúmeras fontes de diferenças intergrupais é um exercício de arrogância e não de moralidade.*[330]

Também é uma assertiva a respeito de há quanto tempo Sowell tem dado um banho em pessoas que receberam muito mais atenção e elogios do que pareceria cabível.

Avaliações acadêmicas perspicazes dos textos de Sowell

sobre questões culturais são difíceis de encontrar; as avaliações que existem não tendem a ir muito longe. Isso é sobretudo verdade entre seus críticos negros, com quem raramente se pode contar para lidar com as suas ideias. Em vez disso, costumam acusar Sowell de traição racial, independentemente da força dos seus argumentos ou da sua capacidade de respaldá-los com fatos, dados e lógica. O pensamento independente acerca de controvérsias raciais não fica apenas sem recompensa na academia e na mídia. Os negros contestatários costumam ser difamados e marginalizados pelos outros negros. Espera-se que pensem de certa maneira sobre raça e desigualdade, e aqueles que contrariam as expectativas podem ser rejeitados como não "realmente" negros. Em seu livro *The Myth of Black Progress,* publicado em 1984, o sociólogo Alphonso Pinkney acusa tipos como Sowell de adotar visões que solapam a solidariedade intelectual negra. "Cientistas sociais negros, assim como brancos, parecem apoiar o crescente movimento conservador nos Estados Unidos", Pinkney afirmou. "Que cientistas sociais brancos se envolvam nessas atividades não é surpreendente. No entanto, os sociólogos negros que apoiam o movimento conservador não são diferentes dos funcionários governamentais do ex-Vietnã do Sul que apoiaram a agressão norte-americana contra o próprio povo."[331]

O problema de Sowell com tal pensamento não era simplesmente o fato de que ele sempre agiu de uma maneira em desconformidade com o padrão predominante. "O respeito próprio é a coisa mais importante", ele escreveu. "Com ele, a adulação do mundo soa falsa. E com ele, até os ataques venenosos entram por um ouvido e saem pelo outro."[332] A sua maior preocupação era que, como acadêmico, ele rejeitava em bases empíricas a premissa de que a coesão dos grupos minoritários era um pré-requisito para o progresso econômico. Pinkney disse que os negros precisavam se unir política e ideologicamente. A resposta de Sowell foi que, se o pensamento em sintonia funciona, mostre-me as evidências. "Às vezes, a identidade étnica foi considerada um fator potente — se não primordial — no progresso do grupo", Sowell escreveu. "Porém, grupos com muita identidade de grupo — em coisas como votação em bloco ou favoritismo pró candidatos políticos ou funcionários da própria etnia — geralmente não se saíam melhor do que grupos com menos preocupação com essas coisas."[333]

Na verdade, Sowell sustentou que o pensamento em sintonia pode ser contraproducente e que não devemos supor que os benefícios da solidariedade excederiam os seus custos. "A identidade de grupo nem sempre leva a decisões mais sábias do que as que emergem de um choque de ideias individuais diferentes dentro e fora do grupo", ele escreveu. "Mais perigosamente, a solidariedade de grupo muitas vezes significa deixar o menor denominador comum moldar a cultura e a vida dentro do grupo e determinar a direção do seu futuro. Isso pode variar desde estudantes negros sendo acusados de 'agir como brancos' por serem conscienciosos acerca dos seus estudos até críticas automáticas às ações policiais contra desordeiros ou criminosos. São feridas autoinfligidas que podem comprometer todo o futuro de um povo."[334]

Quando perguntei a Sowell sobre as críticas à sua metodologia e à sua independência, ele não demonstrou nenhum remorso. "Imagino que a Pony Express [o serviço de correio a cavalo] reagiu dessa maneira aos métodos da Western Union", ele gracejou. "Sem cavalos." Ele disse que não perdeu muito tempo se preocupando com essas linhas de ataque: "Não é algo que me preocupe muito porque, no final das contas, é uma questão de evidências e lógica. Se são especialistas nesses campos, devem ter melhores evidências e lógica do que eu. E se não conseguem ter, então o mero fato de serem mandachuvas em seu campo não significa muito." Não há "nenhuma razão *a priori* para dizer que o que aconteceu aqui [nos Estados Unidos] é único", e não pode ser comparado ao que aconteceu com outras pessoas em outros lugares em outras épocas. "É uma questão de saber se e até que ponto as situações dos outros países são semelhantes e diferentes. E isso só pode ser investigado empiricamente." Essa discussão, ele acrescentou, "fazia parte de uma questão mais ampla que [Milton] Friedman tratou há muito tempo — o problema que envolve a precisão descritiva *versus* a relevância analítica. [335] Descritivamente, é verdade que esses grupos são diferentes. A questão é se, à medida que você começa a analisar, suas conclusões são amparadas pelas evidências".

Sowell também me disse que achava suspeita toda a ideia da necessidade de liderança racial e étnica. "Uma das coisas que me impressionou tanto nacional quanto internacionalmente entre os grupos que passaram da pobreza para a riqueza é que eles quase nunca têm os chamados líderes proeminentes dos grupos que permanecem atrasados", ele afirmou. "Quem foi capaz de ficar com os louros pela ascensão dos judeus ou dos asiático-americanos? Onde está o Martin Luther King deles?"[336]

Por um lado, pode-se dizer que Sowell e seus detratores estavam em um diálogo de surdos. Os críticos apresentavam evidências de que o racismo ainda existia e então insistiam que a sua existência era uma explicação satisfatória para as diferenças raciais em riqueza, emprego, taxas de encarceramento e outras áreas. Sowell respondia com exemplos de minorias étnicas e raciais que enfrentaram discriminação, mas, mesmo assim foram capazes de sair de circunstâncias difíceis e, às vezes, superar em desempenho os mesmos grupos que as discriminaram. Para ele, esses dados mostravam que a existência do racismo era uma explicação insuficiente em relação à desigualdade social. Para seus críticos, mostrava que as comparações intergrupais são imperfeitas e, portanto, inválidas, e que a experiência dos negros norte-americanos é *sui generis*.

Depois de tantas críticas a Sowell ao longo das décadas, que equivaleram a insultos e psicanálise pop disfarçados de escrutínio acadêmico, é fácil deixar escapar as tentativas raras, mas mais sérias, de encarar as suas ideias. O livro *Race, Class and Conservatism*, de Thomas D. Boston, publicado em 1988, procurou fazer exatamente isso.[337] Boston, economista do Instituto de Tecnologia da Georgia, pretendeu mostrar que a discriminação no trabalho ainda era uma realidade e que a crença de Sowell na concorrência de mercado para resolver as diferenças de renda era inapropriada. Mas mesmo nessa avaliação, feita por um colega acadêmico agindo de boa-fé e com todos os dados, gráficos e jargões que a acompanham, não há uma oposição real contra o argumento subjacente de Sowell. Boston consegue mostrar que a discriminação racial nos mercados de trabalho ainda existe, mas isso é algo que Sowell não negou. O que Boston não mostrou é que a discriminação passada ou atual é a *causa principal* das diferenças no emprego e na renda entre brancos e negros, que é o que ele precisaria mostrar para abordar a tese de Sowell de frente.

A era pós-década de 1960 apresentou um drástico *declínio* da participação dos homens negros na força de trabalho, o que representou uma reversão significativa do que vinha acontecendo nas décadas de 1940 e 1950. O argumento de Boston é que a discriminação racial é a *principal culpada*, o que é certamente possível. Mas seria plausível? Alguém acredita seriamente que os resultados dos negros na força de trabalho começaram a piorar drasticamente nas décadas de 1970 e 1980 por causa de um *aumento* da discriminação racial durante esse período? Se Boston quisesse postular que foi sobretudo o racismo que impeliu as diferenças raciais na força de trabalho, precisaria apresentar evidências empíricas de que o racismo estava aumentando. O livro não fornece tais evidências. Por outro lado, Sowell apresenta vários dados mostrando que outros fatores além da discriminação foram os mais prováveis responsáveis por um aumento no tamanho da classe baixa negra. Boston não apresenta um contra-argumento empírico para esse fato; em vez disso, pede aos leitores para aceitarem as suas inferências livres de evidências de que o preconceito racial explica em grande medida as disparidades raciais de hoje.

É difícil não concluir que Sowell passou a carreira sendo perseguido pela imprensa e pelos intelectuais, que são mediocridades em comparação. Isso é especialmente verdadeiro em relação aos críticos negros liberais dos seus textos sobre raça, que não conseguem se igualar nem ao seu alcance acadêmico nem à sua profundidade de análise. "Uma resenha do *New York Times* disse que Sowell era o cientista social negro mais proeminente dos Estados Unidos", afirmou Tom Hazlett, professor de economia que conhece Sowell pessoalmente e usou os livros dele em aula durante anos. "Isso foi em 1980. Lembro-me dessa opinião. O que você vai fazer se for de esquerda, for um intelectual e quiser dizer que Cornel West é o máximo? Se colocarmos esses dois caras na mesma mesa, não é que sejam diferentes. É que Sowell realmente está em um nível totalmente diferente. Não é uma luta justa."[338]

Outra tática dos críticos de Sowell tem sido simplesmente ignorá-lo, fazer de conta que não existe outra maneira de os negros pensarem acerca das diferenças raciais nos Estados Unidos. Quando perguntei a William B. Allen, cientista político negro e ex-presidente da United States Commission on Civil Rights [Comissão dos Direitos Civis dos Estados Unidos], o que ele pensava a respeito da maneira pela qual os negros de esquerda tinham tratado Sowell e os seus estudos sobre raça e etnia, ele achou graça da pergunta. "Bom, o que você pode pensar a respeito do silêncio?", ele disse. "Em grande medida, o silêncio foi a resposta. Os negros de esquerda não se ocupam de Tom. Em geral, eles o ignoram. Então, não podemos concluir muita coisa a partir disso, além do fato de que eles não estão dispostos a correr riscos." Allen afirmou que "não houve críticas sustentadas a Tom" por parte de intelectuais e escritores negros liberais. "Ao longo dos anos, vi algumas críticas oblíquas aqui e ali, mas nunca ninguém da esquerda o levou a sério."[339]

Walter Williams, amigo de cinquenta anos de Sowell, que morreu em 2020, concordou. Williams era um economista negro da Universidade George Mason, que também era conhecido por escrever uma popular coluna jornalística de inclinação libertária distribuída nacionalmente. Os dois se conheceram quando Sowell estava lecionando na UCLA e Williams fazia o seu doutorado lá sob a orientação de James Buchanan. Williams nunca assistiu a nenhuma aula de Sowell, mas quando soube que havia um professor negro que compartilhava seus pontos de vista, procurou Sowell e se apresentou. Na década de 1980, eles brincavam que nunca voavam juntos, porque se o avião caísse não sobraria nenhum negro conservador.

William me disse que a falta de engajamento em relação às ideias de Sowell por parte dos liberais negros faz sentido quando se entende que não é do interesse deles chamar atenção para o tipo de coisas que Sowell diz. Os ativistas negros, como Jesse Jackson e Al Sharpton, e intelectuais negros como Cornel Wesr, Henry Louis Gates Jr. e Ta-Nehisi Coates, ele afirmou, "beneficiam-se imensamente de fazer os brancos se sentirem culpados. Mas Tom não se beneficia de fazer os brancos se sentirem culpados e nem eu. Então, eles não têm nenhum uso para nós. O que dizemos vai contra esses interesses. Portanto, eles não se engajam".[340]

Em sua autobiografia, *Up from the Projects*, William relatou a reação do colunista Carl Rowan ao ver Sowell explicar, na televisão, como as leis de salário mínimo prejudicaram as perspectivas de emprego dos negros mais jovens. Rowan não respondeu com uma coluna que citava estudos empíricos provando que Sowell estava errado. A sua resposta foi emocional: "Vidkun Quisling, em sua colaboração com os nazistas, certamente não causou tantos danos aos noruegueses como Sowell está causando aos mais indefesos negros norte-americanos. Sowell está ajudando e confortando os racistas norte-americanos e aqueles que, em nome do conservadorismo e da frugalidade, tiram a comida da boca das crianças negras, deixando centenas de milhares de adolescentes negros no desemprego e na desesperança (...)".

Rowan não foi capaz de desacreditar o argumento, então tentou desacreditar a pessoa que estava argumentando. "Obviamente, Rowan ignorava o amplo consenso entre os economistas acadêmicos de que a lei do salário mínimo desfavorece o emprego dos trabalhadores de baixa qualificação, que são, de forma desproporcional, adolescentes negros", escreveu Williams, estudioso que se destacou em meados da década de 1970 por estudos a respeito de como os salários obrigatórios impactavam as taxas de desemprego das minorias. "De fato, uma pesquisa de 1976 da American Economic Association constatou que noventa por cento dos seus membros concordavam que o aumento do salário mínimo aumenta o desemprego entre jovens e não qualificados. Uma pesquisa posterior, de 1990, constatou que oitenta por cento dos economistas concordavam com a afirmação de que aumentos do salário mínimo causam desemprego entre jovens e pouco qualificados."[341]

Sowell não foi o único conservador negro a ser alvo de ataques histéricos, mas, nas décadas de 1970 e 1980, era facilmente o mais proeminente, o que significa que ele suportou o peso das críticas. "Lembro-me da primeira vez que fui acusado de me vender", ele me disse. "Era um militante negro em Cornell. Eu morava lá com a minha pequena família no andar superior de um apartamento duplex de dois quartos e dirigia um fusca. Ele tinha uma casa com duas Mercedes estacionadas na frente."

Sowell disse que, de certa forma, acha a maledicência reconfortante, porque demonstra que seus críticos não têm argumentos sólidos a oferecer. "Muitas vezes fico surpreso com o fato de receber tão poucas críticas reais sendo alguém que escreve a respeito de tantos assuntos controversos, e não apenas sobre raça. As pessoas perguntam o que os grupos pelos direitos civis dizem em resposta. Eles não dizem nada. E essa é a estratégia deles. Não se engajam. Há pessoas que se engajam, mas as pessoas do outro lado, não."[342]

"EM GERAL, A 'LIDERANÇA' NEGRA NÃO DEPENDE DE EXPRESSAR AS OPINIÕES DOS NEGROS, MAS DE TER ACESSO AOS BRANCOS, NA MÍDIA, NA POLÍTICA E NA FILANTROPIA."

CAPÍTULO 9

O HOMEM SOWELL

"Às vezes, parece que passei a primeira metade da minha vida me recusando a deixar que os brancos me definissem e a segunda metade me recusando a deixar que os negros me definissem." [343]

Ao longo das décadas, Thomas Sowell se acostumou a certo tipo de pergunta da mídia, geralmente de entrevistadores brancos. Eles queriam saber como, enquanto pensador conservador negro, ele lidava com todas as críticas dos outros negros. Às vezes, a pergunta era direta, como quando Charlie Rose lhe perguntou certa vez: "Como foi para você — e eu o assisti e o li por anos — ser um afro-americano respeitado por um grupo representativo dos seus colegas e ainda assim ser tão contra a corrente dos outros afro-americanos?". Outras vezes, o entrevistador tentava ser mais prudente, pelo menos no início. Certa vez, Brian Lamb, da C-SPAN, leu em voz alta um trecho de *Preferential Policies: An International Perspective*, de Sowell, a respeito de como as minorias que são céticas em relação à ação afirmativa foram rotuladas de traidoras da sua raça e, em seguida, perguntou ao autor: "Você está falando a seu respeito?". Em ambos os casos, essas perguntas representam certo fascínio pela psicologia de ser Thomas Sowell. Elas queriam analisar essa esquisitice, colocá-lo no divã.

O hábito de Sowell era responder a essa linha de investigação desafiando a premissa. "Não sei se podemos dizer [que vou] 'contra a corrente dos outros afro-americanos'", ele disse a Rose. "Você quer dizer *intelectuais* afro-americanos. Mas não acho que os intelectuais afro-americanos sejam mais típicos dos afro-americanos do que os intelectuais brancos são dos brancos."[344] A sua resposta para Lamb acabou sendo mais elaborada. Sim, Sowell disse que ele próprio é um dos muitos exemplos de países ao redor do mundo cujas críticas às políticas preferenciais foram recebidas com acusações de traição racial ou étnica. Mas Lamb o pressionou ainda mais: "Há uma maneira de você resumir" o que as pessoas da "sua própria raça dizem (…) a seu respeito?".

Nesse momento, Sowell o interrompeu. "Ah, espere, espere. Acho que uma das maneiras pelas quais os tagarelas organizados tiveram sucesso é falar que o que eles estão dizendo é o que a sua raça está dizendo", ele observou. "*A minha raça não está dizendo isso sobre mim. Esses indivíduos em particular, que são uma pequena minoria dentro da comunidade negra — que têm um interesse pessoal em muitos desses programas [de políticas públicas] —, eles estão dizendo isso*" (grifo do autor). Sowell contou a Lamb que negros desconhecidos regularmente o paravam em público e o elogiavam por suas opiniões. Liam os seus livros e suas colunas jornalísticas, ou o viram na televisão, e concordavam com o que ele dizia: "Quando paguei a conta do meu hotel esta manhã, um segurança negro se aproximou e me perguntou: 'Você é o Sowell?' E eu respondi: 'Sou'. Então, ele apertou a minha mão calorosamente e caminhamos — ele me acompanhou pelo corredor e falou sobre isso e sobre aquilo — e isso não é uma experiência incomum para mim. Então, não é Sowell *versus* negros. São os intelectuais negros."

Ele ainda explicou para Lamb que esses intelectuais "têm um interesse pessoal muito grande em certas crenças, que estão por trás de diversos programas dos quais eles se beneficiam enormemente. E, como mostro no livro, isso é comum em todo o mundo, o fato de que as elites se beneficiam dos programas preferenciais".[345]

De fato, há uma longa história de confundir os interesses da maioria dos negros norte-americanos com os interesses das organizações negras, dos jornalistas negros, dos acadêmicos negros e de outras elites negras que alegam advogar em nome da maioria. E a imprensa continua se voltando preguiçosamente para esses grupos, desde a NAACP até o Black Lives Matter, pedindo para que falem por todos os negros, tornando-se assim uma parte importante do fenômeno identificado por Sowell. Já em 1965, William Raspberry — que posteriormente virou um colunista de jornal bastante lido e publicado nacionalmente, mas que, na época, era um jovem repórter do *Washington Post* — assinalou a considerável desconexão entre as prioridades da liderança negra e aquelas dos negros comuns:

> *O progresso dos direitos civis, por mais notável que tenha sido nos últimos anos, passou ao largo dos negros pobres. Sobretudo no norte do país, a maioria dos ganhos dos direitos civis beneficiou a classe média negra e deixou as massas desfavorecidas em grande parte inalteradas. É particularmente o caso em Washington, onde a maioria da população é negra (…)*
>
> *"Quando o conselho distrital aprova uma lei proibindo a discriminação na venda de moradias, isso é progresso", afirma Roena Rand, presidente do Congress of Racial Equality [Congresso de Igualdade Racial] de Washington. "Mas não significa nada para o rapaz que não pode se dar ao luxo de comprar uma casa."*
> *(…)*
>
> *O mesmo vale para outros ganhos de direitos civis, como a criação de empregos de alto nível e a dessegregação em restaurantes de luxo. Os negros que não estavam indo mal estão se saindo ainda melhor, enquanto os que estavam por baixo*

permanecem no mesmo lugar. O resultado é um sentimento crescente de frustração e desesperança por parte dos moradores de cortiços não qualificados, iletrados e desempregados, à medida que se veem ficando cada vez mais para trás tanto dos brancos como dos negros de classe média.[346]

Robert Woodson é um ativista da comunidade negra que, na década de 1970, rompeu com os líderes negros tradicionais por causa da questão da dessegregação compulsória via transporte escolar e da maior ênfase da liderança pelos direitos civis na integração racial como solução para a desigualdade. "A esquerda supõe que, quem não é a favor da integração forçada apoia a segregação, mas essa é uma falsa dicotomia", ele disse ao *Wall Street Journal*, em 2014. "Acredito que devíamos ter lutado pela dessegregação, mas a integração forçada é uma questão à parte, principalmente na educação." A maioria dos pais negros sempre se opôs a esse método de engenharia social e afirmou que queria melhores escolas de bairro, "mas a liderança pelos direitos civis pressionou pela dessegregação compulsória via transporte escolar para os pobres. É claro que nenhum dos filhos deles estava no ônibus", Woodson disse.[347] Em um livro de 1998, Woodson descreveu como a "divisão entre as demandas dos líderes do *establishment* pelos direitos civis e as preocupações dos seus supostos integrantes" em diversas questões tinha se ampliado desde a década de 1960. Em um dos trechos mais admiráveis do livro, Woodson comparou as atitudes contemporâneas do público negro com as dos líderes negros:

Em uma pesquisa (...) realizada pelo Joint Center for Political and Economic Studies, oitenta e três por cento dos entrevistados negros que tinham conhecimento dos vouchers escolares responderam que eram a favor dos programas de escolha pelos quais "os pais podem enviar os seus filhos para qualquer escola pública ou particular que os aceitem". No entanto, em uma votação no plenário na convenção da NAACP de 1993, os delegados aprovaram uma resolução se opondo aos programas de voucher que proporcionariam às crianças de famílias de baixa renda os meios para frequentar escolas particulares. Quando os pesquisadores do Washington Post perguntaram se a minorias deviam receber tratamento preferencial para compensar a discriminação do passado, setenta e sete por cento dos líderes negros responderam sim, enquanto setenta e sete por cento do público negro respondeu não. (...) Outra pesquisa com a população negra realizada por um grupo de pesquisa da Fabrizio, McLaughlin and Associates, em 1993, revelou que noventa e um por cento dos entrevistados eram a favor de exigir que os beneficiários fisicamente aptos da previdência social trabalhassem por seus benefícios e cinquenta e nove por cento eram a favor de eliminar o livramento condicional para reincidentes violentos.[348]

De acordo com Woodson, a controvérsia acerca da indicação de Clarence Thomas para a Suprema Corte em 1991 pode ser vista como um "referendo nacional dos negros com respeito aos valores e objetivos que deviam guiar a comunidade negra". A mensagem de Thomas acerca da responsabilidade pessoal, assim como o seu foco na igualdade de oportunidades, em vez de na igualdade de resultados, "repercutiu entre os negros da base", Woodson escreveu. "As pesquisas revelaram de forma consistente que a maioria da população apoiou a indicação de Thomas e que, quanto menor o nível de renda, maior o apoio. Ao mesmo tempo, os maiores antagonistas de Clarence Thomas eram líderes do *establishment* pelos direitos civis, que viam as posições dele como uma ameaça à sua pauta de queixas baseadas em raça."[349]

Thomas Sowell não ganhou o *status* de ícone ao ir "contra a corrente" da maioria dos negros. Em vez disso, ele o fez confrontando o pensamento da maioria dos intelectuais negros. Se Charlie Rose e Brian Lamb não perceberam plenamente a distinção, isso foi por padrão. A elite intelectual negra há muito se preocupa em proteger a imagem pública da raça. As necessidades práticas dos negros comuns muitas vezes têm sido tratadas como uma preocupação secundária. Em seu ensaio de 1962, "The Failure of the Negro Intellectual", o sociólogo E. Franklin Frazier assinalou que o intelectual negro "apresentou todos os tipos de argumentos em defesa dos negros, mas eles foram concebidos principalmente para proteger o seu próprio *status* e aliviar a autoestima ferida".[350]

Sowell retomaria esse tema quase duas décadas depois, em um par de artigos de opinião explosivos do *Washington Post* — "Blacker Than Thou" e "Blacker Than Thou (II)" — publicados em 1981. Nesses artigos, ele descreveu a história social interna dos negros norte-americanos — que incluía a discriminação dos negros de pele mais clara contra os negros de pele mais escura — e como essa história influenciou a composição e as prioridades da elite negra atual. Ele também descreveu o esnobismo dos líderes negros, de W.E.B. Du Bois a Andrew Young, em relação às massas negras, em cujo nome eles falavam. "Historicamente, a elite negra tem se preocupado com o simbolismo e não com o pragmatismo", ele escreveu. "Como outros seres humanos, foram capazes de racionalizar a sua perspectiva especial e o seu interesse próprio como um bem geral. Grande parte da demanda deles pela remoção das barreiras raciais era uma demanda para que eles pudessem se juntar à elite branca e escapar das massas negras."[351]

Sowell disse que as vitórias duramente conquistadas pelo *establishment* pelos direitos civis contra as políticas de segregação racial foram fundamentais para o progresso dos negros e nunca devem ser esquecidas. Porém, ele também disse que não podemos supor que as prioridades de grupos como a NAACP e as da maioria dos negros norte-americanos se alinharão para sempre no futuro:

Em geral, a "liderança" negra não depende de expressar as opiniões dos negros, mas de ter acesso aos brancos, na mídia, na política e na filantropia. Os brancos que têm tempo limitado para dar atenção aos problemas dos negros precisam de alguns negros conhecidos a quem possam recorrer. As organizações pelos direitos civis propiciam essa conveniência. (...)

Por ora, a liderança negra convencional possui o monopólio virtual de expressar aquilo que os negros devem acreditar. Porém, é um monopólio precário. É vulnerável à exposição da verdade.[352]

No segundo artigo de opinião do *Washington Post*, Sowell explicou como esses líderes manipularam a imprensa de modo que ela acreditasse que o pensamento deles era típico de como todos os negros enxergavam as coisas. "Aqueles de nós que têm uma visão econômica ou política diferente — pessoas como Walter Williams [o economista libertário negro] ou eu — somos interrogados acerca de nossas origens por jornalistas que suspeitam que sejamos de classe média, porque discordamos daqueles que a imprensa aceita cegamente como as vozes dos negros", ele escreveu. "A velha elite é muito boa em tirar proveito das concepções da mídia, sobretudo quando se esgotam os argumentos substantivos."[353]

Em suas memórias, Sowell afirmou que esses dois artigos causaram o maior alvoroço em relação a tudo que ele já tinha escrito, antes ou depois, e ele suspeitava que não era tanto por causa do que havia dito, mas por causa de onde fora publicado — um jornal lido pelas pessoas que estavam bem a par da discriminação de cor interna. "Não havia como negar, em especial em Washington, onde tantos negros tinham conhecimento dessas coisas por experiência própria", ele escreveu. "Como a negação era impossível, a raiva deles contra mim por revelar esse pequeno segredo sujo assumiu a forma de ataques venenosos que ocuparam uma página inteira do *Washington Post* — e também fui denunciado por esses artigos em outras publicações, que também foram incapazes de negar a verdade do que eu havia dito."[354]

Mesmo acadêmicos em boa posição na esquerda política sentiram a ira das elites negras por condescenderem em desafiar a perspectiva delas sobre controvérsias raciais. Em 1989, em um artigo da *Harvard Law Review*, o jurista negro Randall Kennedy criticou a "fragilidade empírica e a retórica exagerada" do estudo crítico da raça neomarxista, que atribui a desigualdade racial às estruturas de poder racial.[355] Kennedy descreveu como foi exortado por colegas acadêmicos de minorias que leram os primeiros rascunhos do artigo a não expor tais opiniões publicamente. "Fui aconselhado — e em alguns casos advertido — a deixar de publicar o artigo, porque, entre outras coisas, seria mal utilizado pelos inimigos da justiça racial", ele escreveu. "Em segundo lugar, afirmaram que meus comentários (...) são hostis às políticas públicas, na medida em que põem em dúvida certas ideias que foram mobilizadas em favor das preferências raciais na contratação de professores, sobretudo a noção de que a raça deve servir como credencial intelectual positiva para acadêmicos de minorias. Além disso, insinuou-se que, dado meu *status* de acadêmico negro, a publicação do artigo revela uma falta notável de responsabilidade política." [356]

Kennedy disse que sentiu o dever acadêmico de publicar o artigo de qualquer maneira. "Também precisamos considerar as consequências de permanecermos em silêncio diante das análises que acreditamos estarem erradas e serem enganosas em aspectos importantes", ele escreveu. "Evitar um desafio público às críticas raciais em que me concentrei facilita a aceitação de teorias e estilos de pensamento que são falhos, prejudiciais, na verdade, mas ainda assim influentes em importantes setores do meio acadêmico jurídico. Nesse caso, manter-se calado é muito mais prejudicial do que correr o risco de que algumas das minhas ideias sejam utilizadas indevidamente."[357]

O sociólogo Willam Julius Wilson é outro acadêmico negro que foi criticado por elites negras por simplesmente sugerir que o racismo, por si só, era uma explicação insuficiente para as disparidades raciais. O seu livro de 1978, *The Declining Significance of Race*, sustentou que a estrutura econômica em transformação do país — fábricas saindo das cidades e privando negros menos qualificados de oportunidades de emprego, por exemplo — tinha desalojado a discriminação racial como a principal razão pela qual os negros mais pobres foram deixados para trás. Alguns negros progrediam, enquanto outros não, o que sugeriu a Wilson que a ascensão social tinha mais a ver com a classe social de uma pessoa do que com a sua raça. O livro foi bem recebido pelo público em geral e acumulou críticas positivas em grandes veículos de mídia, mas a tese irritou a elite intelectual negra. Como em relação a Kennedy, alguns acusaram Wilson de traição racial. A análise de Wilson, conforme escreveu um acadêmico negro, era "da perspectiva das pessoas dominantes no poder" e "elimina a discriminação racial como uma das principais causas da pobreza entre os negros".[358]

Wilson sustentou que, embora a ação afirmativa e outras políticas baseadas em raça fossem destinadas aos pobres, na prática ajudaram em grande medida a classe média negra, e outros tipos de políticas eram necessários para lidar com a estagnação dos mais destituídos. Mesmo os críticos que admitiram o argumento de Wilson sobre a crescente desigualdade entre os negros norte-americanos, no entanto, criticaram-no de forma severa por expressar essas opiniões publicamente e se desviar do foco no racismo como explicação geral para as disparidades sociais. Para muitos dos seus colegas negros na academia, a veracidade do argumento de Wilson era menos importante do que a coesão do grupo e a manutenção do foco na opressão branca. "A nova ênfase na classe, que foi mais claramente articulada em *The Declining Significance of Race*, de Wilson", escreveu outro crítico negro, "forneceu aos conservadores uma nova camuflagem para ocultar a sua antipatia por políticas sociais por trás de uma preocupação com a crescente divisão de classes na sociedade negra".[359]

Em 1980, um mês após a eleição de Ronald Reagan, Sowell encabeçou a conferência "Black Alternatives" no Fairmont Hotel, em San Francisco. Em geral, a imprensa retratava os negros como se falassem em uníssono acerca da política racial. O objetivo da conferência era exibir a variedade de perspectivas entre os políticos, intelectuais e ativistas negros. Clarence Thomas, futuro juiz da Suprema Corte, participou, assim como os economistas negros Glenn Loury e Walter Williams. Também estavam presentes representantes democratas negros, como Percy Sutton, advogado e proeminente ativista pelos direitos civis, e Charles V. Hamilton, cientista político da Universidade Columbia. Sowell fez o discurso de abertura. "As pessoas que foram convidadas", ele começou, "são pessoas que buscam alternativas, pessoas que desafiaram a sabedoria convencional em uma ou mais questões, que pensaram por si mesmas em vez de marchar em ordem-unida e entoar refrãos conhecidos. (...) Passamos por uma fase histórica de luta por direitos civis básicos — uma luta muito necessária, mas não suficiente. O próprio sucesso dessa luta criou novas prioridades e novas urgências. Há realidades econômicas a serem encaradas e desenvolvimento pessoal a ser alcançado, nas escolas, no trabalho, em nossas comunidades".

Naquela época, como agora, quarenta anos depois, as elites brancas colocaram sobre os brancos o ônus de resolver os problemas dos negros. Movimentos mais novos, como Black Lives Matter, e intelectuais públicos mais jovens, como Ta-Nehisi Coates e o teórico crítico da raça Ibram X. Kendi, continuam muito mais interessados no comportamento dos brancos do que no comportamento dos negros. Sowell adotou uma abordagem diferente. "Os pecados dos outros são sempre fascinantes para os seres humanos, mas nem sempre são o melhor caminho para o desenvolvimento ou progresso pessoal", ele afirmou. "A regeneração moral dos brancos pode ser um projeto interessante, mas não tenho certeza se temos muito tempo de sobra. Aqueles que combateram nesse *front* são muito parecidos com os generais que gostam de refazer a última guerra em vez de se preparar para a próxima luta."[360]

O evento recebeu ampla cobertura da imprensa e havia planos para a realização de uma segunda conferência e a criação de uma organização que promoveria perspectivas diferentes daquelas da velha guarda pelos direitos civis. No final, esses planos fracassaram em consequência das discordâncias internas sobre como proceder. Sowell também começou a se dar conta de que a quantidade de trabalho necessária para criar tal entidade tiraria muito tempo do seu trabalho de pesquisa e escrita. Nunca saberemos como essa organização poderia ter se saído, mas provavelmente não é uma coincidência que a conferência "Black Alternatives" tenha acontecido quando aconteceu. A partir do final de década de 1970, cerca de uma dúzia de intelectuais negros importantes chamaram atenção por desafiar diversos aspectos da pauta de direitos civis surgidos na década de 1960. Na época, pelo menos em algumas questões, Sowell parecia estar ganhando alguns aliados intelectuais negros.

Além de Randall Kennedy e William Julius Wilson, entre os aliados, incluíam-se Clarence Thomas, Shelby Steele, Glenn Loury, Walter Williams, Stephen Carter, Orlando Patterson, Stanley Crouch, Anne Wortham e Robert Woodson. Nesse período, a imprensa se referia a esses indivíduos como "conservadores negros" ou "neoconservadores negros", embora os rótulos não se aplicassem a todos eles em nenhum sentido ideológico significativo. Kennedy, por exemplo, tinha a mente aberta em algumas questões raciais, mas sempre ficou firmemente entrincheirado na esquerda política. Wilson era um social-democrata ao estilo europeu, que empregava metodologias neomarxistas em suas análises de disparidades raciais, e os textos de Wortham e Williams apresentavam uma forte tendência libertária. Os termos "conservador" e "neoconservador" eram empregados como uma espécie de forma abreviada para descrever qualquer intelectual negro que tivesse assumido uma posição sobre um tema racial ou cultural que fosse contrária ao pensamento acolhido entre os outros membros das elites negras. Steele, Carter e Thomas criticaram as preferências raciais. Woodson se opusera à dessegregação compulsória via transporte escolar. Patterson, Crouch e Loury denunciaram tanto o comportamento autodestrutivo à mostra nos guetos negros, quanto os líderes pelos direitos civis que se especializaram em inventar desculpas para isso. "A cultura de rua dos pequenos delitos, da dependência de drogas, da irresponsabilidade paterna, da prostituição e da futilidade, que prejudica e destrói apenas os negros, em vez de ser condenada pelos líderes étnicos negros, foi, até recentemente, aclamada como a encarnação da alma negra", Patterson escreveu.[361]

Loury, produto do notório South Side de Chicago, ficou ainda mais indignado. "Já estou farto da timidez, irracionalidade e relativismo moral que caracterizam grande parte dos comentários das elites negras contemporâneas a respeito das questões raciais dos nossos dias", ele escreveu. "Chegou a hora de romper com elas. Essas elites estão presas numa 'armadilha de lealdade'. Elas têm medo de se engajar em uma avaliação franca e crítica da condição do nosso povo porque não querem parecer desleais à raça." E "essa reticência retórica", ele observou, "tem sérias consequências negativas para a capacidade dos negros como grupo de enfrentar os problemas reais que os confrontam. Além disso, representa uma falta de coragem em face da adversidade que pode ser mais precisamente caracterizada como traição intelectual do que lealdade racial. Afinal, que obrigação mais importante pode ter a classe privilegiada das elites negras do que dizer a verdade ao seu próprio povo?"[362]

Loury queria que outras elites negras "rompessem" com aquelas presas na "armadilha da lealdade" e fizessem a coisa certa, mas ir contra a corrente pode custar caro, tanto pessoal quanto profissionalmente. Alguns desses pensadores dissidentes — incluindo Thomas, Steele e Williams — aguentaram o tranco e mantiveram o curso ao longo das décadas, assim como Sowell. Outros, como Loury, tiveram um relacionamento intermitente com o movimento conservador. E há aqueles que posteriormente mudaram de ideia ou se tornaram menos eloquentes do que antes nas questões relacionadas à raça. Talvez o ostracismo e as críticas implacáveis dos colegas negros tenham, por fim, os atingido. Talvez eles não gostassem de ser associados na imprensa com a direita política. Ou talvez tenham tido uma mudança genuína no pensamento a respeito das melhores maneiras de lidar com a desigualdade. Ou tenham dito o que tinham que dizer e só queriam passar para outros assuntos. As razões variam de uma pessoa e circunstância para outra, mas grande parte desses indivíduos trabalhava na academia e queria permanecer ali. À medida que os *campi* universitários — incluindo estudantes, professores e administradores — se tornaram não só mais liberais, mas mais intolerantes a pontos de vista contrários, o custo de ser um intelectual negro renegado aumentou consideravelmente.

"Fico muito irritado quando sou incluído nessas matérias sobre conservadores negros", disse Carter, professor da Escola de Direito de Yale, em uma entrevista de 1991 à revista *The New Republic*. "Tenho problemas com essa noção de conservador negro" e com o termo aplicado a qualquer negro que "critica algum aspecto, por menor que seja, da pauta de direitos civis", ele acrescentou. "Somente os negros são rotulados nesse espectro muito reduzido."[363] Ao mesmo tempo, porém, os textos de Carter não só criticavam políticas específicas defendidas pela NAACP e outros grupos pelos direitos civis, mas também rejeitavam a pressão mais geral pela submissão intelectual negra. "A proposição de que existe um jeito certo e um jeito errado de ser negro, e o seu corolário lógico de que as pessoas que são negras do jeito errado fazem parte do problema e não parte da solução, lembra a retórica da década de 1960 e do início da de 1970, quando a ideia de que alguém devia ser um negro do tipo certo tinha muita aceitação", ele escreveu. Além disso, "a menos que se suponha que biologia implica ideologia, esse movimento para tornar raça um substituto para pontos de vista com certeza envolve um erro de categoria".[364]

John McWhorter, professor de humanidades na Universidade Columbia, ganhou proeminência como dissidente negro em 2000, após publicar *Losing the Race*, livro a respeito de barreiras culturais à ascensão social dos negros. "Ninguém acredita em mim quando digo isso, mas não escrevi isso como cartão de visita para o circuito de *think tanks*", ele me disse. "Não fazia ideia de que iriam prestar tanta atenção. E acho que, como você viu, fui tomado por algo que não sou pelas pessoas. Estou mesmo no meio. Não sou um homem de direita. Estou mesmo no meio. E isso ficou gradualmente claro ao longo dos anos. Tornei-me mais claro a respeito disso ao longo dos anos."

McWhorter, que também lecionou na Universidade da Califórnia em Berkeley, e é bastante conhecido por suas obras sobre linguagem, também abordou a dificuldade de viver a vida de um acadêmico que tem opiniões que não são progressistas e não é tímido para expressá-las. "Você faz parte dessa comunidade. Não é só a escola, também é quem você conhece", ele disse. "É quem está nas festas. E a quem a sua mulher o apresenta. É quem mora na sua vizinhança. É improvável que você seja alguém que queira ser desprezado por todas essas pessoas e, portanto, é mais provável que seremos mais sutis." Após escrever *Losing the Race*, ele afirmou: "Lembro-me de ter pensado: espero que daqui a vinte anos eu não tenha que ser uma das pessoas dizendo todas essas coisas, recebendo gritos e berros etc., porque vai haver um monte de gente nova e talvez seja mais normal. Isso não aconteceu".[365]

A consequência é que as elites negras de esquerda intensificaram o domínio sobre a narrativa racial predominante, e o conservadorismo negro nunca ganhou a popularidade que se poderia esperar, considerando o que acontecia no início da década de 1980. Esses resultados tinham menos a ver com a eficácia das políticas que os líderes negros estavam perseguindo em nome de ajudar os pobres e mais a ver com a sua capacidade de convencer a mídia de que outras perspectivas negras eram ilegítimas, quando não prejudiciais. Típica da visão que domina o discurso racial é a afirmação da jurista Kimberlé Williams Crenshaw de que "a comunidade negra deve desenvolver e manter uma consciência política distinta", porque "o ativo político mais valioso da comunidade negra tem sido sua capacidade de reafirmar uma identidade coletiva e nomear sua realidade política coletiva. Não podemos permitir que o discurso de reforma de pensamento liberal solape a identidade coletiva negra".[366] Para Crenshaw e outros com ideais afins, a diversidade é boa, desde que não seja da variedade intelectual. Como observou certa vez o cientista político negro Adolph Reed, "as elites entrincheiradas foram capazes de identificar impunemente interesses raciais coletivos com uma pauta de classe extremamente estreita" e apresentar "a ilusão de uma opinião racial única".[367]

Sowell detalhou o arcabouço conceitual do seu conservadorismo *filosófico* em livros como *Knowledge and Decisions* e *A Conflict of Visions*. É uma abordagem enraizada na tradição liberal clássica, que, entre outros, remonta a Edmund Burke, Adam Smith e Friedrich Hayek, e também na metodologia empírica exemplificada pela Escola de Chicago de Milton Friedman e George Stigler. O conservadorismo *negro* de Sowell, em contraste, é menos direto e mais matizado: "É difícil pensar em alguém que seja, ou tenha sido, um conservador negro, no sentido pleno da palavra 'conservador'", ele escreveu. "A maioria daqueles que são chamados de conservadores negros certamente não está interessada em preservar o *status quo*. Esse *status quo* inclui assistência social, escolas deficientes, cotas e separatismo, o que a maioria dos conservadores negros deploram e atacam. Estão ainda menos procurando um retorno a um *status quo* anterior, como a era da segregação racial."[368]

O conservadorismo negro atual costuma ser associado a uma ênfase na autoajuda, nos moldes de figuras do século XIX como

Frederick Douglass e Booker T. Washington. E os textos de Sowell ao longo das décadas mostraram que os grupos que enfrentam e abordam os seus problemas internos são mais capazes de ascender social e economicamente. "Se a história dos grupos étnicos norte-americanos mostra alguma coisa, é a importância do papel desempenhado pelas atitudes de autossuficiência", ele escreveu. "O sucesso do 'pessoas de cor [sic] livres' anterior à Guerra Civil Americana em comparação com os imigrantes negros posteriores para o norte, o progresso dos ítalo-americanos além dos irlandeses-americanos que tiveram muitas outras vantagens, a resiliência dos nipo-americanos apesar das diversas campanhas de perseguição enfatizam a importância desse fator, por mais mundano e fora de moda que possa ser."[369]

Para Sowell, porém, a iniciativa por si só é insuficiente. "Seria prematuro na melhor das hipóteses e presunçoso na pior tentar tirar conclusões abrangentes ou definitivas das minhas experiências pessoais", ele explicou. "Seria especialmente injustificável tirar conclusões *à la* Horatio Alger, de que a perseverança e/ou a capacidade 'triunfam' apesar dos obstáculos. O fato é que eu estava perdendo em todos os sentidos até que a Guerra da Coreia, o serviço militar obrigatório e a G.I. Bill mudaram minha vida — nenhum evento do qual posso levar crédito. Sem falsa modéstia, aproveitei a oportunidade e trabalhei para fazer isso valer a pena, mas não há maneira de evitar o fato de que primeiro teve que haver uma oportunidade para aproveitar."[370] O governo tem um papel a desempenhar na mobilidade social, embora limitado, e os incentivos são importantes. A estrutura da G.I. Bill, por exemplo, recompensou as pessoas que já tinham assumido alguma responsabilidade pessoal. Para receber ajuda financeira para cursar o ensino superior, você tinha que prestar serviço militar, ser admitido em uma escola credenciada e permanecer em boa posição acadêmica. As ajudas do governo que pediam pouco ou nada ao destinatário e, portanto, corriam o risco de criar dependência, eram as que preocupavam Sowell. E ele rebateu com firmeza as tentativas de creditar automaticamente a tais programas qualquer progresso negro que tivesse ocorrido:

Considera-se o cúmulo da insensibilidade dizer aos negros que vençam por seus próprios esforços. Mas o fato histórico frio é que a maioria dos negros saiu da pobreza por seus próprios esforços; antes que os seus salvadores políticos entrassem em cena com a legislação dos direitos civis na década de 1960 ou com as políticas de ação afirmativa da década de 1970.

Em 1940, oitenta e sete por cento das famílias negras viviam abaixo da linha da pobreza. Isso caiu para quarenta e sete por cento em 1960, sem nenhuma legislação federal importante sobre direitos civis e antes da ascensão e expansão do estado de bem-estar social sob os programas da Grande Sociedade do presidente Lyndon Johnson.

Esse declínio na taxa de pobreza entre os negros continuou durante a década de 1960, caindo de quarenta e sete por cento para trinta por cento. No entanto, mesmo essa continuação da tendência já iniciada muito tempo antes não pode ser toda atribuída automaticamente aos novos programas governamentais. Além disso, a primeira década da ação afirmativa — a década de 1970 — terminou com a taxa de pobreza entre as famílias negras em vinte e nove por cento. Mesmo que esse declínio de um por cento se devesse à ação afirmativa, não era muito.

O fato de que uma imagem totalmente diferente foi cultivada e difundida pela mídia não consegue mudar os fatos históricos. O que ela pode fazer — e tem feito — é com que os negros pareçam receptores passivos da beneficência governamental, levando muitos brancos a se perguntarem por que os negros não podem progredir por conta própria, como outros grupos. Pior ainda, convenceu muitos negros de que o seu progresso econômico depende de programas governamentais em geral e de ações afirmativas em particular.[371]

Não obstante, é um individualismo pragmático, junto com a autoajuda, que define o conservadorismo negro sowelliano. A mentalidade de "identidade coletiva" de Crenshaw, que enfatiza a afiliação grupal, é anátema para Sowell, que vislumbra poucas evidências de que abraçar uma identidade racial ou étnica e exibi-la ajuda os grupos com baixo desempenho a se sobressaírem. "O tipo de unidade idealizada projetada por líderes políticos e intelectuais raramente existiu entre qualquer minoria racial ou econômica em qualquer lugar", ele escreveu. "Nem o progresso econômico de grupos raciais ou étnicos foi muito correlacionado com a sua proximidade ou o seu distanciamento de tal unidade." De fato, impor conformidade racial para promover uma pauta política ou ideológica específica pode dar errado e alimentar mais divisão interna do que teria existido na ausência de tais iniciativas. Mais fundamentalmente, no entanto, Sowell sustentou que "a história das ideias — tanto sociais quanto científicas — mostra repetidas vezes que mesmo os pensadores mais brilhantes geralmente captam apenas parte da verdade, e um entendimento mais completo só chega após um confronto de ideias com outras, mesmo quando essas outras estão basicamente erradas em geral. Aqueles que insistem em uma ideologia grupal monolítica estão apostando o futuro do grupo em ser capaz de alcançar tal entendimento sem esse processo".[372]

A socióloga Anne Wortham também rejeita a torcida pela identidade racial e enfatiza o individualismo tanto quanto, se não mais do que, a autossuficiência negra. "Não sou contra os negros e nem sou a favor dos negros; e isso vale para qualquer outro grupo de pessoas", ela disse em seu livro de 1981, *The Other Side of Racism*. "Sou a favor do indivíduo (…), a pessoa autocriada de autêntica autoestima, integridade e honestidade, cuja individualidade é dotada de um espírito livre e um compromisso ativo com a razão como a sua única ferramenta de conhecimento."[373] Para Shelby Steele, ex-professor de língua inglesa, que, como Sowell, deixou de lecionar para ingressar na Hoover Institution, não é o reconhecimento de uma identidade racial que é o problema, mas sim a sua priorização. "Tanto o racismo quanto a falta de desenvolvimento são os problemas para os negros. Não temos um problema; temos dois, e os dois são mutuamente excludentes.

Devemos lutar em ambas as frentes, individual e coletivamente", ele escreveu. "Os grupos não aprendem a ler bem, nem abrem empresas; os indivíduos fazem isso. Os indivíduos não conseguem aprovar uma legislação de direitos civis; os grupos sim."[374] Steele elaborou a visão de Wortham acerca da primazia da individualidade:

> *Por que nos apegamos a uma identidade antagônica, centrada na vítima, que nos importuna com o racismo branco? (...) Acho que essa identidade é um peso para os negros, porque é construída em torno da nossa insegurança coletiva, e não da fé em nossa capacidade humana de aproveitar as oportunidades como indivíduos. Isso equivale ao coletivismo autoprotetor que nos obceca com a unidade negra em vez da iniciativa individual. Para ser "negro" nessa identidade, basta manifestar os símbolos, as posturas e a retórica da unidade negra. Não só a iniciativa pessoal é desnecessária para ser "negro", mas o exercício bem-sucedido da iniciativa — trabalhar para entrar na classe média, enriquecer, conquistar um cargo importante — pode de fato prejudicar a "negritude" da pessoa, torná-la de alguma maneira menos negra. O negro pobre é o negro verdadeiro; o negro bem-sucedido é mais marginalmente negro, a menos que proclame frequentemente a sua solidariedade com a raça da mesma forma que os políticos declaram o seu patriotismo. Esse tipo de identidade nunca funciona, nunca se converte na elevação real dos negros. Confunde unidade racial com iniciativa, recorrendo à unidade para fazer o que apenas a iniciativa individual pode fazer. A elevação só pode acontecer quando milhões de negros aproveitarem as possibilidades dentro da esfera das suas vidas pessoais e as usarem para avançar. Coletivamente, podemos resistir à opressão, mas o desenvolvimento racial sempre será, como Ralph Ellison disse certa vez, "o dom dos seus indivíduos".[375]*

É digno de nota que intelectuais negros como Steele e Wortham, junto com Williams, Thomas e Woodson, chegaram aos seus pontos de vista independentemente de conhecer Sowell ou tê-lo lido. William o conheceu na UCLA em 1969, mas naquela época, os dois já pensavam da mesma forma sobre as questões raciais. Ao ler *Race and*

Economics, de Sowell, Thomas ficou agradavelmente surpreso em saber que havia outros negros que compartilhavam alguns dos seus próprios pontos de vista. Wortham me contou que o seu primeiro contato com Sowell foi em 1979, depois que ela publicou um artigo a respeito de individualismo negro na revista *Reason*, e ele lhe escreveu uma carta a esse respeito. Naquela ocasião, ela já escrevia sobre o assunto havia mais de dez anos. "Eu não sabia nada a respeito de Tom ou qualquer outra pessoa — nenhum negro que pensasse como eu", ela alegou. "Depois da carta dele me dizendo que havia lido meu artigo, começamos a nos corresponder. Então verifiquei e vi que ele tinha escrito algumas coisas que eu havia ignorado e não tinha prestado atenção." Wortham afirmou que teve uma reação semelhante quando se deparou com a obra de Steele no início da década de 1990: "Também me surpreendi com Shelby. Não sabia nada a seu respeito. Mas foi incrível lê-lo e perceber a familiaridade entre muitas das suas análises e as minhas." O que importa aqui não é que esses conservadores compartilham os mesmos pontos de vista acerca de questões raciais ou outras. De certa forma, o que têm em comum são crenças que diferem da ortodoxia liberal. As suas experiências demonstram quão eficazes aquelas elites e os seus aliados na mídia têm sido em marginalizar e às vezes suprimir os estudos negros dissidentes.

Uma das primeiras publicações para as quais Wortham escreveu foi uma revista libertária pouco conhecida e agora extinta chamada *The Freeman*. Em meados da década de 1960, após ler uma das suas contribuições, um editor disse a ela que seu texto lembrava os escritos de George Schuyler, jornalista negro que ganhou destaque na primeira metade do século XX. Schuyler era um conservador político e anticomunista ferrenho, que também escreveu romances satíricos e críticas culturais. Ele publicava seus textos regularmente na influente revista *American Mercury*, de H.L. Mencken. Em sua história do conservadorismo negro, o autor Christopher Alan Bracey escreveu que "a obra de Schuyler se mostra útil para entender a trajetória do conservadorismo negro na era moderna". Schuyler "viveu e morreu acreditando que a negritude e o conservadorismo não eram antitéticos, mas acabou fracassando em persuadir as massas negras quanto à 'exatidão' da sua posição", Bracey afirmou. "Embora Schuyler perdesse a batalha ideológica ao longo da sua vida, as suas contribuições, que ofereceram uma advertência legítima de que as abordagens liberais ao empoderamento racial impunham expectativas confusas e ilusórias na sociedade norte-americana, asseguraram que o legado do pensamento conservador negro permanecesse disponível para ressuscitação dentro do discurso político negro das futuras gerações de conservadores."[376]

Em minhas discussões acerca do legado de Sowell com Wortham, Williams, Gerald Early e outros, o nome de Schuyler surgiu com mais frequência do que o de Frederick Douglass ou Booker T. Washington. Na verdade, o nome de Schuyler surgiu em minhas conversas com o próprio Sowell. E não necessariamente porque eles concordavam com as posições que Schuyler assumiu sobre este ou aquele assunto. Em vez disso, refletia uma apreciação do exemplo que ele tinha dado ao desafiar destemidamente, por princípio, o pensamento ortodoxo sobre questões raciais. Antes de qualquer coisa, Schuyler era um individualista, o espírito independente negro da sua época.

Em uma resenha a respeito da coletânea de textos de Schuyler, Sowell o chamou de talvez "o primeiro conservador negro" e, além disso, "um dos melhores". "Booker T. Washington pode vir à mente como um antecessor, mas (...) [Washington] foi principalmente um educador, e não alguém que ganhava a vida com os seus textos como Schuyler. Além disso, a cautela que marcou as palavras de Booker T. Washington em um período especialmente amargo e perigoso para os negros norte-americanos, não foi vista em nenhum lugar nos textos posteriores espirituosos, cortantes e brutalmente honestos de Schuyler", Sowell escreveu. "Os seus *insights* sempre foram esclarecedores, mesmo que as suas conclusões nem sempre fossem fáceis de concordar."[377]

Aqui, Sowell poderia estar descrevendo a si mesmo, é claro, mas mesmo Schuyler não era Thomas Sowell. Schuyler foi um dos jornalistas negros mais importantes da sua época, mas quando morreu em 1977, o seu brilho tinha se desvanecido e hoje, em grande medida, sua obra está esquecida. Além disso, mesmo no apogeu dos seus anos profissionais, que durou da década de 1920 até a década de 1960, Schuyler ficou conhecido quase exclusivamente por seus textos sobre questões raciais. Sowell, em contraste, apresenta um conjunto distinto de obras em teoria social e história econômica que é completamente separado dos seus estudos sobre raça, cultura e desigualdade. O imenso volume de textos de Sowell é superado por poucos pares contemporâneos, negros ou não negros. A amplitude e a profundidade da sua erudição tornam o rótulo "conservador negro", seja qual for a definição do termo, demasiadamente limitante. Seus estudos terão que ser analisados e abordados muito tempo depois de ele ter partido.

Quando perguntei a Gerald Early, professor de estudos afro--americanos na Universidade Washington em St. Louis que acompanhou a carreira de Sowell, por que Sowell não tinha recebido o mesmo reconhecimento que acadêmicos menos talentosos, ele respondeu que era "porque a esquerda progressista domina os círculos intelectuais. Ela domina os círculos intelectuais nas universidades. Domina os círculos intelectuais nas fundações. Domina os círculos intelectuais na medida em que prêmios são concedidos". Sowell não buscou a aprovação desses círculos, recusando-se a amenizar o tom ou abrir mão de seus princípios. E pagou o preço. Ainda assim, Early acredita que Sowell receberá o que lhe é devido mais cedo ou mais tarde. "Quer ele obtenha reconhecimento agora ou depois da sua morte, será reconhecido como uma pessoa que fez grandes contribuições e foi uma figura muito importante", Early disse. "Em primeiro lugar, foi magnificamente prolífico. Em segundo lugar, suas ideias foram lidas por muitas pessoas por causa da acessibilidade de seus livros. E, no final, poderá acabar provando que tinha razão na medida em que as políticas públicas da esquerda não funcionaram."[378]

De sua parte, Sowell não parece particularmente preocupado com seu legado intelectual. Quando lhe perguntei onde deixou sua marca, ele respondeu que deixaria isso para os outros determinarem. "Uma das coisas que admiro em John Stuart Mill — apesar de algumas que não admiro — é que ele nunca tentou se gabar das contribuições que fez para a economia", ele declarou. "E ele fez algumas. Havia coisas que não foram ditas por seus antecessores. Porém, quando escreveu *Principles of Political Economy*, ele simplesmente misturou tudo. Seu propósito foi transmitir certo corpo unificado de conhecimento e análise ao leitor sem se preocupar em dizer o quanto veio dele, o quanto de [David] Ricardo, o quanto de [Adam] Smith, e assim por diante."[379]

Sowell enxerga a própria obra, seja sobre economia, filosofia política ou raça, como parte de um *continuum*. "De volta aos anos anteriores, você e eu estávamos bastante pessimistas sobre se o que estávamos escrevendo teria algum impacto; sobretudo porque nós dois parecíamos ser os únicos a dizer o que estávamos dizendo", ele escreveu em uma carta pessoal a seu bom amigo Walter Williams. "Hoje, pelo menos, sabemos que há muitos outros negros escrevendo e dizendo coisas semelhantes — na verdade, mais do que posso acompanhar —, e muitos deles são suficientemente jovens para sabermos que haverá boas pessoas que continuarão a luta depois de partirmos."[380]

AGRADECIMENTOS

Em primeiro lugar, agradeço à minha esposa, Naomi, e aos nossos filhos por seu amor e sua paciência. Em segundo lugar, sou pesquisador sênior do Manhattan Institute desde 2015, e o seu apoio tem sido indispensável. Também sou grato a Thomas W. Smith Foundation, Searle Freedom Trust, Dian Graves Owen Foundation e Bader Family Foundation, cuja generosidade torna o meu trabalho possível.

Por sua assistência neste projeto, também quero agradecer a Randolph Foundation, Arthur N. Rupe Foundation, Gale Foundation, Charles Koch Foundation e Harold Grinspoon. Ben Meltzer e Bob Chitester mostraram para mim as imagens de vídeo antigas com Sowell que, de outra forma, eu poderia ter esquecido. Jordan Duecker e Abhay Rangray me ajudaram a localizar artigos de revista e recortes de jornal difíceis de encontrar.

Deixo também meu muito obrigado às pessoas que me deram um melhor entendimento de Sowell e dos seus textos: William B. Allen, William R. Allen, William Banks, Fred Barnes, Peter Boettke, Donald Boudreaux, Jennifer Burns, Linda Chavez, John Cogan, Midge Decter, Christopher DeMuth, Gerald Early, Lanny Ebenstein, Erich Eichman, Ross Emmett, Gene Epstein, Richard Epstein, Jason Fertig, George Gilder, Lino Graglia, Dan Hammond, Victor Davis Hanson, Tom Hazlett, David Henderson, Donald Horowitz, Peter Kirsanow, Glenn Loury, Wilfred McClay, John McWhorter, Lawrence Mead, Charles

Murray, Michael Novak, Gerald O'Driscoll, Steven Pinker, John Raisian, Gerald Reynolds, Russ Roberts, Peter Robinson, John Sherer, Rita Steele, Shelby Steele, John Taylor, Abigail Thernstrom, Stephan Thernstrom, Richard Vedder, Walter Williams e Anne Wortham.

NOTAS

INTRODUÇÃO

1 David Isaac, "Live: Thomas Sowell", The American, 1º de janeiro de 2004.

2 Thomas Sowell, A Personal Odyssey (Free Press, 2000), xi.

3 Sowell, Personal Odyssey, 306.

4 Richard Wright, Black Boy (Library of America, 1991), 237.

5 Entrevista ao autor, 20 de maio de 2016.

6 Entrevista ao autor, 4 de abril de 2016.

7 Thomas Sowell, A Man of Letters (Encounter Books, 2007), 102.

8 Sowell, Man of Letters, 139.

9 Entrevista ao autor, 20 de fevereiro de 2019.

10 Entrevista ao autor, 29 de dezembro de 2015.

11 Sowell, Personal Odyssey, 305-306.

12 Thomas Sowell, Knowledge and Decisions (Basic Books, 1980), 321.

13 Thomas Sowell, The Thomas Sowell Reader (Basic Books, 2011), vii-viii.

CAPÍTULO 1

14 Paul Baran, Political Economy of Growth (Monthly Review Press, 1957), 249.

15 Baran, Political Economy of Growth, 261.

16 H. Kitamura, "Foreign Trade Problems in Planned Economic Development", in Economic Development with Special Reference to East Asia, ed. Kenneth Berril (Palgrave Macmillan, 1964), 202.

17 Gunnar Myrdal, An International Economy (Routledge and Kegan Paul, 1956), 201.

18 Peter Bauer, "The Disregard of Reality"," Cato Journal 7, no 1 (Spring/ Summer 1987): 31.

19 P.T. Bauer, Equality, the Third World, and Economic Delusion (Harvard University Press, 1981), 70.

20 P.T. Bauer, "Development Economics: Intellectual Barbarism", in Economics and Social Institutions: Insights from the Conferences on Analysis and Ideology, ed. Karl Brunner (Springer, 1979), 51.

21 "A Voice for the Poor", The Economist, 4 de maio de 2002.

22 "Reflections on Peter Bauer's Contributions to Development Economics", Cato Journal 25, no 3 (outono de 2005): 441-444.

23 Peter Brimelow, "A Man Alone", Forbes, 24 de agosto de 1987, 40.

24 Melvin W. Reder, "Chicago Economics: Permanence and Change", Journal of Economic Literature 20, no 1 (março de 1982): 19.

25 Thomas Sowell, A Personal Odyssey (Free Press, 2000), 122.

26 Thomas Sowell, Black Education: Myths and Tragedies (David McKay, 1972), 46.

27 Sowell, Black Education, 45.

28 Sowell, Black Education, 37.

29 Entrevista ao autor, 5 de julho de 2019.

30 Sowell, Black Education, 49.

31 Sowell, Personal Odyssey, 60.

32 Entrevista ao autor, 29 de dezembro de 2015.

33 Thomas Sowell, Marxism: Philosophy and Economics (Quill, 1985), 218.

34 "Q&A with Thomas Sowell", Brian Lamb, apresentador da C-SPAN, 6 de abril de 2005, www.c-span.org/video/transcript/?id=7961.

35 Entrevista ao autor, 29 de dezembro de 2015.

36 Todd G. Buchholz, New Ideas from Dead Economists: An Introduction to Modern Economic Thought (Plume, 1999), 241.

37 Thomas Sowell, "Milton Friedman Had Both Genius and Common Sense", Wall Street Journal, 18 de novembro de 2006.

38 Entrevista ao autor, 1° de agosto de 2018.

39 George J. Stigler, The Economist as Preacher and Other Essays (University of Chicago Press, 1982), 61.

40 J. Daniel Hammond, "The Development of Post-War Chicago Price Theory", The Elgar Companion to the Chicago School of Economics, ed. Ross B. Emmett (Edward Elgar, 2010), 10.

41 Gary S. Becker, "Milton Friedman", in Remembering the University of Chicago: Teachers, Scientists, and Scholars, ed. Edward Shils (University of Chicago Press, 1991), 142.

42 J. Daniel Hammond, "An Interview with Milton Friedman on Methodology", in Research in the History of Economic Thought and Methodology, vol. 10, ed. W. J. Samuels (JAI Press, 1992), 110.

43 Lanny Ebenstein, ed., The Indispensable Milton Friedman: Essays on Politics and Economics (Regnery, 2012), 25.

44 Hammond, "Development of Post-War Chicago Price Theory".

45 David R. Henderson, ed., The Fortune Encyclopedia of Economics (Warner Books, 1993), 839.

46 Entrevista ao autor, 29 de dezembro de 2015.

47 Thomas Sowell, Conquests and Cultures: An International History (Basic Books, 1998), xiv.

48 David M. Levy e Sandra Peart, Towards an Economics of Natural Equals (Cambridge University Press, 2020).

49 George J. Stigler, Memoirs of an Unregulated Economist (University of Chicago Press, 1988), 27.

50 Ronald H. Coase, "George J. Stigler: An Appreciation", Regulation, novembro e dezembro de 1982, 21.

51 Jacob Mincer, "George Stigler's Contributions to Economics", Scandinavian Journal of Economics 85, no 1 (1983): 65-75.

52 Thomas Sowell, Is Reality Optional? And Other Essays (Hoover Institution Press, 1993), 71.

53 Thomas Sowell, A Man of Letters (Encounter Books, 2007), 235.

54 Thomas Sowell, "A Student's Eye View of George Stigler", Journal of Political Economy 101, no 5 (outubro de 1993): 788.

55 Lanny Ebenstein, Milton Friedman: A Biography (Palgrave Macmillan, 2007), 59.

56 Ebenstein, Milton Friedman: A Biography, 94.

57 Sowell, citado em Ebenstein, Milton Friedman: A Biography, 91.

58 Lucas, citado em Ebenstein, Milton Friedman: A Biography, 91.

59 Sowell, Personal Odyssey, 143.

60 Entrevista ao autor, 1º de abril de 2016.

61 Entrevista ao autor, 11 de março de 2016.

62 Stigler, Unregulated Economist, 178.

63 Stigler, Unregulated Economist, 89.

64 Thomas Sowell, Intellectuals and Society (Basic Books, 2011), 543-544.

65 Angela D. Dillard, Guess Who's Coming to Dinner Now? Multicultural Conservatism in America (New York University Press, 2001), 1; Jerry G. Watts, "The Case of a Black Conservative: Thomas Sowell: Talent and Tragedy", Dissent 29, no 2 (1982): 301-313.

66 Thomas Sowell, "Milton Friedman's Centenary", Jewish World Review, 1º de agosto de 2012, http://jewishworldreview.com/cols/sowell080112.php3#.X9GHINhKjIU.

67 Craig Freedman, "Do Great Economists Make Great Teachers? George

Stigler as a Dissertations Supervisor", Journal of Economic Education 34, no 3 (verão de 2003): 285.

68 "Arnold 'Al' Harberger", entrevista realizada em 3 de outubro de 2000, Commanding Heights, PBS, www.pbs.org/wgbh/commandingheights/shared/minitext/int_alharberger.html.

69 Thomas Sowell, Markets and Minorities (Basic Books, 1981), viii.

70 Sowell, Personal Odyssey, 138.

71 Sowell, Personal Odyssey, 111.

72 Sowell, Man of Letters, 4.

73 Thomas Sowell, "The Death of Mrs. G.", National Review, 2 de abril de 2012, www.nationalreview.com/2012/04/death-mrs-g-thomas-sowell.

74 Sowell, Personal Odyssey, 117; Sowell, Is Reality Optional?, 182.

75 Sowell, Man of Letters, 5.

76 Sowell, Personal Odyssey, 131-132.

77 Jason L. Riley, "Classy Economist", Wall Street Journal, 25 de março de 2006.

CAPÍTULO 2

78 Thomas Sowell, A Man of Letters (Encounter Books, 2007), 8.

79 Deborah Toler, "Black Conservatives", The Public Eye 7 (1997): 1-30; Manning Marable, "Black Conservatives and Accommodation: Of Thomas Sowell and Others", Negro History Bulletin 45, no 2 (1982): 32-35.

80 Thomas Sowell, A Personal Odyssey (Free Press, 2000), 64.

81 Sowell, Man of Letters, 4.

82 Sowell, Man of Letters, 20, 21.

83 Sowell, Personal Odyssey, 140-141.

84 Sowell, Man of Letters, 29-30.

85 Sowell, Man of Letters, 41-42.

86 Sowell, Man of Letters, 44.

87 Sowell, Man of Letters, 38-39.

88 Isabel Wilkerson, The Warmth of Other Suns: The Epic Story of America's Great Migration (Random House, 2010), 291.

89 Ver, por exemplo, Stephan Thernstrom e Abigail Thernstrom, America in Black and White (Simon and Schuster, 1997), 183-202; Thomas Sowell, Black Rednecks and White Liberals (Encounter Books, 2005), 240-243.

90 Jennifer L. Hochschild, Facing Up to the American Dream: Race, Class and the Soul of a Nation (Princeton University Press, 1995), 45, 48.

91 Thomas Sowell, carta ao editor, New York Times, 24 de maio de 1970.

92 "Black's Bootstrap Philosophy Attracts Reaganites, Repels Liberals", Washington Post, 6 de dezembro de 1980, www.washingtonpost.com/archive/politics/1980/12/06/blacks-bootstrap-philosophy-attracts-reaganites-repels-liberals/1f607c38-5b0d-47a1-8d19-e62d0ec71c47.

93 Sowell, Personal Odyssey, 286.

94 Sowell, Man of Letters, 166.

95 Sowell, Personal Odyssey, 291-292.

96 Jerry G. Watts, "The Case of a Black Conservative: Thomas Sowell: Talent and Tragedy", Dissent 29, no 2 (1982): 304.

97 Watts, "Case of a Black Conservative", 307.

98 Frederick Douglass, "What the Black Man Wants: Speech of Frederick Douglass at the Annual Meeting of the Massachusetts Anti-Slavery Society at Boston", 1865, University of Rochester Frederick Douglass Project, https://rbscp.lib.rochester.edu/2946.

99 Booker T. Washington, Up from Slavery: An Autobiography (Doubleday, 1951), 223, 224.

100 W.E.B. Du Bois, The Souls of Black Folk (Gramercy Books, 1994), 53.

101 W.E.B. Du Bois, The Philadelphia Negro (Shocken Books, 1967), 395.

CAPÍTULO 3

102 Thomas Sowell, A Man of Letters (Encounter Books, 2007), 65.

103 Thomas Sowell, A Personal Odyssey (Free Press, 2000), 153.

104 Thomas Sowell, Black Education: Myths and Tragedies (David McKay, 1972), 123.

105 Sowell, Person Odyssey, 307.

106 Daniel Patrick Moynihan, The Negro Family: The Case for National Action (Office of Policy Planning and Research, US Department of Labor, 1965).

107 Christopher Jencks e David Riesman, "The American Negro College", Harvard Educational Review 37, no 1 (1967): 3-60.

108 Entrevista ao autor, 29 de dezembro de 2015.

109 Entrevista ao autor, 29 de dezembro de 2015.

110 E. Franklin Frazier, Black Bourgeoisie (Free Press, 1957), 1-2.

111 Sowell, Man of Letters, 102.

112 Thomas Sowell, "Booknotes: Preferential Policies", entrevista para a C-SPAN, 24 de maio de 1990, www.c-span.org/video/?12648-1/preferential-policies.

113 Thomas Sowell, Civil Rights: Rhetoric or Reality? (Quill, 1984), 7.

114 Sowell, Personal Odyssey, 307-308.

115 Nathan Glazer, Affirmative Discrimination: Ethnic Inequality and Public Policy (Harvard University Press, 1987), 197.

116 Derrick A. Bell, "Black Students in White Law Schools: The Ordeal and the Opportunity", University of Toledo Law Review (primavera e verão de 1970): 552.

117 Jerry G. Watts, "The Case of a Black Conservative: Thomas Sowell: Talent and Tragedy", Dissent 29, no 2 (1982): 306.

118 Clarence Thomas, My Grandfather's Son (Harper, 2007), 86-87.

119 Thomas Sowell, Education: Assumptions Versus History (Hoover Institution Press, 1986), 125.

120 Randall Kennedy, For Discrimination: Race, Affirmative Action, and the Law (Pantheon Books, 2013), 7, 8.

121 John McWhorter, Losing the Race: Self-Sabotage in Black America (Perennial, 2000), 229.

122 Stephen L. Carter, Reflections of an Affirmative Action Baby (Basic Books, 1991), 15-16.

123 Sowell, Personal Odyssey, 306.

124 Allan Bloom, Giants and Dwarfs: Essays, 1960—1990 (Simon and Schuster, 1990), 365-387.

125 Allan Bloom, The Closing of the American Mind: How Higher Education Has Failed Democracy and Impoverished the Souls of Today's Students (Simon and Schuster, 1987), 314.

126 Bloom, Closing of the American Mind, 315.

127 Bloom, Closing of the American Mind, 320.

128 Sowell, Personal Odyssey, 143.

129 Sowell, Black Education, 65.

130 Sowell, Man of Letters, 47.

131 Thomas Sowell, Markets and Minorities (Basic Books, 1981), vii-viii.

132 "Historically Black Colleges and Universities", Thurgood Marshall College Fund, www.tmcf.org/about-us/member-schools/about-hbcus.

133 Susan T. Hill, "The Traditionally Black Institutions of Higher Education, 1860 to 1982", National Center for Education Statistics, US Department of Education, 1985, https://nces.ed.gov/pubs84/84308.pdf, p. 14.

134 Sowell, Personal Odyssey, 159.

135 Sowell, Man of Letters, 47-48.

136 Sowell, Personal Odyssey, 151.

137 Sowell, Personal Odyssey, 170.

138 Sowell, Personal Odyssey, 306.

139 Shelby Steele, Shame: How America's Past Sins Have Polarized Our Country (Basic Books, 2015), 69.

140 Steele, Shame, 78-79.

141 Entrevista ao autor, 29 de dezembro de 2015.

142 Sowell, Personal Odyssey, 142.

143 Entrevista ao autor, 29 de dezembro de 2015.

144 Thomas Sowell, "Gary Becker: Economist Explored Discrimination", Atlanta Journal-Constitution, 6 de maio de 2014, www.ajc.com/news/opinion/gary-becker-economist-explored-discrimination/0uEbGruuv5IyCs8wz5Y9pJ.

145 Conversa com o autor, 29 de dezembro de 2015.

146 Sowell, Education: Assumptions Versus History, 110-112.

147 Thomas Sowell, "Black Studies: Slogan or Social History?", in Black Studies: Myth and Realities, de Martin Kilson, C. Vann Woodward, Kenneth B. Clark, Thomas Sowell, Roy Wilkins, Andrew F. Brimmer e Norman Hill, com introdução de Bayard Rustin (A. Philip Randolph Educational Fund, 1969), 35.

148 Sowell, "Black Studies", 35.

149 Sowell, "Black Studies", 36, 37.

150 Sowell, Man of Letters, 104-105.

151 Sowell, Black Education, 69.

152 Sowell, Man of Letters, 66.

153 Thomas Sowell, "The Day Cornell Died", Weekly Standard, 3 de maio e 1999, reeditado pela Hoover Institution, www.hoover.org/research/day-cornell-died.

154 Sowell, Man of Letters, 105.

155 Sowell, Man of Letters, 107.

156 Sowell, Man of Letters, 66-67.

157 Sowell, Black Education, 80.

158 Sowell, "The Day Cornell Died".

159 Sowell, Black Education, 81.

160 Sowell, Personal Odyssey, 192.

161 Sowell, Black Education, 88.

162 Sowell, Personal Odyssey, 197.

163 Tevi Troy, "Cornell's Straight Flush", City Journal, 13 de dezembro de 2009, www.city-journal.org/html/cornell%E2%80%99s-straight-flush-10659.html.

164 Sowell, Black Education, 95.

165 Thomas Sowell, "New Light on Black I.Q.", New York Times Magazine, 27 de março de 1977. Ver também Thomas Sowell, "Black Excellence: The Case of Dunbar High School", The Public Interest, primavera de 1974.

166 Entrevista ao autor, 29 de dezembro de 2015.

167 Entrevista ao autor, 7 de junho de 2017.

CAPÍTULO 4

168 Thomas Sowell, Classical Economics Reconsidered (Princeton University Press, 1974), vii.

169 Entrevista ao autor, 29 de dezembro de 2015.

170 Entrevista ao autor, 29 de dezembro de 2015.

171 Entrevista ao autor, 29 de dezembro de 2015.

172 Thomas Sowell, "Some Thoughts About Writing", Hoover Digest, 27 de abril de 2001.

173 Thomas Sowell, A Personal Odyssey (Free Press, 2000), 120.

174 Sowell, Personal Odyssey, 79.

175 Entrevista ao autor, 29 de dezembro de 2015.

176 Thomas Sowell, A Man of Letters (Encounter Books, 2007), 36.

177 Henry Allen, "Hot Disputes", Washington Post, 1º de outubro de 1981.

178 Sowell, Classical Economics Reconsidered, 42.

179 Sowell, Classical Economics Reconsidered, 8.

180 Sowell, Classical Economics Reconsidered, 14.

181 Sowell, Classical Economics Reconsidered, 32.

182 Henry W. Spiegel, resenha de Say's Law: An Historical Analysis, de Thomas Sowell, Journal of Economic Literature 11, no 2 (junho de 1973): 537-538.

183 Dean A. Worcester Jr., "For Perspective in Feverish Times", Monthly Labor Review 97, no 6 (junho de 1974): 81-82.

184 Sowell, Classical Economics Reconsidered, 106-107.

185 Thomas Sowell, The Thomas Sowell Reader (Basic Books, 2011), vii.

186 Mark Blaug, resenha de Classical Economics Reconsidered, de Thomas Sowell, American Political Science Review 71, no 2 (junho de 1977): 667-668; D. P. O'Brien, resenha de Classical Economics Reconsidered, de Thomas Sowell, Economica, n.s., vol. 42, no 168 (novembro de 1975): 453-454.

187 John Eatwell, Murray Milgate e Peter Newman, eds., The New Palgrave: A Dictionary of Economics, vol. 4 (Palgrave Macmillan, 1987), 249-251, 498-499.

188 James McPherson, "Revisionist Historians", Perspectives on History, 1º de setembro de 2003, www.historians.org/publications-and-directories/perspectives-on-history/september-2003/revisionist-historians.

189 Jason Riley, "Classy Economist", Wall Street Journal, 25 de março de 2006.

190 Clarence Thomas, My Grandfather's Son: A Memoir (Harper, 2007), 105-106.

191 Entrevista ao autor, 20 de maio de 2016.

192 Thomas Sowell, "Black Excellence — The Case of Dunbar High School", Public Interest (primavera de 1974): 3.

193 Sowell, Man of Letters, 129.

194 Sowell, Personal Odyssey, 241-242.

195 Arthur R. Jensen, "How Much Can We Boost I.Q. Scores and Scholastic Achievement?", Harvard Educational Review 39, no 1 (inverno de 1969): 1-123.

196 Sowell, Man of Letters, 102.

197 Entrevista ao autor, 20 de fevereiro de 2019.

198 Thomas Sowell, "Race and I.Q. Reconsidered", in Essays and Data on American Ethnic Groups, ed. Thomas Sowell (Urban Institute, 1978).

199 "An IQ Study of Black Children in White Homes", New York Times, 18 de abril de 1976, www.nytimes.com/1976/04/18/archives/an-iq-study-of-black-children-in-white-homes.html; Richard A. Weinberg, Sandra Scarr e Irwin D. Waldman, "The Minnesota Transracial Adoption Study: A Follow-up of IQ Test Performance at Adolescence", Intelligence 16 (1992): 117-135, https://faktasiden.no/dokumenter/minnesota-transracial-adoption-study.pdf.

200 Thomas W. Hazlett e Manuel Klausner, "Interview with Thomas Sowell", Reason, dezembro de 1980, https://reason.com/1980/12/01/interview-with-thomas-sowell.

201 Sowell, "Race and I.Q. Reconsidered", 231.

202 Thomas Sowell, "New Light on Black I.Q.", New York Times Magazine, 27 de março de 1977.

203 Sowell, "New Light on Black I.Q.".

204 William T. Dickens e James R. Flynn, "Black Americans Reduce the Racial IQ Gap: Evidence from Standardization Samples", Psychological Science 17, no 10 (2006): 913-920.

205 Entrevista ao autor, 2015.

206 Thomas Sowell, "Ethnicity and IQ", in The Bell Curve Wars, ed. Steven Fraser (Basic Books, 1995), 70-79.

207 Sowell, "Ethnicity and IQ", 76.

208 Sowell, "Ethnicity and IQ", 77.

209 Sowell, Personal Odyssey, 277-278.

210 David Harsanyi, "Do No Harm: An Interview with Thomas

Sowell", The Federalist, 13 de janeiro de 2015, https://thefederalist. com/2015/01/13/do-no-harm-an-interview-with-thomas-sowell.

211 Thomas Sowell, "Western Advocates of 'Nation-Building' Should Master Recently Deceased Statesman's Legacy of Lessons", Jewish World Review, 25 de maio de 2015, http://jewishworldreview.com/ cols/sowell032515; Hazlett e Klausner, "Interview with Thomas Sowell".

212 Henry Hazlitt, "An Economist's View of 'Planning'", New York Times, 24 de setembro de 1944.

CAPÍTULO 5

213 Thomas Sowell, Dismantling America (Basic Books, 2010), 338.

214 Thomas Sowell, A Personal Odyssey (Free Press, 2000), 302.

215 Entrevista ao autor, 29 de dezembro de 2015.

216 F. A. Hayek, "The Use of Knowledge in Society", American Economic Review 35, no 4 (setembro de 1945): 519-530.

217 Entrevista ao autor, 29 de dezembro de 2015.

218 Thomas W. Hazlett e Manuel Klausner, "Interview with Thomas Sowell", Reason, dezembro de 1980, https://reason.com/1980/12/01/interview-with-thomas-sowell, 11.

219 Thomas Sowell, Knowledge and Decisions (Basic Books, 1980), 4.

220 Sowell, Knowledge and Decisions, 3.

221 Sowell, Knowledge and Decisions, 18.

222 Sowell, Knowledge and Decisions, 110.

223 Sowell, Knowledge and Decisions, 79.

224 Sowell, Knowledge and Decisions, 164.

225 Sowell, Knowledge and Decisions, 165.

226 Sowell, Knowledge and Decisions, 362.

227 Sowell, Knowledge and Decisions, 339.

228 Sowell, Knowledge and Decisions, 340.

229 Sowell, Knowledge and Decisions, 367.

230 Sowell, Knowledge and Decisions, 369-370.

231 Sowell, Knowledge and Decisions, 370.

232 Sowell, Knowledge and Decisions, 371.

233 Sowell, Knowledge and Decisions, 383.

234 Entrevista ao autor, 29 de dezembro de 2015.

235 Marc Plattner, "Free Markets", New York Times, 23 de março de 1980.

236 Hazlett e Klausner, "Interview with Thomas Sowell", 11.

237 James M. Buchanan, resenha de Knowledge and Decisions, de Thomas Sowell, Public Choice 36, no 1 (janeiro de 1981): 199.

238 Thomas Sowell, A Man of Letters (Encounter Books, 2007), 161.

239 F.A. Hayek, "The Best Book on General Economics in Many a Year", resenha de Knowledge and Decisions, de Thomas Sowell, Reason, dezembro de 1981, https://reason.com/1981/12/01/the-best-book-on-general-econo.

240 Sowell, Personal Odyssey, 270.

241 Thomas Sowell, Controversial Essays (Hoover Institution Press, 2002), 298.

242 Entrevista ao autor, 2 de agosto de 2018.

243 "Thomas Sowell — The Ethnic Flaw", Tony Brown's Journal, YouTube, postado em 7 de janeiro de 2018, www.youtube.com/watch?v=GtyEMRXpW8Q.

244 Entrevista ao autor, 24 de fevereiro de 2016.

245 Meet the Press, 20 de setembro de 1981.

246 Sowell, Man of Letters, 187.

247 Free to Choose, vol. 4, "From Cradle to Grave", Free to Choose Network, 1980,www.freetochoosenetwork.org/programs/free_to_choose/index_80.php?id=from_cradle_to_grave.

248 Firing Line, "The Economic Lot of Minorities", 12 de novembro de 1981, arquivado em Hoover Institution, https://digitalcollections.hoover.org/objects/6660/the-economic-lot-of-minorities?ctx=605bab01-8be8-4777-81d0-13b978c7eee1&idx=1.

249 Firing Line, "The Economic Lot of Minorities".

250 Entrevista ao autor, 23 de janeiro de 2019.

251 "Ethnic America: An Exchange. Maimon Schwarzschild, Martin Glaberman, and Thomas Sowell, reply by Christopher Jencks", New York Review of Books, 16 de junho de 1983, www.nybooks.com/articles/1983/06/16/ethnic-america-an-exchange.

252 Firing Line, "The Economic Lot of Minorities".

253 Firing Line, "Ethnic America: An Exchange".

CAPÍTULO 6

254 Thomas Sowell, "Stakes Are Too High to Label Children", Las Vegas Review-Journal, 23 de maio de 1993, 2C.

255 Entrevista ao autor, 25 de março de 2017.

256 Entrevista ao autor, 29 de dezembro de 2015.

257 Richard A. Epstein, Overdose: How Excessive Government Regulation Stifles Pharmaceutical Innovation (Yale University Press, 2006), 15.

258 Thomas Sowell, The Vision of the Anointed: Self Congratulation as a Basis for Social Policy (Basic Books, 1995), 113.

259 "Text of Edward Kennedy's Tribute to His Brother in Cathedral", New York Times, 9 de junho de 1968, 56; Bernard Shaw, The Intelligent Woman's Guide to Socialism and Capitalism (Brentano's, 1928), 127.

260 William Godwin, Enquiry Concerning Political Justice, vol. 2 (University of Toronto Press, 1969), 57.

261 William Godwin, Enquiry Concerning Political Justice, vol. 1 (University of Toronto Press, 1969), 161, 162.

262 Thomas Sowell, The Quest for Cosmic Justice (Free Press, 1999), 29-30.

263 Thomas Sowell, A Conflict of Visions: Ideological Origins of Political Struggles, rev. ed. (Basic Books, 2007), 25-26.

264 Sowell, Conflict of Visions, 31, 32.

265 Entrevista ao autor, 25 de fevereiro de 2019.

266 Entrevista ao autor, 25 de fevereiro de 2019.

267 Sowell, Conflict of Visions, 214.

268 Steven Pinker, The Blank Slate: The Modern Denial of Human Nature (Penguin, 2002), 291.

269 Entrevista ao autor, 25 de maio de 2017.

270 Sowell, Conflict of Visions, 88.

271 "A Source of Ideas", Wall Street Journal, 13 de setembro de 1991, A10.

272 Sowell, Conflict of Visions, 59.

273 Entrevista ao autor, 16 de maio de 2016. Ele estava se referindo a Thomas Sowell, The Thomas Sowell Reader (Basic Books, 2011), 81-84, 205-208.

274 Entrevista ao autor, 1º de agosto de 2018.

CAPÍTULO 7

275 Richard Fulmer, "The Wit and Wisdom of Thomas Sowell", Ricochet, 23 de outubro de 2015, https://ricochet.com/289584/archives/the--wit-and-wisdom-of-thomas-sowell.

276 William M. Banks, Black Intellectuals: Race and Responsibility in American Life (W. W. Norton, 1996), 100.

277 G. Franklin Edwards, ed., E. Franklin Frazier on Race Relations (University of Chicago Press, 1968), 270.

278 Edwards, E. Franklin Frazier on Race Relations, 274, 275.

279 E.F. Frazier, "Is the Negro Family a Unique Sociological Unit?" Opportunity 4 (1926): 210.

280 Edwards, E. Franklin Frazier on Race Relations, 274.

281 Thomas Sowell, "Booknotes: Preferential Policies", entrevista para a C-SPAN, 24 de maio de 1990, www.c-span.org/video/?12648-1/

preferential-policies.

282 Thomas Sowell, Civil Rights: Rhetoric or Reality? (Quill, 1984), 19-20.

283 Sowell, Civil Rights, 47.

284 Sowell, Civil Rights, 30.

285 Sowell, Civil Rights, 31.

286 Sowell, Civil Rights, 32.

287 Sowell, Civil Rights, 32.

288 Thomas Sowell, A Man of Letters (Encounter Books, 2007), 213.

289 Sowell, Civil Rights, 84.

290 Sowell, Civil Rights, 138-139.

291 Jason L. Riley, False Black Power? (Templeton Press, 2017), 47, 67.

292 Thomas Sowell, Barbarians Inside the Gates and Other Controversial Essays (Hoover Institution Press, 1999), 261.

293 Sowell, Civil Rights, 139-140.

294 Sowell, Man of Letters, 207.

295 Thomas Sowell, "Groundbreaking Economist Gets His Due", Las Vegas Review-Journal, 1º de novembro de 1992.

296 Gary S. Becker e Guity Nashat Becker, The Economics of Life: From Baseball to Affirmative Action to Immigration, How Real-World Issues Affect Our Everyday Life (McGraw-Hill, 1997), 125.

297 Thomas Sowell, Race and Economics (David McKay, 1975), 159.

298 Thomas Sowell, The Economics and Politics of Race: An International Perspective (William Morrow, 1983), 136.

299 Sowell, Economics and Politics of Race, 170-171.

300 Jason L. Riley, "A Reality Check on 'Racism' and Urban Decay", Wall Street Journal, 31 de julho de 2019.

301 Jason L. Riley, "Good Policing Saves Black Lives", Wall Street Journal, 2 de junho de 2020.

302 Nathan Irvin Huggins, "Ethnic Americans", Yale Review 72, no 1 (outubro de 1982): 84-94.

303 Entrevista ao autor, 11 de março de 2016.

304 Mark Helprin, "In Praise of Thomas Sowell", Claremont Review of

Books, Summer 2017, https://claremontreviewofbooks.com/in-praise-of-thomas-sowell.

CAPÍTULO 8

305 Thomas Sowell, Black Rednecks and White Liberals (Encounter Books, 2005), 264.

306 Irving Kristol, "The Negro Today Is Like the Immigrant Yesterday", New York Times Magazine, 11 de setembro de 1966, 51.

307 Entrevista ao autor, março de 2006.

308 Thomas Sowell, A Man of Letters (Encounter Books, 2007), 268-269.

309 Thomas Sowell, Wealth, Poverty and Politics: An International Perspective, rev. ed. (Basic Books, 2016), 427.

310 Thomas Sowell, The Thomas Sowell Reader (Basic Books, 2011), 401.

311 Thomas Sowell, "Culture and Equality", Hoover Institution, 30 de outubro de 1998, www.hoover.org/research/culture-and-equality.

312 Sowell, Black Rednecks and White Liberals, 263.

313 Thomas Sowell, "Booknotes: Preferential Policies", entrevista para a C-SPAN, 24 de maio de 1990, www.c-span.org/video/?12648-1/preferential-policies.

314 Thomas Sowell, "Conquests and Cultures", C-SPAN, 21 de maio de 1998, www.c-span.org/video/?106136-1/conquests-cultures.

315 Thomas Sowell, Race and Culture: A World View (Basic Books, 1994), x.

316 Thomas Sowell, Conquests and Cultures: An International History (Basic Books, 1998), 254-255.

317 Sowell, Race and Culture, 226.

318 Sowell, Race and Culture, 229.

319 Thomas Sowell, "Discrimination, Economics, and Culture", in Beyond the Color Line: New Perspectives on Race and Ethnicity in America, ed. Abigail Thernstrom e Stephan Thernstrom (Hoover Institution Press and Manhattan Institute, 2002), 169.

320 Entrevista ao autor, 7 de junho de 2017.

321 Sowell, Race and Culture, xii–xiii.

322 Thomas W. Hazlett e Manuel Klausner, "Interview with Thomas Sowell", Reason, dezembro de 1980, https://reason.com/1980/12/01/interview-with-thomas-sowell.

323 Sowell, Man of Letters, 213.

324 Sowell, Man of Letters, 97-98.

325 Thomas Sowell, A Personal Odyssey (Free Press, 2000), 247-248.

326 Thomas Sowell, Preferential Policies: An International Perspective (Quill, 1990), 5.

327 Thomas Sowell, Affirmative Action Around the World: An Empirical Study (Yale University Press, 2004), 163-164.

328 Wilfred M. McClay, "How the New York Times Is Distorting American History", Commentary, outubro de 2019, www.commentarymagazine.com/articles/wilfred-mcclay/how-the-new-york-times-is-distorting-american-history.

329 "Read Ta-Nehisi Coates's Testimony on Reparations", The Atlantic, 19 de junho de 2019, www.theatlantic.com/politics/archive/2019/06/ta-nehisi-coates-testimony-house-reparations-hr-40/592042.

330 Sowell, Preferential Policies, 148-149.

331 Alphonso Pinkney, The Myth of Black Progress (Cambridge University Press, 1984), 17.

332 Thomas Sowell, Barbarians Inside the Gates and Other Controversial Essays (Hoover Institution Press, 1999), 257.

333 Thomas Sowell, Ethnic America: A History (Basic Books, 1981), 295.

334 Sowell, Black Rednecks and Black Liberals, 284.

335 Entrevista ao autor, 29 de dezembro de 2015. Ele estava se referindo ao artigo de Milton Friedman intitulado "The Methodology of Positive

Economics", in The Essence of Friedman, ed. Kurt R. Leube (Hoover Institution Press, 1987), 153-184.

336 Entrevista ao autor, 20 de fevereiro de 2019.

337 Thomas D. Boston, Race, Class and Conservatism (Unwin Hyman, 1988).

338 Entrevista ao autor, 18 de maio de 2016.

339 Entrevista ao autor, 18 de dezembro de 2015.

340 Entrevista ao autor, 4 de janeiro de 2016.

341 Citado em Walter E. Williams, Up From the Projects: An Autobiography (Hoover Institution Press, 2010), 115-116.

342 Entrevista ao autor, 20 de fevereiro de 2019.

CAPÍTULO 9

343 Thomas Sowell, "Random Thoughts", Jewish World Review, 29 de abril de 2002, www.jewishworldreview.com/cols/sowell042902.asp.

344 "Thomas Sowell", entrevista em Charlie Rose, PBS, 15 de setembro de 1995, https://charlierose.com/videos/16711.

345 Thomas Sowell, "Booknotes: Preferential Policies", entrevista para a C-SPAN, 24 de maio de 1990, www.c-span.org/video/?12648-1/preferential-policies.

346 William J. Raspberry, "Civil Rights Gains Bypassing Poorest Negroes", Washington Post, 31 de outubro de 1965, citado em Robert L. Woodson Sr., The Triumphs of Joseph: How Today's Community Leaders Are Reviving Our Streets and Neighborhoods (Free Press, 1998), 17.

347 Jason L. Riley, "A Black Conservative's War on Poverty", Wall Street Journal, 19 de abril de 2014.

348 Woodson, Triumphs of Joseph, 19.

349 Woodson, Triumphs of Joseph, 20.

350 G. Franklin Edwards, ed., E. Franklin Frazier on Race Relations (University of Chicago Press, 1968), 278.

351 Thomas Sowell, A Man of Letters (Encounter Books, 2007), 170.

352 Sowell, Man of Letters, 170-171.

353 Sowell, Man of Letters, 174-175.

354 Thomas Sowell, A Personal Odyssey (Free Press, 2000), 290.

355 Randall L. Kennedy, "Racial Critiques of Legal Academia", Harvard Law Review 102 (junho de 1989): 1809.

356 Kennedy, "Racial Critiques", 1812.

357 Kennedy, "Racial Critiques", 1812.

358 Charles Willie, Cast and Class Controversy on Race and Poverty: Round Two of the Willie/Wilson Debate (General Hall, 1989), 16-17.

359 Thomas D. Boston, Race, Class and Conservatism (Unwin Hyman, 1988), 8.

360 The Fairmont Papers: Black Alternatives Conference (Institute for Contemporary Studies, 1981), 5.

361 Orlando Patterson, Ethnic Chauvinism (Stein and Day, 1977), 155-156.

362 Glenn C. Loury, One by One from the Inside Out: Essays and Reviews on Race and Responsibility in America (Free Press, 1995), 190.

363 Fred Barnes, "The Minority Minority", New Republic, 30 de setembro de 1991.

364 Stephen L. Carter, Reflections of an Affirmative Action Baby (Basic Books, 1991), 36, 40.

365 Entrevista ao autor, 30 de março de 2016.

366 Kimberlé Williams Crenshaw, "Race, Reform, and Retrenchment: Transformation and Legitimation in Antidiscrimination Law", Harvard Law Review 101, no 7 (maio de 1988): 1336.

367 Citado em Glenn Loury, One by One, 191.

368 Thomas Sowell, "The First 'Black Conservative'?", National Review, 20 de agosto de 2001.

369 Thomas Sowell, Race and Economics (David McKay, 1975), 238.

370 Thomas Sowell, Black Education: Myths and Tragedies (David McKay, 1972).

371 Thomas Sowell, Controversial Essays (Hoover Institution Press, 2002), 65-66.

372 Thomas Sowell, Race and Culture: A World View (Basic Books, 1994), 147.

373 Anne Wortham, The Other Side of Racism (Ohio State University Press, 1981), xii.

374 Shelby Steele, "Shelby Steele Replies", Dissent (outono de 1990): 522.

375 Shelby Steele, The Content of Our Character (Harper Perennial, 1991), 170-171.

376 Christopher Alan Bracey, Saviors or Sellouts: The Promise and Peril of Black Conservatism from Booker T. Washington to Condoleezza Rice (Beacon Press, 2008), 81-82.

377 Sowell, "The First 'Black Conservative'?", 45-46.

378 Entrevista ao autor, 24 de fevereiro de 2016.

379 Entrevista ao autor, 29 de dezembro de 2015.

380 Sowell, Man of Letters, 338-339.